共生社会を目指して
在日韓人社会と日本

李　光奎・賈　鍾壽 著

大学教育出版

まえがき

　30年近く「在外同胞」を研究し、外交通商部の在外同胞財団の理事長を務めた者として、最も深い興味を持つ同胞をいうなら、それは日本に住む在日同胞である。150余の国に住んでいる700万の「在外同胞」のなかで在日韓人のように苦難の道を歩んできた同胞はいないと思う。しかし、ながら、苦難の道を歩んできた在日韓人社会でも移民の一般法則である「時計の針子の原理」が見える。時計の針子の原理とは、1世、2世、3世、4世など世代に従って志向する方向が違う。この理論を適用してポスト社会に同化する過程を説明したのがアメリカに移住した日系アメリカ人である。彼らは、1世的特性や2世的特性をそのまま表すために「イッセイ」「ニセイ」などを固有名詞として使用した。

　アメリカの移民2世の研究で著名なのがステンフォト大学のヤナギサコ（Sylvia J. Yanagisako）の『過去の変形』（Transforming the Past）という本である。これによれば、同じ単語でも世代によって内容や意味が異なる。事物と、言語や行動が表す意味を把握し、研究するのを象徴主義という。象徴主義によれば、同一の現象でも文化によって違い、同一の文化でも世代によって内包する意味が違う。彼女によれば、アメリカで生まれ育った2世は日本で成長した1世とは、まったく違う象徴体系を持っているという。

　移民者に対する態度と政策がアメリカとはまったく違う日本社会でも、時計の針子の現象が見えるのはとても興味ある問題である。実は、1983年に韓国で出版した『在日韓国人』を書く時には在日韓人社会に時計の針子の現象は見えなかった。また、2000年、広島大学に客員教授として勤めながら「在日韓国人」というテーマで講義をし、その内容をまとめて出版しようとした時にも「時計の針子の原理」の説明は十分ではなかった。

　この本を書く目的は2つある。その1つが在日韓人社会を理解するには何よりも時計の針子の原理が有効であるということである。在日韓国・朝鮮人の

1世は、日本で苦しい生活をすればするほど祖国志向的になり、2世はそれと反対の方向に向かう。3世の場合はまた、2世の反対の方向に向かう。ここで、1世や2世といったのは身体的な1世や2世より意識的な差異をいう。たとえば、70歳代でも3世的意識を持つ人もいるし、30歳代でも1世的意識を持つ人もいる。在日韓人の社会が1960年代には1世的特性が、1970年代には2世が主導する社会になり、また1980年代では3世が導く社会になった。

　もう1つの目的は、在日韓人を当事者ではない韓国人の目から客観的に取り上げて、多くの日本人に「在日」を正しく理解してもらいたいことである。後期産業社会の特徴は共生社会である。共生社会は、いろいろな文化を持つ人びとが共に生きる社会を指す。日本は中根千枝がいう「縦社会」であり、大沼保昭がいう単一民族意識が強い国である。すなわち、日本は単一民族国家を建設するときには模範的な国家であった。ところが、いろいろな文化的背景を持つ民族と共に生きる多民族の共生社会を実現するには至っていない感じがする。日本が経済的な先進国になるだけではなく、文化的・社会的にも先進国であるためには、日本人と最も長く付き合った在日韓国・朝鮮人と共に多民族・多文化の共生社会をつくるよう知恵を出し合うべきである。21世紀の皆が住みやすい日本をつくってゆくためには、隣人である在日韓人を通して、マイノリティの苦悶を理解し、彼らと共に生きる共生社会を目指すべきであろう。

2010年1月

李　光奎

共生社会を目指して
―在日韓人社会と日本―

目　次

まえがき ……………………………………………………………… i

序　論 ……………………………………………………………… 1
　　Ⅰ．在日韓人の特性　　1
　　Ⅱ．理論的背景　　4
　　Ⅲ．先行研究　　4
　　Ⅳ．理論的仮説　　6

第 1 章　在日韓人の人口分布 ……………………………………… 8
　　Ⅰ．人口の推移　　8
　　Ⅱ．人口動態　　13
　　Ⅲ．人口の比較　　16
　　Ⅳ．在日韓国人・朝鮮人の国籍別人口　　20
　　Ⅴ．在日韓人の人口的特性　　24

第 2 章　差別と闘争 ………………………………………………… 26
　　Ⅰ．朝連と民団　　26
　　Ⅱ．終戦後の在日韓人社会　　29
　　Ⅲ．南北戦争と在日社会　　33
　　Ⅳ．朝鮮総連と北送問題　　35
　　Ⅴ．民団と朝鮮総連　　37

第 3 章　経済 ………………………………………………………… 46
　　Ⅰ．経済団体　　46
　　Ⅱ．在日韓人の経済的発展　　48
　　Ⅲ．業種の地域的分布　　52
　　Ⅳ．在日韓人の経済活動　　55

目　次　v

第4章　市民運動 ································ 61
　Ⅰ．日立事件　*61*
　Ⅱ．行政差別撤廃運動　*65*
　Ⅲ．国籍問題　*74*

第5章　帰化問題 ································ *80*
　Ⅰ．帰化問題　*80*
　Ⅱ．帰化意識　*89*
　Ⅲ．在日2世の世界　*92*

第6章　人権・文化運動 ···························· *96*
　Ⅰ．指紋押捺拒否運動　*96*
　Ⅱ．文化運動　*101*
　Ⅲ．民族祭　*105*
　Ⅳ．社会運動　*108*

第7章　結婚と家族 ································ *110*
　Ⅰ．結婚　*110*
　Ⅱ．家庭生活　*119*
　Ⅲ．在日韓人の家族・結婚　*129*
　Ⅳ．在日3世の世界　*132*

第8章　民族教育 ································· *135*
　Ⅰ．民族教育の歴史　*135*
　Ⅱ．民団系韓国学校　*139*
　Ⅲ．朝鮮総連系学校　*143*
　Ⅳ．日本の学校の民族学級　*149*

第9章　共生社会 …………………………………………………… *158*
　Ⅰ．新知識人社会　　*158*
　Ⅱ．参政権運動　　*161*
　Ⅲ．真の共生社会を目指すためには　　*167*
　Ⅳ．市民団体運動　　*170*
　Ⅴ．在日4世的世界　　*179*

第10章　新韓国人 ……………………………………………………… *181*
　Ⅰ．在日の新韓国人　　*181*
　Ⅱ．新韓国人と地域社会　　*190*
　Ⅲ．新韓国人の生活世界　　*195*
　Ⅳ．新韓国人の意味　　*199*

第11章　在日韓人の主体性 …………………………………………… *202*
　Ⅰ．通名・本名　　*202*
　Ⅱ．意識調査　　*208*
　Ⅲ．在日韓人の思想　　*217*
　Ⅳ．在日韓人意識の範疇　　*225*

結　論 …………………………………………………………………… *228*

参考文献 ………………………………………………………………… *240*

共生社会を目指して
―在日韓人社会と日本―

序論

Ⅰ．在日韓人の特性

　現在、世界には約700万人の韓国人が150カ国で生活している。アメリカに230万人、中国に220万人、日本に60（2008年度登録者数589,239人）万人、旧ソ連に5万3,000人、カナダに11万人、ブラジルを含む南米諸国に10万人、欧州に8万人、東南アジア諸国に6万人、中東地方に6,000人などである。「在外同胞」は、居住国の少数民族であるがゆえに居住国の少数民族政策、「在外同胞」の居住国への移住の歴史などによってさまざまな特性を持っている。

　在日という日本に住む韓国・朝鮮人には、ほかの「在外同胞」に比べていくつかの特性がある。まず、在日韓人の名称に特色がある。もちろん「在外同胞」全体として統一した名称がない。たとえば、旧ソ連に住む韓民族を高麗人といい、中国に住む韓民族を朝鮮族といい、アメリカなどに住む韓民族を韓国人という。この場合、高麗人は旧ソ連に住む韓民族自らの呼び名である。ところが、在日韓民族の場合、自分自身を在日朝鮮人、在日韓国人、在日韓国・朝鮮人、在日コリアン、「在日」などで呼ぶ。この韓国人や朝鮮人にはそれなりの理由と主張があると思う。植民地時代には在日韓人を呼ぶ場合朝鮮人という名称が使用され、独立後朝鮮総連系は「朝鮮人」、民団系は「韓国人」を使う。

本書では在日韓国・朝鮮人という一時的で政治的な名称を避けて、「在日韓人」と呼ぶ。韓人というのは国民でなく民族を表す言葉である。「韓」は韓国語で「一番」という意味と「初め」・「大きい」という意味を持つ「한」の漢字表記である。

　在日韓人の最も大きな特色は、その数にある。在日韓人の社会が形成された1945年には65万人であったのが、今では66万となっている。もちろん1970年代に10万人近くの人びとが北朝鮮に移住したが、60年を過ぎた今日までその数が65万人、66万人というのは異常である。

　日本には日本国籍を持ち、いわば韓国系日本人が約40万人いるという。これは上記の在日韓人60万に包含されていない韓国系日本人である。彼らは帰化者18万人、日本人と結婚した女性約8万5,000人、韓国人を母とする日本国籍の子は約17万人である。すべての人びとを合わせたら約100万人の在日韓人が日本に居住している。

　しかし、韓国の在外同胞財団による「在外同胞」の範囲は、韓国人の血を4分の1持っている者までを韓国人と見なしている。それによるとアメリカ人と国際結婚した韓国女性に子どもが生まれ、その子どもがまた国際結婚して産んだ子までを韓国人同胞と計算する。韓国外交通商部の2009年在外同胞現況によると在日韓国人は91万2,655人である。したがって在日韓人の数は韓国系日本人の約40万人を入れて100万人といってもよい。在日韓人100万人は韓国の「在外同胞」全体の7分の1に相当する。これは1億2千万人の日本人口の0.8％に過ぎないが、1950年ごろは在日韓人の割合は在日外国人の90％以上であった。2005年の在日韓人は全外国人の約30％に過ぎないが、外国人のうち単一民族としては最も多数を占める民族であり、何より日本居住の長い歴史を持っている少数民族である。

　在日韓人のもう1つの特性は通名と本名の2つの名前を持っていることである。自分の韓国式の本名を持っていながら、普通社会では日本式の通名を使う。これは日本社会では本名を使うと差別されるからである。それにもかかわらず在日韓人ほど祖国である韓国に物心両面で貢献した「在外同胞」もない。韓国が貧しかった1960年代「セマウル運動」が展開されたとき、多くの在日

韓人は相当の金額を韓国へ送った。韓国でオリンピックが行われた1988年にも数億円を寄付し、また韓国がIMFの時代（経済金融危機）にも多くの寄付で助けた。特に日本にある9か所の大使館や領事館など、みな在日韓人が寄付したものである。このように祖国志向的性格が強い在日韓人1世とは違い、2世以降になると韓国語が話せない。アメリカの在米韓人2世よりも韓国語ができない。少数民族としてのこのような特性はみな日本社会の産物と思われる。

　日本人は外国人に対して排他的であるといわれている。在日韓人の一生は、差別と偏見による挫折の歴史であるといえる。「帝国時代日本の人種と移動」を研究したミシェル・ワイナーは日本とドイツの教科書を比較しながら、ドイツは学校のカリキュラムに第3共和国時代の民族虐殺を取り上げており、またナチスによって犠牲になった人びとの記念碑を建てたが、日本は植民地支配による他民族の苦痛と被害を認めていないという（Michael Weiner1994：2）。

　『文明の衝突』の著者サムエル・ハンチントンも、「日本は経済的に兄弟国の隊列に参加することができたが、アメリカや欧州諸国のように世界を指導する国にはなれないだろう。その理由とは日本の文化があまり特徴的で他国家に移民をもたないこと、移民としても多民族によく融和できないことから、ほかの国や多民族との共生が難しいのである」（Samuel Huntington1997：137）。

　しかし、1980年以降、日本社会にも変化が見え始めた。日本も多文化主義社会に進むべきだという主張や、アジア諸国と共に国際社会に貢献するべきだということを力説する日本人学者が現れた。学界ばかりでなく、日本は1979年国際人権規約を批准し、引き続いて難民条約にも署名した。これにより日本政府は法的制度を修正し、地方自治体は外国人の福祉や人権政策を幅広く展開している。

II. 理論的背景

　アメリカでの少数民族が主流社会に同化する過程を研究した、ゴルドン（Milton Gordon）はポスト社会の関係で同化を行為的同化、構造的同化、婚姻的同化、正体的同化、態度的同化、市民的同化の6段階の同化過程で説明した。このようなゴルドンの研究は、古典的であるためすべての少数民族の主流社会への適応過程に合致するわけではない。在日韓人を同化理論に適用すれば、行為的同化は差別問題と、構造的同化は国籍問題と、婚姻的同化は国際結婚問題とつながる。そのすべての同化過程が在日韓人社会特有な問題と直結する。同化過程である正体的同化とは移住者が主流社会特有の国民感情を持つことなので、在日韓人の社会では問題にならない。在日韓人の場合おもに行為的同化、構造的同化、婚姻的同化だけを取り上げることにする。

　在日韓人の社会で目につくのは、1世の祖国志向的特性に比べ、2世は反対の方面に向かうことである。これを現地志向という。この反対への動きが次の世代にも続くので、このような現状を時計の針子という。すなわち、「時計の針子の理論」で日本社会の在日韓人を分析すると、1世が祖国志向の特性を持つのに対して、2世はそれと反対の居住地志向になり、3世はまた2世と反対の祖国志向になる。ところが、3世は1世のような心からの愛国心がなく理念的祖国志向といえる。4世はまた、3世とは反対の居住志向に向かうが、2世とも違う。結局この振動は中心部に近づくのである。

III. 先 行 研 究

　在日韓人の社会を時計の針子の理論で分析することで、世代によって異なる時代の価値観や主体性、行動様式、時代精神などの差異を見いだせる。在日韓人を研究した学者に、在日韓人の主体性を類型化したものもあり、これをまた時期的に分けた人もいる。在日韓人のアイデンティティを類型化した福岡安

則は、日本社会における自己の生育地への愛着度と韓国人の被圧迫の歴史への重視度に応じて、在日韓人の志向性を共生志向、祖国志向、個人志向、帰化志向、同胞志向に分けた。志向性を5つに分けた彼の分析は、在日韓人の主体性をまとめた総合的分析といえる。しかし、これに時間的背景の説明や志向生成を加えれば、もっとよい説明ができると思われる。

梁泰昊は、在日韓人の歴史を4期に分け、第1期をサンフランシスコ条約が成立した1952年から1962年までとし、それ以前を前期といって1945年から1952年までを取り上げた。第2期は1962年から1972年までであり、1972年は7.4南北共同声明が出たときである。第3期は1972年から1982年、現在に続く第4期は1982年から始まるという。彼の研究は、サンフランシスコ条約の1952年と7.4南北共同声明の1972年を強調している。たとえば、「1世たちが歓喜を持って8.15を迎えたとするなら、2世は7.4に驚喜した。7.4南北共同声明はまるで青天の霹靂であった」と述べた。ところが、1952年のサンフランシスコ条約は在日韓人の社会より日本社会に大きな影響をもたらしたが、1972年の7.4南北共同声明は在日韓人社会にもたらした影響は少ない。すなわち、梁泰昊の時代区分は在日韓人社会を理解するのに不十分である。

在日韓人社会の時代区分を3つの段階で説明した上下誠世の「段階説」がある。彼は日本社会を暴力的多数者とし、在日韓国人の適応期との関係で、第1段階を過剰適応期、第2段階を反動期、第3段階を統合期といった。過剰適応とは圧倒的パワーに対する少数民族としての弱さを自覚し、恐怖感などで過剰適応することである。これを彼は小・中学生の時期ともいった。第2段階の反動期には、深刻な葛藤と自己否定的感情や劣等感を味わいつつ成長し、次の段階に至る。この時期を彼は高校、大学生の時期であり、社会人としての自意識が芽生えてくる時期であるとした。過剰適応期と反動期という苦渋に満ちた葛藤と自己解放の試みを経て、在日の若者は統合期へと向かう（上下誠世 2001：97）。

朴一は在日韓国人の反人権運動や反差別運動を中心に在日韓人社会の運動史を4つに分けた。1960年代を韓日会談反対運動の時期、1970年代を国籍条項撤廃運動の時期、1980年代を指紋押捺拒否運動の時期、1990年代を参政権

運動の時代と分けている。(朴一・上田正昭著 2005：44)

朴一の分析は在日韓人社会の発展と運動の立場を明らかにした。各時代を代表する運動の展開により、その各時代を代表し、実に適切な表現であった。特に 1970 年代の国籍条項撤廃運動の時期や 1980 年代の指紋押捺拒否運動の時期などとよい分析であった。また彼は 1 世を代表する人物として力道山、2 世の代表に新井将敬、3 世の代表として孫正義を取り上げて、世代的特性を説明した。ところが、1970 年代や 1980 年代の時代的性格はよく説明されているが、1960 年代の韓日会談反対運動が時代事項の全部ではなかった。1990 年代も、参政権運動はこのときの運動の 1 つではあるが、時代の流れではない。すなわち彼の時代区分では各時代の時代的社会変動や変動の原因、そして時代精神などを理解するのに不十分である。

Ⅳ. 理論的仮説

在日韓人の社会を仮説として時計の針子の原理に従い、1 世を祖国志向、2 世を現地志向、3 世を再次に祖国志向、4 世も再次に現地志向に向かうと分析できる。1 世と 2 世の差異は明確である。1 世は無条件祖国志向的性格を持ち、日本の社会から差別されればされるほど祖国志向的になる。2 世は 1 世に反対して現地志向的になる。3 世は 2 世に反対し祖国志向的性格を持つが、1 世より情緒的愛情が欠乏し、理性的な愛になる。また 3 世は 2 世のような差別撤廃運動を展開するが、2 世とは異なる個人的性格の差別撤廃運動に向かう。3 世の反対に向けた 4 世も、2 世と同様な現地志向であるが、2 世のように現地社会に抵抗するのでなく、共に生きる共生社会を目指す運動を展開する。

1 世は祖国志向でありアイデンティティが明確である。ところが日本社会に生き残るためには経済的基盤がなければならない。そこで 1 世は熱心に働き、経済的基礎を作り上げる。これを社会的同化の面で見れば 1 世の経済的適応といえる。現地志向的 2 世は現実社会の差別や偏見という社会的矛盾を発見し、日本で生きる限り、この矛盾と闘わなければならない。1 世もこの社会的矛盾

を知るけれど、いつかは祖国に帰ると思い、矛盾と闘う必要がなかった。2世が相手にする具体的闘争の対象は、就業の障害になる国籍の条項を撤廃する問題であった。1970年代にも続く時代精神は社会的矛盾を立て直す手であり、これは社会的適応の過程である。3世の社会運動の主な対象もやはり社会的矛盾で、2世時代と大きな差異がないように見える。ところが、2世は国籍という法律に抵抗したのに対し、3世は指紋を拒否するという意味で、個人的・制度的な問題に抵抗した。そこで適応と同化の過程で3世は個人的適応といえる。1990年以後の時期を4世的時代といえる。この時期に参政権の問題が浮上するが、時代精神は日本人と共に生きる共生社会をつくることである。これは文化的同化の過程といえる。これら適応同化の過程をもう一度整理すれば、1世は経済的適応、2世は社会的適応、3世は個人的適応、4世は文化的適応といえる。

　ここでいう1世、2世、3世、そして4世は実際的な生まれの世代というより、社会全体を対象にする社会思想や生存の様式によって区別される。個人的にも一生を通じて1世的時期から始めて2世的時期、3世的時期、4世的時期を経過する人もあれば、若い人でも1世的思想を持ち続ける人もいる。また1世から始まって3世に止まる人、2世から始まって3世に至る人、また3世を過ぎて4世に至る人もいる。ところが、2世から1世、3世から2世、または4世から1世に逆転するケースはない。

第1章　在日韓人の人口分布

I．人口の推移

　在日韓人に対する呼称が多いように範囲も問題である。日本の統計と在日韓人の統計には数的差異がある。たとえば、民団・朝鮮総連では帰化した在日韓人が含まれていない。日本の統計にも在日韓国人の範囲に入れない。また、最近韓国から来て定住するニューカマーという人びとは在日韓人の範囲には含まれない。ところが日本の統計ではニューカマーが在日韓人の範囲に含まれている。

　日本の法務省統計によれば、2005年のデータでは外国人登録者数が201万1,555人であり、そのうち在日韓人は51万5,570人である。外国人登録を始めた1947年の外国人登録者は63万9,368人である。その90%以上が在日韓人であった。ところが時間が経つにつれ、外国人の数は増加するのに対し、在日韓人の数は減っていく。これに従って外国人登録者に対する在日韓人の割合も減っていった。

　別の統計によれば、在日韓人が外国人登録者総数に占める割合が1950年には91%であったのが、1960年には89.3%、1970年には86.7%、1980年には84.9%、1990年には64%であった。表1-1のように1996年には46.4%、1999年には40.9%、2005年には29.8%に減っていった。

表 1-1　外国人登録者数の推移

(各年末現在)

年	平成8 (1996)	平成9 (1997)	平成10 (1998)	平成11 (1999)	平成12 (2000)	平成13 (2001)	平成14 (2002)	平成15 (2003)	平成16 (2004)	平成17 (2005)
総　　数	1,415,136	1,482,707	1,512,116	1,556,113	1,686,444	1,778,462	1,851,758	1,915,030	1,973,747	2,011,555
韓国・朝鮮	657,159	645,373	638,828	636,548	635,269	632,405	625,422	613,791	607,419	598,687
構成比（%）	46.4	43.5	42.2	40.9	37.7	35.6	33.8	32.1	30.8	29.8

法務省入国管理局ホームページ http://www.moj.go.jp/PRESS/060530-1/060530-1.html

　在日韓人以外の登録者で目立つのが中国人である。中国人は1970年まで全体の外国人の5.4%に過ぎなかったのが、1980年には6.8%、2005年には25.8%と増加した。中国人以外で大きな増加を見せるのが南米のブラジル人とフィリピン人である。2005年ブラジル人が全体の15%、フィリピン人が9.3%を占めた。ここに1996年から2005年までの国籍別構成比の推移を見せるのが表1-2である。また、日本に住む在日韓人の地域的分布を見せるのが表1-3である。

　表1-3のように在日韓人が1万人以上住んでいるところが大阪府、東京都、兵庫県、愛知県、神奈川県、福岡県、埼玉県、千葉県、広島県などであった。

　表1-4の在日外国人の職業別分布は在日韓人の職業の割合を見るため比較

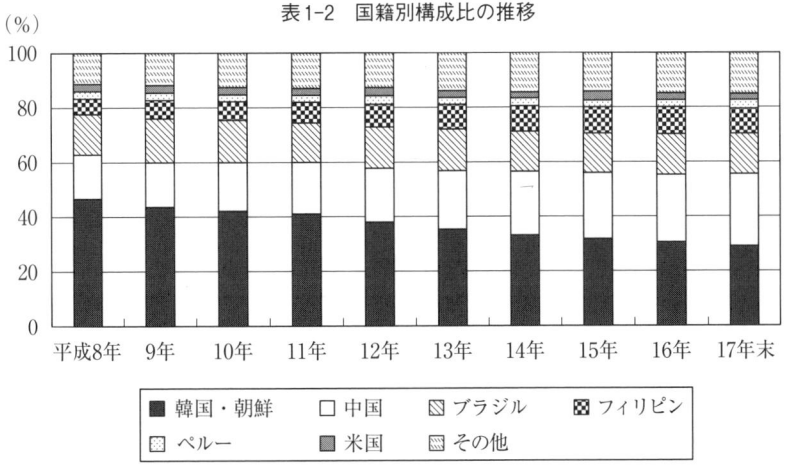

表 1-2　国籍別構成比の推移

法務省入国管理局ホームページ

表 1-3　在日韓国人の都道府県別居住分布
(2000 年 12 月末)

	都道府県	在住韓国人		都道府県	在住韓国人
北海道・東北	北 海 道	5,934	京阪神・近畿	三 重 県	7,287
	青 森 県	1.377		滋 賀 県	7,254
	岩 手 県	1.115		京 都 府	41,067
	宮 城 県	4.451		大 阪 府	158,702
	秋 田 県	870		兵 庫 県	65,140
	山 形 県	1.829		奈 良 県	5,960
	福 島 県	2.123		和歌山県	3,831
	計	17,699		計	289,241
京浜・関東	茨 城 県	5,797	中国・四国	鳥 取 県	1,570
	栃 木 県	3,138		島 根 県	1,168
	群 馬 県	3,202		岡 山 県	7,994
	埼 玉 県	17,677		広 島 県	13,490
	千 葉 県	17,228		山 口 県	10,804
	東 京 都	97,710		徳 島 県	456
	神奈川県	33,576		香 川 県	1,189
				愛 媛 県	1,730
				高 知 県	820
	計	178,328		計	39,221
北陸・中部	新 潟 県	2,584	九州・沖縄	福 岡 県	22,102
	富 山 県	1,742		佐 賀 県	1,048
	石 川 県	2,639		長 崎 県	1,443
	福 井 県	4,413		熊 本 県	1,233
	山 梨 県	2,320		大 分 県	2,551
	長 野 県	4,699		宮 崎 県	802
	岐 阜 県	7,488		鹿児島県	525
	静 岡 県	6,929		沖 縄 県	474
	愛 知 県	47,788			
	計	80,602		計	30,178
	合　　計			635,269	

法務省入国管理局統計

第1章　在日韓人の人口分布　11

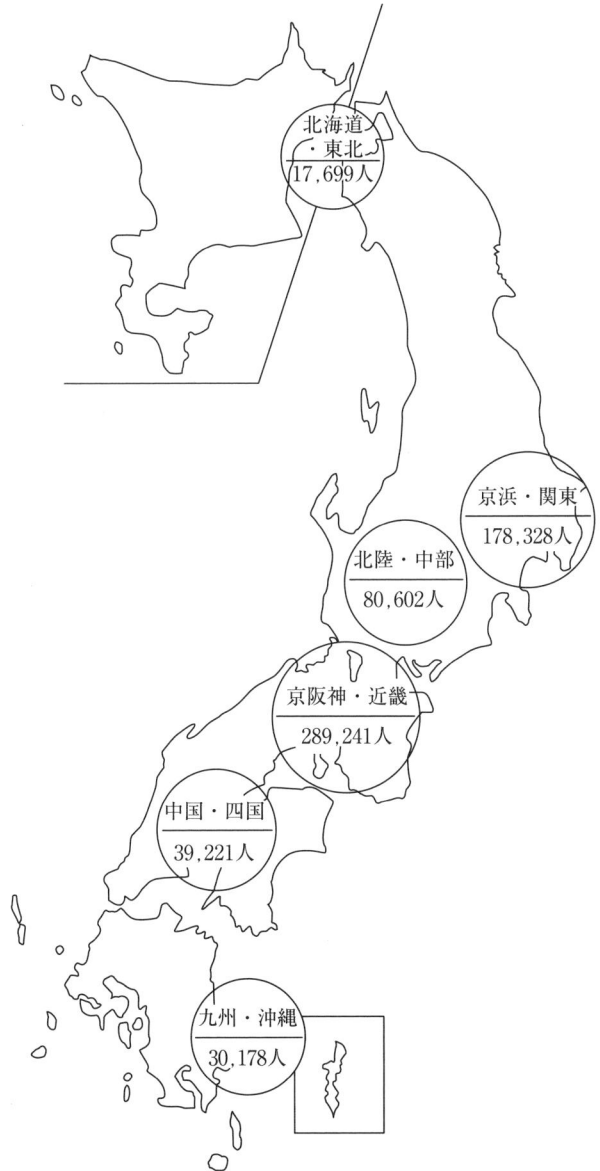

東洋経済日報社　韓国企業年鑑　2002

図1-1　在日韓人の都道府県別居住分布

表 1-4 在日外国人と在日韓国・朝鮮人の職業別分布

(2002年)

国籍 (10区分) 職業 (大分類) Nationality (10 groups) and occupation (major groupas)	総数 Total 1)	雇用者 Employees 総数 Total	常雇 Regular employees	臨時雇 Temporary employees	役員 Directors Both sexes	雇人のある業主 (a)	雇人のない業主 (b) 2)	家族従業者 Family workers	総数 Total 1)
全国 Japan 総数 Total 3)	684,916	550,203	392,232	157,971	40,763	31,791	36,879	25,203	395,273
A 専門的・技術的職業従事者	83,917	70,784	56,010	14,774	3,907	2,725	5,722	775	53,440
B 管理的職業従事者	19,022	2,365	2,340	25	13,878	2,704	—	72	15,603
C 事務従事者	56,196	46,037	38,326	7,711	5,591	249	279	4,036	19,398
D 販売従事者	66,938	36,065	29,865	6,200	7,165	10,901	9,831	2,964	40,490
E サービス職業従事者	91,680	66,861	39,960	26,901	3,061	6,476	6,159	9,111	35,052
F 保安職業従事者	1,204	1,170	823	347	15	13	5	1	1,062
G 農林漁業従事者	5,401	3,834	2,298	1,535	31	80	296	1,158	3,000
H 運輸・通信従事者	13,509	11,167	9,739	1,428	404	408	1,262	268	12,877
I 生産工程・労務作業者	321,643	289,202	198,616	90,586	5,891	7,691	12,380	6,467	200,023
J 分類不能の職業	25,406	22,718	14,254	8,464	819	544	945	353	14,328
韓国・朝鮮 Korea	255,880	157,142	125,701	31,441	27,597	26,047	26,632	18,411	148,086
A 専門的・技術的職業従事者	22,238	16,529	14,257	2,272	1,606	1,695	2,084	322	13,711
B 管理的職業従事者	14,360	1,326	1,317	9	10,636	2,337	—	59	11,802
C 事務従事者	35,260	27,831	23,576	4,255	3,916	182	171	3,157	9,290
D 販売従事者	46,086	23,227	19,726	3,501	4,982	8,502	7,288	2,078	27,572
E サービス職業従事者	43,751	24,765	17,397	7,368	1,995	5,318	4,909	6,753	17,129
F 保安職業従事者	734	706	469	237	11	12	4	1	653
G 農林漁業従事者	862	362	248	114	18	71	184	226	518
H 運輸・通信従事者	10,530	8,360	7,416	944	329	395	1,200	246	10,075
I 生産工程・労務作業者	74,129	47,746	37,187	10,559	3,707	7,143	10,185	5,341	53,153
J 分類不能の職業	7,930	6,290	4,108	2,182	397	392	607	226	4,183

したもので、在日韓人は運送・通信従事者と管理的職業従事者が多く、専門的技術的職業従事者とサービス業従事者が少ない。

Ⅱ. 人口動態

　在日韓人の人口推移は減少傾向にある。これは死亡による自然の現象もあるが、それより北朝鮮に永住帰国した北送と帰化によるものが多い。表1-5によれば、1950年代の初め1万8,000人を超えた出生者が、1959年には1万1,000人、1979年からは9,000人に減少し、1985年以降は5,000人以下に低下していることがわかる。これは、日本国籍法が1985年、父系優先血統主義から父母平等血統主義に改正されたのが原因である（森田芳夫 1996：153）。出生率が継続的に低下したのとは違い、死亡者数は比較的長く3,000人近くを維持し続けてきた。死亡者が4,000人近くになるのは1992年以降のことである。
　1958年、1,000人について在日韓人の出生率は22、日本人は18、韓国人は34.7であった。すなわち、在日韓人の出生率は日本人に近いものであった。死亡率を見ると、在日韓人が6.3、日本人が7.4、韓国人が12.9であった。死亡率でも在日韓人は日本人に近いことがわかる（森田芳夫 1996：26）。
　在日外国人の母子保健を研究した李節子は、出生児数、乳児死亡数、死産数、妊産婦死亡数などの推移を見るため、1958年から1992年までを5年ごとに1期から7期に分けて、それを国籍に分析した結果、在日韓人は日本人と同様、すべてに置いて1期から7期まで減少し続け、7期に最低の数となった。ところが、そのほかの外国人はすべてが増加したという（李節子 1998：20）。
　乳児死亡の原因を国籍別に見ると、在日韓人は先天性異常、奇形、変形、染色体異常が4.7%で最も多く、次に周産期に発症した病態が27.2%、損傷および中毒、不慮の事故が3.9%であり、これも日本人の乳児死亡原因の割合と類似している（李節子 198：21）。
　成人死亡の原因を研究した金正根は、十大死因について在日韓人、日本人、韓国人を比較した。表1-6によれば、在日韓人の死因で、韓国人や日本人と異

表 1-5 在日韓国・朝鮮人の人口動態

(1998 年)

年	出生	死亡	自然増	帰化	日本国籍離脱	北朝鮮に永住帰国	定住者の退去強制
1950	18,705	4,620	14,085				
1951	18,227	4,399	13,828				
1952	17,201	3,900	13,121	232	2		
1953	15,837	3,915	11,922	1,326	10		
1954	15,279	3,770	11,509	2,435	14		
1955	14,424	3,565	10,859	2,434	2		
1956	14,089	3,853	10,236	2,290	5		
1957	13,287	4,000	9,287	2,312	45		
1958	13,337	3,833	9,504	2,246	54		
1959	12,641	4,028	8,613	2,737	435	2,942 (225)	
1960	12,122	3,775	8,347	2,763	444	49,036 (3,937)	
1961	11,824	3,486	8,338	2,710	255	22,801 (1,773)	
1962	11,772	3,460	8,312	3,222	244	3,497 (186)	
1963	11,958	3,284	8,674	3,558	292	2,567 (165)	
1964	12,580	3,315	9,265	4,632	273	1,822 (99)	
1965	12,645	3,318	9,327	3,438	414	2,255 (96)	
1966	9,850	3,294	6,286	3,816	663	1,860 (53)	
1967	12,960	3,338	9,622	3,391	593	1,831 (108)	
1968	11,337	2,983	8,354	3,194		中断	
1969	11,892	3,014	8,878	2,889		中断	
1970	12,070	3,077	8,993	4,646		中断	
1971	12,599	2,936	9,663	2,874		1,358	
1972	12,616	3,000	9,616	4,983		1,003	
1973	12,620	2,982	9,638	5,769		704	
1974	11,833	3,021	8,812	3,973		479	
1975	11,597	3,038	8,559	6,323		379	
1976	10,959	3,008	7,951	3,951		256	
1977	10,430	3,005	7,425	4,261		180	
1978	10,010	3,178	6,832	5,362		150	
1979	9,835	3,261	6,574	4,701		126	
1980	9,907	3,173	6,734	5,987		40	
1981	9,295	3,332	5,963	6,829		38	
1982	9,370	3,319	6,051	6,521		26	
1983	9,467	3,299	6,168	5,532		0	
1984	9,363	3,383	5,980	4,608		30	
1985	4,838	3,417	1,421	5,040		0	
1986	4,864	3,446	1,418	5,110			
1987	5,873	3,586	2,287	4,882			
1988	5,986	3,822	2,164	4,595			
1989	5,426	3,765	1,661	4,759			
1990	5,253	3,895	1,358	5,216			
1991	5,121	3,992	1,129	5,665			
1992	4,916	4,360	556	7,244			
1993	4,526	4,268	258	7,697			
1994	4,474	4,291	183	8,244			
1995	3,971	4,577	-606	10,327			
1996	3,886	4,397	-511	9,898			
1997	3,567	4,466	-899				

(帰化累計 204,622)　　　　　　(帰国累計 93,340)

注：1 北朝鮮の永住帰国者数は、日本との家族も含まれている数字である。（ ）は韓国・朝鮮人以外の人数であり、内数である。自主帰国者（帰国船によらない自費帰国）は含まれていない。
　　2 資料出所『人口動態統計』各年版、『(昭和61年度版) 出入国管理』（法務省入国管理局）、安部春男「在日朝鮮人の人口動態について」『公安情報』第390集 (1986年3月)、森田芳夫「戦後における在日朝鮮人の人口現象」『朝鮮学報』第47輯 (1968年5月)

表 1-6　死因構造の比較（全年齢、韓国人、在日韓人、日本人）

死亡原因	韓国人	在日韓人	日本人
感染症及び寄生虫症	3.3	0.7	1.4
消化系の悪性新生物	12.6	19.8	16.5
その他の悪性新生物	9.7	9.8	11.4
高血圧性疾患	2.5	0.8	1.2
虚血性心疾患	3.0	6.3	6.2
脳血管疾患	14.7	12.0	15.3
その他の心臓疾患	4.9	13.2	1.3
肺炎、気管支炎、肺気腫、喘息	2.9	2.2	9.5
慢性肝疾患及び硬変症	5.5	4.8	2.1
損傷及び中毒	25.7	9.7	7.0
その他の原因	15.0	20.7	28.1

（金正根　1995：62）

なるのが心臓疾患である。そのほかの悪性新生物、脳血管疾患、肺炎・気管疾患、慢性肝疾患など、4項目では韓国人と似ているが、感染症、消化系の悪性新生物、高血圧性疾患、虚血性心疾患、損傷および中毒、そのほか6項目で日本人と似ており、特に男子が女子より日本人に近かった（金正根1995：57）。

　表1-6のように在日韓人の出生率は毎年低下している。その低下率が1950年から1956年までは年間1万人を超えていたが、1976年以降は約7,000人、1985年以降は約1,000人、1992年以降は約500人と低下し、1995年以降はマイナス成長を続けている。出生と死亡は人口の自然的動態だというならば、帰化は国籍の変動による人口の動態である。1952年4月28日サンフランシスコ平和条約発効以降、在日韓人は外国人として日本国籍を失い、日本国籍を取得するため、帰化の手続きが必要となった。帰化者は1952年には200余人であったが、1962年以降約3,000人、1995年には年間1万人以上の帰化者が出ている。帰化の初期に当たる1960年9月までに帰化した1万8,110人で、その内訳を見ると、韓国・朝鮮人が7,467人で42％、母が元日本人でその母と共に帰化した人が6,194人、元は日本人で日本に帰化した人が2,184人、母が日本人で帰化した者が1,185人であった（森田芳夫196：51）。

日本国籍離脱と在日韓人と結婚して、日本国籍と韓国籍を二重に持っていた日本人女性が日本国籍を離脱し、韓国籍を取得したことを指す。二重国籍者は、在日韓人と結婚した日本人女性だけでなく、在日韓国人と内縁関係にある日本人女性の間に生まれた子が、韓人の父に認知されると、日本国籍を離脱する。日本国籍離脱者が1959年以降増加しているのは北送が始まったからである。北送が中止された1968年からは日本国籍離脱者がなくなっている。

　在日韓人の歴史で最も大きい人口移動は終戦直後の日本列島から韓半島に引き揚げた自主帰還である。1959年8月13日、日本赤十字社と北朝鮮赤十字会の間で、「在日朝鮮人の帰還に関する協定」が締結され、1959年12月14日に第1船が新潟を出航して以来、1967年まで7万8,611人の在日朝鮮人とそのほかに属する6,543人が北朝鮮に帰国した。そのほかは日本人6,534人と中国人7人である。その3年後の1971年に再開され、1984年まで続いたが、その数は合わせて3,769人で、総計9万3,340人が北朝鮮に永住帰国した。10万人に近い在日韓人の北朝鮮への移住であったが、それは1960年と1961年に集中し、在日韓人の人口減少に大きな影響を与えた。

III. 人口の比較

　人口の特性を把握するため二重的比較分析を行った。まず在日韓人の年齢別を性別で比較した。これが図1-2である。表1-7では在日韓人を年齢別・地域別に分けた。分析の資料は在日韓人が最も多かった1993年の資料を使った。

　表1-7によれば9歳以下が全体の9.5%、10歳から19歳までの10代が14.1%、20代が18.7%、30代が17.3%、40代が16.3%、50代が11.2%、60代が6.8%、70歳以上が5.4%であり、20代が一番多かった。これを基準にして地方的特性を見ると、北海道と東北地方で60～70代が、関東地方で20代と30代が、近畿地方と中国地方では9歳以下と10代が、四国地方では40代と70歳、九州地方は60～70代以上が多かった。

　在日韓国・韓国人の職業を地域別に分けたのが表1-8である。在日韓人の

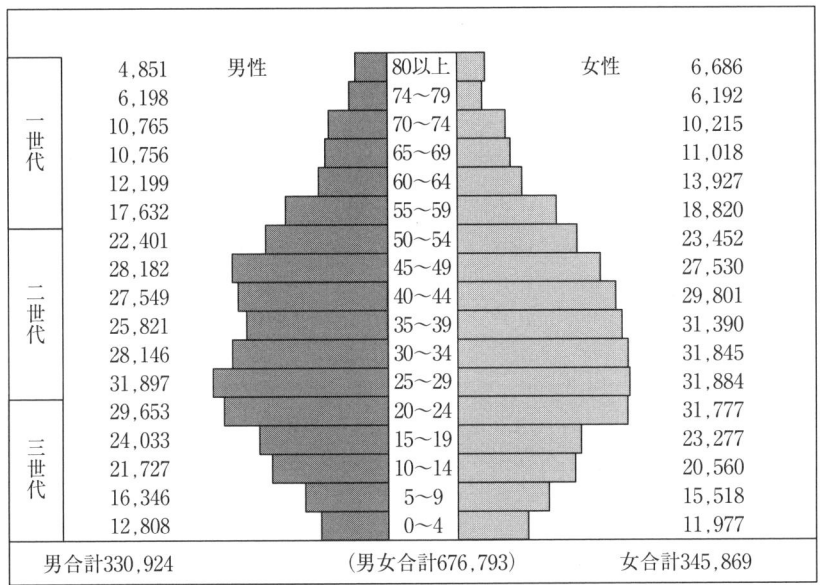

資料：「在留外国人統計」財団法人入管協会　平成7（1995）年版より作成
図1-2　在日韓人（朝鮮も含む）年齢層・性別の人口構造

　職業を地域別に分けて見ると、近畿地方の特徴は管理職（31.9％）、事務従事者（39.8％）、販売業（38.2％）、運輸業（43.0％）、技能工（53.5％）、一般労働（42.1％）であった。関東地方は、技術者（38.6％）、教員（39.4％）、芸術芸能（46.3％）、文芸（72.6％）、記者（79.0％）、科学研究者（57.6％）、管理職（35.7％）で、関東地方は近畿地方より知識的業種が多い。ここに例外があったのは、医療、保健技術者で、これは近畿地方が40.9％で、29.7％の関東地方より多かった。
　次に注目されるのが中部地方で、農林業従事者（12.8％）、採鉱・採石従事者（15.1％）、運輸・通信従事者（20.5％）、技能工・生産工程従事者（18.3％）、一般労働者（19.0％）で、近畿地方に次いで二番になる業種であった。
　4番目にくるのが、中国地方と九州地方であった。中国地方が4番目を占めるのが、技術者、教員、そして技術者・芸能人であった。そして九州地方が4番目になったのが、医療・保健技術者、宗教家、管理的職業従事者、事務従事

表 1-7　在日韓人の年齢別地域別分布

地　方	総　数	0～9	10～19	20～29	30～39	40～49	50～59	60～69	70以上
総　数	688,144	65,275 (9.5)	97,195 (14.1)	128,747 (18.7)	119,238 (17.3)	112,580 (16.3)	77,218 (11.2)	46,831 (6.8)	37,368 (5.4)
北海道	6,344	557 (8.7)	732 (11.5)	797 (12.5)	1,171 (18.4)	1,055 (16.6)	561 (8.8)	705 (11.1)	760 (11.9)
東北地方	10,825	1,058 (9.7)	1,508 (13.9)	1,449 (13.3)	2,026 (18.7)	1,868 (17.2)	955 (8.8)	962 (8.5)	999 (9.2)
関東地方	172,359	15,183 (8.8)	19,629 (11.3)	41,963 (24.3)	35,136 (20.3)	24,846 (14.4)	15,775 (9.1)	11,375 (6.5)	8,800 (5.1)
中部地方	90,490	7,964 (8.8)	13,711 (15.1)	15,555 (17.1)	14,315 (15.8)	15,986 (17.6)	11,520 (12.7)	6,384 (7.0)	5,505 (6.0)
近畿地方	328,436	32,954 (10.0)	49,602 (15.1)	57,341 (17.4)	53,870 (16.4)	55,017 (16.7)	39,206 (11.9)	20,914 (6.3)	18,829 (5.7)
中　国	41,067	3,947 (9.6)	6,555 (15.9)	5,918 (14.4)	6,274 (15.2)	7,409 (18.0)	4,670 (11.3)	2,956 (7.1)	2,961 (7.2)
四　国	4,335	384 (8.8)	622 (14.3)	737 (17.0)	676 (15.5)	797 (18.3)	494 (11.3)	292 (6.7)	333 (7.6)
九　州	34,308	3,228 (9.4)	5,283 (15.3)	5,161 (15.0)	5,764 (16.8)	5,601 (16.3)	3,740 (10.9)	2,738 (7.9)	2,793 (8.1)

者、販売従事者などで、中国地方より多かった。

　表1-9は在日韓人を出身道別と地域別に分類したものである。慶尚南道の人が24万8,395人で全体の36.0%で一番多い。慶尚北道23.4%、済州道17%、これらを合わせると76.4%になる。次が全羅南道5万5,661人（8%）、ソウル4万3,397人（6.3%）、忠清南道1万4,065人（2%）、京畿道1万2,244人（1.7%）、全羅北道1万2,192人（1.7%）、忠清北道1万1,289人（1.6%）が続く。各道出身の大部分は関西地方の居住者で一位を占める。ソウル出身の66.2%、京畿道出身の52.6%が関東地方に住む。

　そのほかの「道」では、近畿地方に住む人が一番多く、次が関東地方である。ここで差異があるのは一番多い近畿地方と2番目の関東地方であった。たとえば、済州道の人は近畿地方に69.5%、そして関東地方に25.5%で近畿地方

表 1-8　在日韓人職業別地域別分布

地域	総数	北海道	東北	関東	中部	近畿	中国	四国	九州
総　数	688,144	6,344	10,825	172,389	90,489	328,436	41,067	4,335	34,308
医療保健	3,681	75	119	1,095	421	1,506	186	24	225
技術者	1,885	16	28	729	304	638	85	8	47
教　員	2,000	37	72	788	250	602	145	10	96
芸術芸能	1,285	8	23	595	148	408	477	4	42
文芸著述	183	1	2	133	11	30	-	1	5
記　者	167	2	1	132	3	25	2	-	2
科学研究	208	1	6	120	21	49	7	1	3
宗　教	606	18	7	217	52	249	18	5	40
その他専門	1,512	15	24	505	193	611	73	8	83
管理職	16,984	327	567	6,076	2,451	5,432	1,110	158	863
事　務	48,470	406	802	16,258	6,551	19,299	2,825	188	2,141
貨　易	396	5	5	179	27	148	11	1	20
販　売	35,927	643	1,073	8,597	5,764	13,741	3,130	375	2,604
農林業	1,148	28	17	132	148	417	259	12	190
漁　業	166	4	7	34	9	47	30	3	32
採　鉱	145	4	4	21	22	65	11	1	17
運輸通信	11,392	103	86	2,053	2,338	4,901	1,110	40	761
技能工	37,270	206	302	5,549	6,822	19,963	2,630	162	1,636
一般労働	4,131	96	70	638	789	1,742	408	23	365
サービス	11,654	285	490	3,126	2,101	3,699	1,093	167	693
無　職	508,181	4,055	7,108	125,162	61,921	254,628	27,809	3,139	24,359
不　詳	753	9	12	250	114	291	32	4	41

表 1-9　在日韓人出身道別地域別分布

地域	総数	北海道	東北	関東	中部	近畿	中国	四国	九州
総　数	688,144	6,344	10,825	172,389	90,489	328,426	41,067	4,335	34,308
ソウル	43,397	340	690	28,762	2,793	9,000	585	93	834
京畿道	12,244	188	270	6,446	1,059	3,295	305	69	612
江原道	4,313	132	140	1,476	403	1,633	226	25	278
忠　北	11,289	167	223	2,824	1,502	4,497	887	85	1,104
忠　南	14,065	221	305	4,497	2,369	4,885	757	77	954
全　北	12,192	151	273	3,895	1,492	4,460	904	62	955
全　南	55,661	490	770	12,515	6,453	28,095	3,984	437	2,917
慶　北	161,667	1,694	2,891	33,434	29,879	69,939	11,794	1,035	11,001
慶　南	248,395	2,244	3,827	45,569	41,314	118,850	20,169	2,076	14,316
済州道	117,110	435	1,244	29,933	2,280	81,457	904	284	573
その他	3,670	113	79	1,069	558	1,203	343	60	245

に集中しているし、忠清南道は近畿地方に36.5%、2番目の関東地方に31.9%で、その差異が少なかった。全羅南道、慶尚南道は済州道に似ているし、全羅北道、慶尚北道は忠清南道に似ている。すなわち、日本に最も近い慶尚南道、全羅南道、済州道が近畿地方集中型をし、日本から遠ざかるにつれて近畿地方集中型から分散型に向かう特徴があった。

Ⅳ. 在日韓国人・朝鮮人の国籍別人口

　在日韓国人・朝鮮人の国籍を論ずる場合、アメリカなら韓国籍とアメリカの永住権者、アメリカの市民権者と区別するが、日本の在日韓人は帰化した日本籍の韓国人をまったく韓国・朝鮮人から除外するので、日本では国籍の分類表はいつも韓国系と朝鮮系に分けて集計する。
　表1-10によれば、韓国籍が45万4,884名で67%であり、朝鮮籍が22万4,113名で33%である。ところが、1950年ではこれが極端に変化し、しかも逆に

なっていた。すなわち1950年の国籍を見ると韓国籍が7.4%、朝鮮籍が92.6%であった。これが時間の経つにつれて、韓国籍は増加し、朝鮮籍は減少した。そして大体半分に分かれたのが1968年、1969年であった（統一日報社1981：982）。

表1-10を見れば、韓国籍が90%以上の地域が鹿児島と沖縄であり、80%以上が山梨、長崎、熊本である。韓国籍が70%以上なのは大阪、神奈川、千葉、広島、埼玉、岡山、滋賀、長野、和歌山、新潟、島根、山形、高知、徳島である。国籍を問題にするとき、韓国籍から帰化して日本国籍を取り、結婚によって国籍を変更するものがある。韓国籍の男性が日本籍の女性と結婚すると、みな日本国籍を取るのではない。しかし、日本での結婚はその場合が多い。日本籍の男性と韓国籍の女性が結婚をする場合、それはみな日本籍を取る。直接の国籍問題ではないが、日本人と韓国・朝鮮人の結婚を見ると表1-11のようになっている。

表1-11のように、1955年在日韓人の結婚のうち、66.9%が同胞間の結婚であった。それがだんだん減少して1973年には50%を切り始めた。1982年には40%以下、1988年には20%以下となった。一方が日本人である他民族間結婚は、これとは逆に時間が経つにつれ増加して、1993年以降は80%以上になった。

韓国人と日本人の結婚の場合も、1955年では韓国の男性と日本の女性が多

表1-10　在日同胞（韓国籍・朝鮮籍）の人口と分布

(1994年12月)

地方名	韓国・朝鮮計	韓国籍（%）	朝鮮籍
大　阪	178,221	127,221（71.4）	51,000
東　京	94,481	56,981（60.3）	37,500
兵　庫	70,862	48,362（68.2）	22,500
愛　知	54,017	31,617（58.5）	22,400
京　都	45,926	29,926（65.2）	16,000
神奈川	33,687	25,187（74.8）	8,500
福　岡	25,223	16,723（66.3）	8,500
千　葉	15,962	11,262（70.6）	4,700
広　島	15,718	11,218（71.4）	4,500
埼　玉	15,662	11,612（74.1）	4,050
山　口	13,003	8,253（63.5）	4,750

岐　阜	9,153	5,653 (61.8)	3,500
岡　山	8,552	6,052 (70.8)	2,500
三　重	8,228	5,128 (62.3)	3,100
滋　賀	7,834	5,834 (74.5)	2,000
静　岡	7,736	4,886 (63.2)	2,850
奈　良	6,821	4,421 (64.8)	2,400
北海道	6,389	3,889 (60.9)	2,500
茨　城	5,373	3,743 (69.7)	1,630
福　井	4,741	2,931 (61.8)	1,810
長　野	4,557	3,257 (71.5)	1,300
和歌山	4,350	3,450 (79.3)	900
宮　城	4,143	2,443 (59.0)	1,700
群　馬	3,181	1,891 (59.4)	1,290
石　川	3,039	1,339 (44.1)	1,700
栃　木	2,933	1,833 (62.5)	1,100
新　潟	2,712	1,912 (70.5)	800
大　分	2,711	1,399 (51.6)	1,312
福　島	2,212	1,182 (53.4)	1,030
愛　媛	1,862	1,212 (65.1)	650
富　山	1,853	1,133 (61.1)	720
山　梨	1,743	1,543 (88.5)	200
長　崎	1,725	1,505 (87.2)	220
鳥　取	1,721	1,041 (60.5)	680
青　森	1,477	812 (55.0)	665
熊　本	1,343	1,093 (81.4)	250
島　根	1,325	925 (70.0)	400
香　川	1,225	855 (69.8)	370
岩　手	1,203	773 (64.5)	430
佐　賀	1,169	759 (65.0)	410
山　形	1,036	796 (76.8)	240
秋　田	911	601 (66.0)	310
宮　崎	895	550 (61.5)	345
高　知	875	615 (70.3)	260
徳　島	446	316 (70.9)	130
鹿児島	427	418 (97.9)	9
沖　縄	334	332 (99.4)	2
合　計	678,997	454,884 (67.0)	224,113

資料：法務省統計による作成

表 1-11　日本における韓国・朝鮮人の婚姻届出件数

年	婚姻届総件数	夫 韓国・朝鮮 妻 韓国・朝鮮 件数	%	韓国・朝鮮 日　本 件数	%	日　本 韓国・朝鮮 件数	%	日本人との 婚姻集計 件数	%
1955	1,102	737	66.9	242	22.0	94	8.5	336	30.5
1956	1,796	1,281	71.3	340	18.9	134	7.5	474	26.4
1957	2,286	1,674	73.2	407	17.8	168	7.3	575	25.2
1958	2,810	2,085	74.2	465	16.5	211	7.5	676	24.1
1959	3,597	2,473	68.8	805	22.4	280	7.8	1,085	30.2
1960	3,524	2,315	65.7	862	24.4	310	8.8	1,172	33.2
1961	3,734	1,568	68.8	745	20.0	396	10.6	1,101	30.6
1962	4,532	3,180	70.2	807	17.8	514	11.3	1,321	29.1
1963	4,542	3,102	68.3	830	18.3	571	12.6	1,401	30.9
1964	5,097	3,360	65.9	1,027	20.1	673	13.2	1,700	33.3
1965	5,693	3,681	64.7	1,128	19.8	843	14.8	1,971	34.5
1966	5,352	3,369	62.9	1,108	20.7	846	15.8	1,954	36.5
1967	5,927	3,643	61.5	1,157	19.5	1,097	18.5	2,254	38.0
1968	6,143	3,685	60.0	1,258	20.5	1,124	18.3	2,382	38.8
1969	6,043	3,510	58.1	1,168	19.3	1,284	21.2	2,452	40.6
1970	6,892	3,879	56.3	1,386	20.1	1,536	22.3	2,922	42.4
1971	7,354	4,030	54.8	1,533	20.8	1,696	23.1	3,229	43.9
1972	7,439	3,839	51.6	1,707	22.9	1,785	24.0	3,492	46.9
1973	7,450	3,768	50.6	1,674	22.5	1,902	25.5	3,576	48.0
1974	7,789	3,877	49.8	1,743	22.4	2,047	26.3	3,790	48.7
1975	7,249	3,618	49.9	1,554	21.4	1,994	27.5	3,548	48.9
1976	6,944	3,246	46.7	1,564	22.5	2,049	29.5	3,613	52.0
1977	6,676	3,213	48.1	1,390	20.8	1,990	29.8	3,380	50.6
1978	6,683	3,001	44.9	1,500	22.4	2,110	31.6	3,610	54.0
1979	7,041	3,155	44.8	1,597	22.7	2,224	31.6	3,821	54.3
1980	7,255	3,061	42.2	1,651	22.8	2,458	33.9	4,109	56.7
1981	7,250	2,949	40.7	1,638	22.6	2,585	35.7	4,223	58.3
1982	7,655	2,863	37.4	1,809	23.6	2,903	37.9	4,712	61.5
1983	8,081	2,714	33.6	1,901	23.5	3,391	42.0	5,292	65.5
1984	7,806	2,502	32.1	2,021	25.9	3,209	41.1	5,230	67.0
1985	8,627	2,404	27.9	2,525	29.3	3,622	42.0	6,147	71.3
1986	8,303	2,389	28.8	2,330	28.1	3,515	42.3	5,845	70.4
1987	9,088	2,270	25.0	2,365	26.0	4,405	48.5	6,770	74.5
1988	10,015	2,362	23.6	2,535	25.3	5,063	50.6	7,598	75.9
1989	12,676	2,337	18.4	2,589	20.4	7,685	60.6	10,274	81.1
1990	13,934	2,195	15.8	2,721	19.5	8,940	64.2	11,661	83.7
1991	11,677	1,961	16.8	2,666	22.8	6,969	59.7	9,635	82.5
1992	10,242	1,805	17.6	2,804	27.4	5,537	54.1	8,341	81.4
1993	9,700	1,781	18.4	2,762	28.5	5,068	52.2	7,830	80.7
1994	9,228	1,616	17.5	2,686	29.1	4,851	52.6	7,537	81.7
1995	8,953	1,486	16.6	2,842	31.7	4,521	50.5	7,363	82.2
1996	8,804	1,438	16.3	2,800	31.8	4,461	50.7	7,267	82.5
1997	8,540	1,269	14.9	2,674	31.3	4,504	52.7	7,178	84.0

注：1　％は総件数に占める婚姻件数の割合。人数割合ではない。
　　2　最近の（妻）韓国・朝鮮人―（夫）日本人の婚姻の件数には、新しく韓国から入国した女性と日本人男性との婚姻届の数が相当数含まれていると考えられる。
　　3　資料出所　『人口動態統計』1986～1997年版
　　　　　　　　　『婚姻統計―人口動態統計特殊報告―』（厚生省大臣官房統計情報部、1987年8月）
　　　　　　　　　森田芳夫「戦後における在日朝鮮人の人口現象」『朝鮮学報』（第47輯、1968年5月）

かったのが、時間が経つにつれて日本の男性と韓国の女性が結婚するケースが増加していった。このとき問題になるのは、日本の男性と結婚した女性が、在日韓人であるか、韓国から直接結婚のためにきた女性かが区別されていないことである。民族間の結婚で、初めはこのように韓国から直接来た女性は少なかったが、特に1980年代以降韓国から来た嫁が在日韓人の女性より多いという。ところがこれを正確に把握することはできていない。

V. 在日韓人の人口的特性

　在日韓人を人口学的に分析したものをまとめるといくつかの特色があった。まず、目につく特色は人口増加率の低下である。日本社会はもちろん、韓国でも経済成長と共に人口が増加したが、在日韓人は人口が減少した。人口減少を2つの面で見ることができる。1つは在日韓人の外国人登録に置いての相対的減少であり、もう1つは人口増加の鈍化である。

　1950年代日本における外国人登録の対象は在日韓人であった。ところが日本社会が外国人に対して開放されるにつれ、在日韓人以外の外国人が増加し、1990年代以降急速に増加する新外国人によって、在日韓人の比率は50%以下に下がった。1998年在日韓人は外国人登録者の42.2%であるが、2005年には29.8%になっている。

　在日韓人の50年の歴史の中に10万人に近い人びとの北朝鮮への永住帰国という人口移動があったとしても、自然増加率が鈍化し、1995年以降はそれがマイナス成長となった。このような日本社会でも、祖国の韓国でも見ることのできない「特色ある人口の成長」を見せながら、自然的人口動態の原因である出生と死亡では、韓国人の特性より日本人の特性を見せた。50年の間、日本という風土に住んでいるうちに人体的特性が日本化された。人体的自然的条件がすでに日本化されたにもかかわらず、人為的同化である帰化が進む形態はとても緩慢であり、ここに在日韓人の問題と苦悶があるのを数字の上でも読むことができる。在日韓人の人口学的特性を見ることができるのが、地域的分布

であった。在日韓人は日本全国に分散しているが、特に近畿地方・関東地方に集中的に分布している。

地域的分布に年齢別分類を加えた結果、3つの地域的特性を見ることができる。それは関東地方に青壮年が多く、近畿地方に青少年が多く、東北地方・九州地方など中心部から遠い地域には壮老年層が多い。

在日朝鮮人の特性の1つは職業分布であり、これを地域別に分類した結果、関東地方と近畿地方に目につく差異があった。近畿地方では管理職、事務従事者、販売業、運輸業、技能工などの職種が多かった。これとは対照的に、関東地方では技術者、教員、芸術芸能、記者、科学研究者などの専門職種が多かった。在日朝鮮人の特性は出身地域にもある。在中朝鮮族の大部分が咸鏡南北道、平安南北道の出身者であるように、在日韓人は日本に近い慶尚南北道、済州道、全羅南北道からの出身者が多かった。

在日韓人社会は世界のどこでも見ることのできない、2つの対立する民団と朝鮮総連という民族団体を持っている。在日韓人社会の歴史は2つの民族団体の対立と闘争の歴史といってもよい。その歴史を物語るのが国籍別人口であり、強かった朝鮮総連の弱化と、弱かった民団の強化を数字でも見ることができる。

少数民族である在日韓人が多数民族である日本人との関係を見せる最もよい資料が民族間の結婚である。普通同化を論ずるとき、最後の段階の構造的同化を民族間の結婚で示している。50年の共生の歴史で、すでに文化的同化が進んでいるにもかかわらず結婚の件数が1万を超えたのは1989年で、これは在日韓人と日本人との間に多くの問題があることを物語っている。

第2章 差別と闘争

Ⅰ. 朝連と民団

　終戦当時、在日韓人は一刻も早く祖国に帰るために動き始め、その帰国事業と混乱のなかで生命と財産を守るため、在日韓人が住んでいる町では団体を組織した。当時大きい団体だけでも全国で300以上に達したという。1945年9月10日東京で「在日本朝鮮人連盟中央準備委員会」が結成された。日比谷公会堂で開かれた全国大会に54人の民族代表が集まり、「在日本朝鮮人連盟」（以下朝連）と名づけた。朝連は17年間監獄生活をし、終戦と共に出獄した金天海を最高顧問にした。彼は元共産党員で日本共産党の中央委員であり、政治局員であったため、新しく成立した朝連は日本共産党の下部組織化とした。

　朝連は10月17日まで県・市・区に朝連の下部組織を構成し、旧朝鮮総督府が日本に持っていた建物を占有して、自分らの事務所とし、旧総督府に属した私宅などを所有ないし売却し、また大阪にある朝鮮銀行などを朝連の財産にした。朝連傘下の団体の1つに「在日朝鮮人留学生同盟」（朝学同）がある。朝学同は終戦まもない1945年9月4日、財団法人朝鮮奨学会を受け継いだものであった。最初、朝学同が発足した時は、左・右の区別がなかったが、1949年5月、明治大学の講堂にて開催された総会で左右学生の衝突があった後、右

翼系の学生たちが1950年5月朝学同から独立して「在日韓国人留学生同盟」を結成したので、朝学同は自然に朝連の傘下団体となった。朝連が結成される時、青年たちによって1946年5月10日「民主青年同盟」（民青）が結成され、女性団体の「在日朝鮮民主女性同盟」（女盟）が1946年11月に組織化された（李瑜煥1971：18）。

　朝連は当時在日韓人団体の代表として、帰国する人びとのために、運輸省や船舶会社と交渉し、居住地から港までの特別列車などを要求し、帰国者の便宜を図った。帰国する在日韓人から彼らの郵便貯金や国債などを預かり、これらを元に大蔵省と交渉し、1946年4月に1億円の補償を受けた。また、在日韓人を強制連行して働かせた日本の企業からも未払いの賃金を要求し、かなりの金額を朝連が受け取ったという（R.Mitchell1967：105）。

　朝連は帰国しないで日本での定住を求める在日朝鮮人の生活安定に力を入れた。在日朝鮮人の闇市場での活動も助けた。在日朝鮮人の生活権を保障するために、時には日本軍部が隠した軍事物資を摘発して、それらを分配したり、厚生省にも食糧配給などを要求したりして、在日朝鮮人の生活や経済活動を助けた。朝連が何よりも重点を置いたのは教育と文化事業であった。在日朝鮮人が住んでいるところには、朝鮮語と朝鮮の歴史などを教える学習所が成立し、これが学校に発展していった。帰還事業が長引くことに伴って、日本に残留する人びとが多くなるにつれ、本格的な学校の成立につながった（金賛汀1997：147, 148）。

　終戦後、在日韓人は一致団結して朝連を結成し、帰国事業や在日韓人の生活の安定のために努力をした。ところが、日本共産党の党員で組織された朝連の指導部は、朝連内の民族派や親日派を排除した。これに不満を抱いた人びとと、在日韓人の98％が韓国の出身者であるのに朝連が北朝鮮の共産主義を支持することに反対して朝連から分離した人びとが、1945年11月16日「朝鮮建国促進青年団」（建青）を結成した。建青は青年の団体であるが、壮年層も朝連に反対し、1946年2月10日「新朝鮮建国同盟」（建同）を結成した。建同は朝連に反対するものの、その経済的な基盤は当時の朝連の構成員による経済的基盤とは比較にならないほど小さいものであった（鄭煥麒1974：135）。

建同の最大の試練は信託統治反対運動での朝連との衝突であった。1945年12月モスクワで開催された米仏英中の外相会談で解放された韓国を連合国が5年間の信託統治することを決定した。当初、韓国人と同様に在日韓人はこれに反対した。しかし、まもなく北朝鮮の労働党が信託統治を支持し、これに従って朝連も信託統治を支持した。これによって朝連に対する建同と建青の激しい暴力的衝突が東京の神田で起こった。朝連より劣勢であった建同は体制を強化して、新しく生まれ変わるために、1946年10月3日に東京の日比谷公会堂で大会を開いた。33団体の代表218人がその大会に参加して、「在日朝鮮人居留民団」（民団）を結成した。これを「民団第1次宣言」という。東京大会に引き続き、地方でも民団本部を結成した。1948年8月15日、韓半島の南に大韓民国が建国された。大韓民国は直ちに民団を日本における在日韓国人の合法的団体と認めた。これによって民団は10月5日全国大会を開催する。その名称を「在日大韓民国居留民団」と改め、これを「民団第2次宣言」という。その後、韓国政府は1949年9月17日に海外旅券規制を制定し、その直前に発表した在外国民登録令と併せて、民団に在外国民登録事務と在日韓国人の旅券事務を委託した（李瑜煥 1971：104）。

　朝連は解散したが、その力は強く残っていたので、朝連解散の前後、さらにそれに続く南北戦争（朝鮮戦争）の時期、民団と朝連は必死の闘争を続けた。朝連の強勢を見せるのが朝鮮奨学会事件である。日帝時代設立した朝鮮奨学会を、終戦後在日本朝鮮学生同盟と名づけ、1949年5月に開かれた第5回定期総会で、結局学生同盟は民団系と朝連系とに両分した。民団と朝連の衝突は、朝連が解散して在日朝鮮統一民主戦線（民戦）に代わった時期である。民戦の突撃隊である祖防委でも、極烈分子が多かった神奈川県大和市では8月から3カ月間、民団との間に暴力を伴う激しい戦いがあった。他にも民団と民戦の市街戦で有名なのが、1952年6月10日の東京都台東区上野駅前の同和信用組合奪回闘争、1952年2月28日の姫路市での市街戦、1953年1月3日にあった兵庫県高砂の抗争である（民団50年史編纂委員会 1997：257.258）。

Ⅱ．終戦後の在日韓人社会

　終戦後、日本政府の在日韓人に対する態度は曖昧であった。戦勝国国民として扱われたいと要求する在日韓人に対してGHQ（連合国軍総司令部）がとった態度も不明確であった。在日韓人は戦勝国の連合国の国民でもないし、中立国や敵性国から非敵性国の地位に変わった国の人びとでもない。当時日本に住むすべての人びとは食糧の配給を受けた。その時台湾人は連合国と同じ外国人の待遇を受けたが、在日韓人の場合は日本と同じ範疇に属するものとして扱われた。そして在日韓人は日本人と同じように税金を払わなければならなかった（E.Wagner 1951：599）。

　当時最も大きな社会問題になったのは、在日韓人の闇市場での活動であった。終戦後、空襲によって多くの工場が破壊され、多くの人びとが外国から帰ってきたので消耗品や日常生活物資がかなり不足したため、各地で闇市場が発生した。日本人のように生産手段を持っていない在日韓人は闇市場で活動するしか方法がなかった。「闇市場は物資が不足した戦時よりあったもので、当時の大衆生活では不可欠なものであった。頼るところのない在日韓人は迷わずそれに投身したのである。農村から米を持って来ればすぐに売れたし、酒の配給がなかったので密造酒はよく売れた。闇市場での売買は不法であるので日本の警察や米軍の取り締まりがあったが、これに組織的に対抗するために在日韓人は朝連に頼ったのである」（梶村秀樹 1982：28）。

　在日韓人が闇市場を通してそれなりに景気がよかったのは終戦後約1年間のことであった。その後在日韓人は転落の道をたどった。ようやく金をもうけ始めた食堂も衛生基準を満たさなかったとして閉鎖された。時間が経つにつれて日本の社会は安定化していったが、一方で在日韓人の日本での生活はますますひどくなっていった。不利な規制や保険に対し在日韓人は不満を表し、時には実力で対抗した。1946年日本政府は財産税を課税する目的で、10万円以上の財産を持つ人びとに登録を命じた。当時財産税の課税対象になる在日韓人は1,000人程度であった。すべての在日韓人は徹底的に反対した。特に外国人に

は納税義務がなかったので、在日韓人も外国人と同様に課税の対象から除外されなければならないというのが在日韓人の主張であった（E.Wangner1951：63, 65）。

　日本が終戦の混乱から安定に向かう過程で必要だったのが在日韓人の統制であり、その方法として定めたのが在日韓人を登録させることであった。在日韓人の出入国に関する初めての措置はGHQが1946年6月に出した「日本への不法入国の抑制に関する覚書」である。これは日本に住んでいた在日韓人が、いったん韓国に帰国したものの、韓国の独立後の社会不安、伝染病の蔓延などで再び日本に密航して戻ってくることが多かったため、これを防止しようとしたものである（金賛汀 1997：155）。

　在日韓人の闇市場での活動を防止し、韓国からの再移住を防ぐだけでなく、北朝鮮とつながりを持った反米活動者が国外から流入するとの情報を受けたGHQは、これらを取り締まる目的で「外国人登録令」の規定を日本政府に命じた。1947年5月2日に発表された「外国人登録令」では、登録者が指紋を押捺する義務があり、登録書に顔写真を貼付するなど、その手帳は戦前在日韓人の管理のために利用した協和会手帳と同じものであった。「外国人登録令」に対し、在日韓人は全面的に反対を表明した。外国人の登録が連合国の人びとには適応しないため、在日韓人を戦勝国の国民から除外するばかりでなく、在日韓人を戦前と同様に扱うものだという理由で反対したのである。

　朝連をはじめ在日韓人のために、①外国人登録法は国際法に基づいたものではない、②これを行うのは日本政府ではなく在日韓人の組織がすべきであり、③外国人登録だけでなくあらゆる面で在日韓人を外国人として扱うこと、④在日韓人の生命と財産を保障すること、⑤在日韓人の地位を尊重することなどの抗議文を提出した。在日韓人の要求は無視され、日本政府は1947年7月31日を登録締切日と定めた。GHQも日本の側に立ち、登録を拒否する者は処罰すると発表した。しかし、締切日までに登録する人はなかった。そのため日本政府は1カ月延長し、8月4日「連合国・中立国・敵国・特殊地位国ならびに地位無決定国の定義に関する件」を発表し、韓国は特殊地位国であり、在日韓国人を特別配慮することを明らかにした。またGHQも8月22日の発表を通

じて、外国人登録は在日韓人の権利を侵害したり、監視したりするものではなく、権利の保障であるとした。日本政府は朝連側と交渉を繰り返し、2次・3次にわたって登録を実施するに至った（E.Wangner1951：67）。

　在日韓人の激しかった闘争が「阪神教育事件」（「朝鮮人学校閉鎖事件」）である。終戦後、最も活発に展開されたのが民族教育であった。どこでも場所さえあれば子どもたちを集めて言語と歴史を教え、これが講習会・民族学校に発展した。日本の学校の遊休施設を利用しながら、日本の学校制度の模倣をして学校として整っていった。在日韓人の学校は朝連系で1947年、小学校541校、中学校7校、高校7校、学生は約6万2,000人であった。民団系では1948年当時小学校52校、中学校2校、学生が約6,600人であった。これら在日韓人の学校の問題は学校の施設や教員の資格そして教科の内容などであった。施設は日本の施設を利用するところが多く、教員は資格証を持つ者が少なく、教科課程が不十分で教科書もなかった。何よりも問題になったのは、朝連の左傾化によって、学校では共産主義教育が行われていることであった。（金賛汀1997：158）

　GHQは1947年10月、日本政府に「朝鮮人諸学校は正規の教科の追加科目として朝鮮語を例外として認める他は、文部省のすべての指示に従わせるよう」との通達を出した。これによって在日韓人の民族教育は、日本政府の指導下に置かれることになった。文部省は1948年1月「朝鮮学校設立の取り扱いについて」という通達を出した。これは日本の学校教育法を在日韓人の学校教育にまで拡大するもので、すべての生徒は法定基準に該当する学校に就学させること、教員は日本政府が定めた基準に該当する者を充てること、日本の校舎を利用する朝鮮人学校はそこから撤収すること、教科内容は学校教育法に従い、日本語で教育を行い、韓国語は課外学習とすることであった（金府烆1977：21）。

　これに対して在日韓人は全面的に反対し、1948年3月1日に「朝鮮人教育対策委員会」を結成し、①朝鮮人の教育は朝鮮人の自立性を認めること、②日本政府は朝鮮人教育の特殊性を認めること、③学校行政は父兄の自治にすること、④日本語は規定時間数を別途教育することを要求した（E.Wangner1951：

70)。

　在日韓人の提案は無視され、文部省は1948年3月再度通達を出し、学校の閉鎖を通告、通告に従わない山口県、岡山県、兵庫県、大阪府、東京都の朝鮮人学校に閉鎖命令を出した。閉鎖に反対する運動が全国に広がり、なかでも神戸と大阪では反対運動が最も激しかった。4月23日、大阪では府庁前の大手前公園に約3万人の在日韓人が集まり、「朝鮮人学校閉鎖反対、教育自主権擁護のための人民大会」を開いて示威した。4月24日には500余人の在日韓人が兵庫県の県庁に侵入し、知事に「学校閉鎖令を撤回し学校の規格化を延長し拘禁した人びとを釈放すること」という内容の文書に署名させた。その日GHQは、知事の命令は強制によるものであるため無効とした。さらに、兵庫県一帯に非常警戒令を宣布すると同時に、いわゆる「朝鮮人狩り」を行い、1,732人を無差別に検挙した（金慶海1995：193）。

　在日韓人の反対運動を一時的には力で押さえたが、これが沈静するのは1948年5月「朝鮮人教育対策委員会」の代表と文部大臣森戸辰男の間で覚書が交わされた後である。覚書は、①私立学校として自主性を認められる範囲内で私立学校を認める、②許可申請になった場合、設置基準に合致するかどうかを直ちに調査し、授業再開に努める、③学校の財団法人の設立許可申請書を1カ月以内に提出することを条件とする、④校舎問題は実状に応じてできるだけ好意ある処置をする、⑤朝鮮人児童生徒に対して公立学校に転学する場合特に便宜を供与し、日本人児童生徒と同一に扱われるようにする、⑥今後の朝鮮人教育問題に関して各地方庁は、朝鮮人の学校責任者および文教責任者の意見を十分に聴取した上、解決に努力する（朴鐘鳴1998：152）。

　覚書の措置に従い、1次で92校が閉鎖され、2次で350校が閉鎖された。阪神教育事件で注目されるのは抗議闘争の背後に日本共産党があったことである。すなわち、抗議を主導した朝連は日本共産党の行動隊員の役割をしていた。これによって朝連は暴力団体として離散させられる運命となる（金府煩1977：26）。

　阪神教育事件以後、朝連は民団や日本の警察と衝突を続けてきた。北朝鮮に政権が樹立されると北朝鮮政府の成立を祝う意味で、朝連傘下団体は「朝鮮

民主主義人民共和国の国旗の掲揚」を支持した。日本政府はこれに対して、10月8日に北朝鮮国旗掲揚の中止を通告し、違反者を逮捕したので、朝連との間に激しい衝突が起こった（金賛汀 1997：167）。

　1949年4月、阪神教育事件1周年を迎え、約2万人の在日韓人が大阪で集会を開いた。朝連を暴力革命集団と規定した日本政府は、連合軍政府の指示に従い、1949年9月8日、朝連と在日韓国民主青年同盟、さらに仙台にある民団などの解散を命じた。解散させられた朝連は、消極的に解散反対署名運動を展開し、今まで対立してきた民団と1949年12月3日に「日本政府の反省を促す」という声明文を発表した。その中で朝連の解散は韓民族に対する民族的圧迫であり、朝連を犯罪者扱いするのは一般の在日韓人を強盗と見るようなもので、人類平和に不幸を招来するところであると主張した。朝連が解散された年に、韓半島では南北戦争が始まった。朝連の旧幹部らは急いで「在日朝鮮統一民主戦線」（民戦）を結成し、突撃隊として「祖国防衛隊「（祖防隊）を編成した（李瑜煥 1971：11.17）。

Ⅲ. 南北戦争と在日社会

　1950年6月25日に韓国で戦争が始まった。民団は1950年7月に韓国のための志願兵を集めた。それに応じた人を「在日韓僑志願軍」と命名した。義勇軍600余名は米軍の臨時訓練を受けた後、韓国戦線に送られた。第1陣が仁川上陸作戦に参加したのが9月13日であった。在日韓僑志願軍全体は626名であり、そのうち52名が戦死し、83名が失踪者であり、380名が負傷除隊者であった。左翼系の人びとは、戦争勃発から3日後の6月28日に「祖国防衛隊」（祖防隊）を組織した。名目は祖国のアメリカによる植民地化を阻止するためだというが、実は日本共産党の朝鮮部会である「民族対策部中央会議」の決定に従ったものである。一方、朝連再建の道を模索してきた人びとが韓国戦争の勃発を機に、1951年1月「在日朝鮮統一民主戦線」（民戦）を結成した。これには初期朝連を離れた民族主義者の建青の人びとも参加した（金賛汀 1997：

131, 172）。

　祖防隊は日本共産党の支援を得て日本から韓国戦線に送る軍事物資の生産と輸送を妨害した。また朝鮮学校では生徒、教職員、保護者などが民戦とならんで「抗米救国運動」を展開した。これに対して、日本政府は監視を強化した。

　直接韓国戦争とは関係がないが、韓国戦争の渦中であった1952年8月、アメリカでサンフランシスコ平和条約が調印された。条約の発効数日前、日本法務府は「朝鮮人は講和条約発効日をもって日本国籍を喪失した外国人になる」と通達した。条約の発効日、在日韓人は「日本国籍」を喪失した。「日本国籍喪失」という重大事件に対して、民団も朝連もなんの抗議や反対運動もしなかった。当時在日韓人としては韓民族の独立を奪った日本の国籍を保持する必要はなく、また帰国するのが当然であるという考えのために日本国籍喪失は無視された（金賛汀 1997：176）。

　韓国戦争の直接的影響があったのは大村収容所である。韓国戦争が激しかった1952年1月18日、韓国政府は韓国を防衛する目的で、海上60マイルに平和戦線を宣布した。李承晩線とも言われる平和線以内での漁業活動は禁止されたが、その被害を最も被ったのが日本の漁民であった。平和線内で操業したために、数多くの漁民が韓国の海軍に逮捕され、韓国に拘禁された。日本政府は韓国に抗議し1953年までに3回の会談を持ったものの何の効果もなかった。これで日本は在日韓人に対して出入国管理令をさらにきびしく適用し、ごく小さな違反者でさえ逮捕して大村収容所に送った。いわば大村収容所の在日韓人と韓国に拘禁された日本の漁民とを交換するつもりだった。

　大村収容所に拘禁された人びとの中には、在日韓人のみでなく韓国からの密入国者もいた。日本政府は410人を韓国に強制送還したが、韓国政府はそのうち終戦前から日本に居住している在日韓人125人は受け入れられないとして逆送還した。このような複雑な問題を含めた在日韓人の問題を根本的に解決するために、民団団長金載華が1952年ソウルを訪問し、韓国政府に数項目の意見書を提出した。当時進行中の韓日会議に韓国も同席させること、韓国国会に在日韓国人6人をオブザーバーとして参加させること、韓国銀行の東京支店

を独立した在日韓国人のための銀行にすること、韓国は民団を通じて日本と交易することなどであった。韓国政府はこの提案を無視し、日本政府との関係を強化していった。在日韓国人の間ではこれを韓国政府の棄民政策というようになった（李昌洙 1981：97）。

Ⅳ．朝鮮総連と北送問題

韓国戦争中、民戦の内部で日本共産党の指示に対して不満が起こり、民戦は分裂の危機に直面した。1951 年 12 月に開かれた民戦第 2 回全国大会で、「朝鮮民主主義人民共和国を死守する」という一項を削除することに、民族派の代表韓徳銖は激しく反対した。反共と反日を徹底した李承晩政権と吉田内閣は激しい対立を続けた。これを利用して、北朝鮮は韓国戦争の休戦後 1954 年 8 月 30 日に「朝鮮民主主義人民共和国は在外公民である在日朝鮮人に対して一切の責任を持ち、日本政府は朝鮮民族の権益を尊重するべきである」という南日外相の宣言があった（李昌洙 1981：95）。

韓国戦争の戦後復興に着手した北朝鮮は、在日朝鮮人の支援を得る目的で、在日朝鮮人の権利を擁護し、民族教育の支援を約束するなど在日朝鮮人の保護者を自称した。南日の宣言に最も大きな影響を受けたのが民戦であった。1955 年、民戦と祖防隊は解散され、新しく「在日本朝鮮人総連合会」（朝鮮総連）を結成した。韓徳銖は「日本共産党は日本で権力を得ることを目的とする集団であるから、朝鮮人がこれに協力し、日本の政治に関与する必要はない。わが海外公民の関心は祖国にあり、われらの政治的目的は祖国の平和統一と在日朝鮮人の基本権を保護することである。朝鮮総連は日本共産党から分離するべきであり、朝鮮総連の行動方針は日本と北朝鮮の友愛を害さない範囲で行動すべきである」と主張した。新しく組織された朝鮮総連は下部組織の設立を急ぎ、傘下に 49 団体の地方本部、419 の区部、2,700 の支部、246 の団を置いた。1974 年の集計によると、朝鮮総連は 25 万人の団員を持ち、専属職員は 5,600 人であった（金賛汀 1997：190）。

朝鮮総連は祖国の解放10周年にあたる1955年9月、「祖国解放十周年記念在日朝鮮人祖国訪問団」を北朝鮮に送った。彼らと会見した金日成主席は、在日朝鮮人の教育のため資金を送ることを約束し、祖国に帰国を希望する者を歓迎すると述べた。これにより北送が始まる。朝鮮総連は1957年4月に1億3,000万円、その6カ月後に1億500万円の教育援助金を受けた。北朝鮮が帰国希望者を受け入れるという声明を受けて、朝鮮総連は積極的帰国運動を展開し始めた。1958年8月15日、解放13周年記念大会で北送を提案した。そして、日本は北朝鮮と国交を樹立すること、大村収容所にいる人びとの望む場所（北朝鮮）に行かせること、そのための計画を立てること、北朝鮮の赤十字社代表が日本に入ることができるように措置することを決議した。朝鮮総連はこの決議を元に総連内に「中央帰国対策委員会」を組織する一方、日本の左翼系運動者と共に「在日朝鮮人帰国協会」を発足させ、日本社会に北送を訴えながらメディアを通じて北朝鮮の現状を広く知らせた。(李昌洙1981：105)。

　当時の在日韓人の社会は実に差別と貧困の時代であった。これを象徴的に表すのが小松川事件である。李珍宇の死刑で幕を閉じたこの事件の背後には在日韓人の生活の悲惨さが見える。このような虚無感に満ちた時、自己の国に帰った方がよいという流れがあった。日本政府も、うるさい在日韓人を1人でも多く「地上の楽園」に送りたいのであった。北朝鮮は帰国希望者に対して、1958年9月8日の建国10周年記念大会で、金日成主席は帰国者のための具体的方策を発表した。北朝鮮は税金を払わなくてもよい地上天国であり、帰国者には衣食住すべてを与え、児童はすぐに就学させ、定着金として成人1人あたり25万円を支給することを約束した。日本人協力者と宣伝のために北朝鮮が使った費用は2兆円に達したという。当時、日本は、北朝鮮を訪問する言論人、政治家、実業家などの多くの知識人たちが、北朝鮮に好意を持っていた。特に日鮮協会は在日韓人の北送を支持していた。日本政府は経済的負担問題で躊躇したが、帰国者の経費は北朝鮮が負担し、帰国者は対日請求権を放棄することで、在住地選定自由の原則という名目で北送を認めた（李昌洙1981：105）。

　北送の具体案について論議するため、1959年4月に日本と北朝鮮の赤十字社代表がジュネーブで会見した。国際赤十字委員会の援助と各々の本国での批

准を得た。両国赤十字社代表は、同年8月インドのカルカッタで協定に調印した。これを「カルカッタ協定」という（金賛汀1997：201）。

韓国政府と民団は北送問題で日本政府に対して猛烈な反対をしたが、1959年10月14日に975人の帰還者を乗せた万景峰号は新潟港を出港し、1959年に2,942人、1960年には4万9,036人、1961年には2万2,801人が北送された。1962年からは北送者の数が減少し3,494人となり、1963年には2,567人、その後は2,000人を下回った。1960年と1961年がピークであった理由は、北朝鮮が思ったほど豊かで自由な生活ができる国ではないことが、帰還者から伝わったからである。この結果は朝鮮総連にとって予想外のものであった。北送の事業を通じて朝鮮総連は直接北朝鮮の指示と命令を受ける立場になり、人びとは皮肉なことにも帰国事業を通じて日本に定着すべきだと思い直した（李昌洙1981：105）。

V. 民団と朝鮮総連

日本と韓国間の国交正常化のために第1次予備会談が開かれたのは1951年10月で、会談の主な内容は韓日の基本的関係、漁業問題、船舶返還問題、在日韓国人の法的地位問題、財産請求権問題であった。結局、韓国の代表金鍾泌と日本代表の大平との間の「金・大平メモ」によって、財産請求権問題が打開され、1965年6月2日「韓日基本条約および諸協定」が東京で調印された（李昌洙1981：116）。

韓日条約における在日韓国人に関する条項は、「在日韓国人の法的地位および待遇協定」である。これは在日韓国人で永住権を申請する者に協定永住権を与えるものであった。この際国籍欄に韓国籍と書き、協定による永住権を受けるものであった。その内容は一般の外国人と同じく「国民健康保険」の加入を認め、外国人の国外強制退去事由を一般外国人は懲役1年以上となっている刑事罰を協定定住者に対しては懲役7年以上に適用するということであった。

韓日条約に反対したのは朝鮮総連と民団であった。1964年2月、民団員は

大阪の中之島公園で集会を催し、「法的地位要求貫徹民衆大会」を行った。これは条約の内容となる在日韓国人の法的地位問題が、在日韓国人の立場を少しも配慮したものでなかったことに対する反対運動であった。特に韓日会談に見せる韓国側の低姿勢に憤慨した民団は陳情書を韓国代表に寄せたが、彼らとの面接が拒否されるや、民団も大規模な集会を催し、今度は陳情団を本国に派遣して韓国代表の日本退去を要求した。しかし、これらのすべては認められなかった（李昌洙 1981：116）。

韓日条約が朝鮮総連に与えた影響は永住権協定である。永住権協定は在日韓人に対する日本での永住の道を開いたので、帰国することのできない朝鮮総連系の人びと、中道系で迷っていた人びとが韓国籍を取得し、その数が韓日条約後急増した。1969 年在日朝鮮人 60 万人の中、韓国籍が 51％、朝鮮籍が 49％と、戦後初めて逆転した（玉城素 1995：39）。

韓日条約の仮調印が発表されるや、民団は傘下団体の動揺と団員の離脱を防ぐために、「組織整備強化に関する決議文」を発表する。韓日条約の調印が発表されると、民団の覚悟を改める意味で「民団第 4 宣言」を発表した。これには、①在日韓国人の法的地位に対し日本政府の誠意ある処遇を期待する、②納税のように政治、社会面でも在日韓国人を日本人と同じ処遇にすること、③韓日両国の発展に寄与する民団になること、④在日韓国人の民族的矜持を持たせる教育にならしめること、⑤民団がさらに内実化すること、⑥民団の拡大に努力すること、⑦韓半島の統一に関しては UN 案に従うこと、そして⑧在日韓国人は韓国の経済建設に積極的に参加することが示された（民団本部 1977：91）。

民団と朝鮮総連の反対にもかかわらず、韓日条約による協定永住権の定まりが在日韓人の世界に与えた影響は大きいものであった。そして、在日韓人の多くが故郷を訪問することができた。祖国を訪問した人びとは祖国の経済的格差や文化的格差を感じることができ、逆に日本の社会に定着しようとする傾向に向いた。ところが、日本政府は在日韓人に対し抑圧政策を加えたので、在日韓人は希望を満たす道がなかった。このときの在日韓人の苦悶を象徴的に表す事件が 1967 年の金嬉老事件、1970 年の山村（梁）正明自殺事件である。

韓日条約締結以後、在日韓人社会の大勢は永住権を得ることによって、朝鮮総連は大きな打撃を受け、朝鮮総連の主流派に不満を抱くものが現れた。これに対し朝鮮総連は「不純分子」と名付け、党員の自己批判を強化した。朝鮮総連は戦争を対備して組織の一部を地下に潜伏させた。これを「ふくろう部隊」と呼ぶ。朝鮮総連は外部に向かって民団との闘争は続ける一方、民族教育問題に重点を置いて民族学校を増やした。1967年に東京都知事を通じて朝鮮大学校の許可を受けた。

韓日条約成立後、韓国政府は民団の組織強化に着手した。民団の体制強化の名目で駐日大使が民団団長の選挙に干渉した結果、1971年李禧元が団長に選出された。このことに反対する人びとは「民団自主守護委員会」を組織、官権団長に対応した。ところが民団本部は官権団長を擁護するばかりでなく、中央集権を強化し、地方本部の事務局長を中央で任命する民団改編案を出した。地方本部はすべてこれに反対した。特に中央本部と同地域にある東京本部の反応は早かった。新しい統制案によって民団は分裂の危機に直面した。民団本部はこれに先立って陰謀があったことを表明する。いわゆる録音問題説明の民衆大会を機に東京本部の団長と議長を停権処分する一方、東京本部を中央本部の直轄とする処置をした（李瑜煥 1971：125）。

1971年7月5日東京本部を中央本部の直轄とした中央本部は8月2日に東京本部の建物を接受した。韓青と韓学同の青年たちがこれに反対して本部要員と衝突して20余人の重軽傷者を出した。東京本部事件はいったん収拾されたが、翌年1972年4月18日韓青と韓学同の青年70余人が民団中央本部に乱入し、幹部たちを監禁し、全国大会の召集を要求した。一部の団員はこれに対して、東京文京区で暴力行為を糾弾し、中央本部の組織正常化を要求する「中央本部への要請文」を決議した。1973年8月8日には東京のグランドパレスホテルに宿泊していた金大中が5人の男に拉致され、行方不明になる事件が起こった。彼は5日後ソウルの自宅で発見された。この事件により民団内部では金大中を支持する「韓民統」が組織される。（民団本部 1977：105, 122）

引き続き民団の立場が不利であった時、朝鮮総連側では1972年金炳植事件が起きた。金炳植という人物は韓徳銖の従妹婿であり、朝鮮総連中央の人事部

長、組織部長、事務局長を経験、第1副議長であった。これより重要なのは朝鮮総連内部の「学習組」を掌握したことである。「学習組」とは、朝鮮総連内部の秘密組織、北朝鮮労働党の下部組織のことで、監視、備考、盗聴、監禁テロなどを通して、組織内部を統制した。学習組を統制する金炳植にあまりにも権力が集中していたので、朝鮮総連内で反発を招き、彼は1972年南北赤十字社の北側代表の資格で北朝鮮に帰り、その後失脚するに至った。

　1974年8月15日、建国を祝う光復節がソウル国立劇場で朴正煕大統領と多くの政府要員を招いて開かれた。朴大統領の演説の途中、傍聴席から1人の青年が朴大統領に向けて発砲し、2発目が大統領婦人の陸英修女史に命中して彼女は即死した。その場で取り押さえられた青年は文世光と名乗る大阪市生野区の在日韓国人2世であった。文世光は朝鮮総連で特別訓練を受けた後韓国に潜入して犯行に及んだ。文世光事件は北朝鮮の対南革命工作の1つであった。北朝鮮は1970年代に入り、韓国から日本に来る人の包摂工作と韓国にスパイやゲリラを潜入させる対南工作を行った。日本での包摂工作とは日本に来た韓国人を北朝鮮に密入国させ、スパイにして韓国に帰国させることであった（玉城素1995：40）。

　文世光事件を契機に、韓国政府では在日韓国人に対して積極的な政策をとった。まず韓国は民団団員全員に50時間の民族教育を受けさせるようにした。これを通して韓国に対する思想的武装を強化した。在日韓人の青少年に奨学金を出し、多くの学生が韓国に留学するようにした。特に重要なのは、朝鮮総連系の人びとに彼らの先祖の墓がある故郷に「省墓」（墓参り）させることであった。これは何の条件もなしに省墓し、韓国の発展を直接目で見て日本に帰り、また朝鮮総連で活動してもよいという、母国訪問事業であった。1975年4月に759人が帰国団に参加した。2次の1975年12月には800人が韓国を訪問し、3次の1976年・4次の1976年には1,500人、6次は1976年「秋夕」（お盆）帰国団3,300人が韓国を訪問した。その後、訪問団の名を母国訪問団と変え、母国訪問事業をもっとうまく行うため、民団中央本部に「朝鮮総連同胞母国訪問推進中央連合会」を設置した。

　また特筆すべきことは、金達寿、朴慶植、姜在彦らが朝鮮総連を離脱したこ

とである。彼らは朝鮮総連を代弁する雑誌「三千里」から退いた人びとで、金日成の主体思想は北朝鮮に対する絶対的で無条件的忠誠であると批判した。そして朝鮮総連を離れ、「韓民連」を組織した。1975 年 9 月北朝鮮の平壌で開かれた労働党創立 30 周年慶祝会に出席した韓徳銖は自らの誤謬により朝鮮総連が弱化したことを是認した（李昌洙 1981：122）。

　1988 年、韓国のソウルでオリンピックが開かれた。その前のオリンピックはアメリカとソ連に分かれて開かれたのが、ソウルでは世界中の若者が集まった。在日韓国人は「ソウル・オリンピック大会在日韓国人支援会」を結成し、540 億円の支援金をソウルに送った。また、「ソウル・オリンピック大会成功、民族和合促進 100 日間運動」を展開し、1,700 人の在日韓国人が応援、参観、奉仕などの活動を行った。

　民団は引き続き市民団体と共に差別撤廃運動、指紋押捺拒否運動、地方参政権運動などを展開する一方、もっと積極的に「91 年問題」に取り組んだ。「3 世問題」ともいう「91 年問題」とは、1965 年締結した韓日条約で在日韓国人の法的地位は 1 世と 2 世に限ったものであり、協定の法的地位は 1991 年 1 月に両国が協議することとした。民団は、協議の対象を協定 3 世の法的地位問題に限定せず、この機会に朝鮮籍、台湾国籍も含むすべての者に対する法的地位と待遇問題を包括的に解決しようとした。これは、一般外国人とは異なる特別な法的地位と待遇を主張したものである。

　民団は中央本部に「91 年問題推進委員会」を設置し、全国的な研修会を開催する一方、「私たちの手で」という小冊子を広く宣伝し、またこれを日本社会に広げるための大衆集会、街頭デモ行進を行った。婦人会では「91 年通信」という通信文 40 万通を関係者に発送し、青年会は東京、大阪でハンガーストを決行した。中央本部は陳情代表団を本国に派遣した。その結果、1991 年 1 月両国外相の覚書が出され、満 15 歳以下の指紋押捺を撤廃するに至った。一方、民団では中央本部の企画調整室長など 4 人が 1990 年朝鮮総連を訪問した。民団側は総連の 8.15 汎民族大会に民団も参加させるように要求し、相互交換として朝鮮総連の幹部は故郷を訪問し、民団の幹部は平壌を訪問することを提案した。そして、北京で開催されるアジア競技大会に朝鮮総連と民団が共同参

観することを提案した。

「91年問題」が解決され、在日韓人は日本社会での定住志向が一層鮮明になったと判断した民団は1996年第6次宣言を発表する。ここで民団の名を、従来使用してきた「在日本大韓民国居留民団」から居留を切り取り、民団の名を「在日本大韓民国民団」とした。これは今までの民団でなく、祖国から距離を置いて独立したことを意味する。民団第6次宣言は祖国の統一問題では自由民主主義を基盤にするものであり、民団は経済的発展と地域社会との共存共栄を宣言している（民団50年史1997：227）。

1989年、平壌の世界青年学生祭典の財政への負担があまりにも重たかったため北朝鮮は経済的危機を迎えた。これが朝鮮総連に影響し、朝鮮総連参加の人員が減少の一途をたどる。これより朝鮮総連幹部だった河秀図が「金日成独裁打倒・在日朝鮮人民主連合戦線」（金日成打倒戦線）を結成し、李光らが「在日本韓国朝鮮人民主統一連盟」（統一連盟）を結成するなど、北朝鮮に反旗を揚げる運動が展開され、朝鮮総連は大きく弱体化した。これに対し韓徳銖は1992年5月に開かれた朝鮮総連16全大会で「チュチェ思想」を唯一指導指針とすることを強調した（玉城素1995：45）。

朝鮮総連の内部問題が社会に公表されたのは朝日新聞や日刊紙「政界」がこれを取り上げた1993年であった。これは朝鮮総連の財政・金融の支柱である信用組合（朝銀）の不正貸付の問題である。朝銀の多額の金が朝鮮総連系の個人や企業に流れ、これが北朝鮮への献金となり朝銀の一部支店は破綻になった。続いて、「パチンコ疑惑」が問題になった。「パチンコ疑惑」とは、パチンコ業界の約3分の1を握っている朝鮮総連系の業者や朝鮮総連直営店の収入が巧妙に脱税され、これが朝鮮総連の資金になっていたり、北朝鮮へ流されたりしているのではないかという疑惑である（玉城素1995：46）。

1994年、朝鮮大学卒業生や元総連で活動した人びとで、朝鮮総連に不満を持つ人びとが「救え！北朝鮮の民衆／緊急行動ネットワーク（RENK）」を結成した。金日成の誕生日である4月15日、大阪で「北朝鮮民主化支援全国集会」を開こうとした。これを朝鮮総連が暴力で阻止した。これに対しRENKは刑事告訴を提起した。告訴により、同年4月25日大阪府警は、朝鮮総連大

阪本部と支部への強制捜索を行った。捜索差押令状は、「被疑者不詳」であり、「威力業務妨害」をその容疑とし、会員名簿をはじめ、あらゆる文書類を押収した（人権セミナー 1999：22）。

　「パチンコ疑惑」が話題になった1994年、北朝鮮の「核疑惑」が連日のように日刊紙に報道された。これによって「チマ・チョゴリ事件」が再発した。チマ・チョゴリ事件とは、チマ・チョゴリを制服とする朝鮮総連系民族学校の女学生のチマ・チョゴリを登下校時に刀やはさみで切る事件である。1994年4月から7月までの間、160件のチマ・チョゴリ事件があった。ようやく静かになると思ったチマ・チョゴリ事件が、1998年また再発した。原因は北朝鮮の「ミサイル騒動」が起こったからである（人権セミナー 1999：54）。

　在日韓人の民族団体を通して在日韓人1世の社会を整理すればいくつかの特別な性格を見ることができる。その1つが集団化である。終戦後、混乱の日本社会で生き残る唯一の方法として在日韓人は民族の団体を作り、それに頼るしかなかった。急いで帰国するため船乗り場に集まるためにも団体は必要であった。在日韓人の民族団体は混乱から自らを守り、帰国する同胞と助け合い、長く忘れられてきた民族文化の再建という重要な使命を持つようになった。

　在日韓人のもう1つの特性は祖国への志向性が強いことである。普通移民の研究によれば、移民は社会の低層の人びとが移動し、受け入れる社会が好意的な場合でも祖国志向性になる。ところが在日韓人の場合日本の差別と偏見がもっと祖国志向的に強化したのである。特に在日韓人1世は日帝時代渡日した人びとであり、植民地時代の経験で強い反日感情を持っている。

　在日韓人1世が結成した団体にも特性がある。祖国である韓半島に2つの国があるから日本にも2つの組織が結成された。2つの団体が宿命的に対立し闘争しなければならないのが特性である。初めは朝連の勢力が圧倒的に強かった。在日韓人1世らは主に労働者だったのでプロレタリア的性格が強く、在日朝鮮人のように日本の社会階級で最下位に位置された人びとは、共産主義的思想を持ちやすかった。特に当時在日朝鮮人の知識人を含む日本の知識人には社会主義的思想を持っていた人が多かった。ところが、朝連の初めの指導者が日本の共産党員であったので、朝連は左傾せざるをえなかった。

民族団体である朝連の最も重要な特性の1つは構成員の大部分の故郷が南の韓国であることである。北朝鮮を祖国とするのは故郷への情緒より、イデオロギーとしての思想が強かった。しかし、それより祖国である韓国が嫌いだったので朝連に加入した。たとえば朝連の幹部で済州島の4.3事件を経験した人が反韓感情で朝連に加担した。理由はともかく、朝連に加入したのは理論上北朝鮮を選択するという革命的意識の転換が必要であった。朝連の人びとは故郷を捨てた革命的転換という意識の持ち主だといったが、故郷を捨てたという意味で、民団系の人より精神的苦悶が多かったと思われる。そして朝連の人びとは対敵する民団に対し排他的にならざるをえなかった。

　朝連と民団が激しく戦い続けた時期の1940年代は在日韓人の生活は苦しかった時である。神奈川大和市の事件、東京都の同和信用組合の事件、姫路市の事件、兵庫県高砂市の事件などから見えるように、朝連と民団の戦いは市街戦のように激しかった。また、この時期は在日韓人1世らが結成した民族団体に祖国からの支援がなかった時期であった。朝連と民団の民族団体が民族団体としての正体性を確立するのは、財産税の事件、外人登録の事件、阪神教育事件を通してであった。このように在日韓人1世の民族団体は、愛国主義を標榜し、民族意識を強化していった。

　在日の民族団体が民族意識を持つようになったのは祖国との関係を持ち始めてからである。韓国で戦争が起こるや民団では在日韓僑志願兵を送り、朝連は北朝鮮を助け祖国防衛隊を作り、日本内で米軍の軍事物資輸送を妨害する事件を起こす。これによりもっと近づくのは、祖国との直接的な関係を持ち始めてからである。北朝鮮の南日外相の「在日朝鮮人は共和国の公民である」という声明は独立した国家の国民であることを切願してきた在日韓人に大きな衝撃であった。ただの名だけでなく、多くの支援金を送って民族教育を奨励した北朝鮮の僑民政策は、朝鮮総連の主体性を強化し、終始一貫した政策を遂行することができた。これに対して韓国は領事事務の一部を民団に委託し、民団を政府機関の一部にした。

　在日韓人の国民意識は、分断国家の海外公民としての国民意識であり、普通の常識的国民意識とは違う。人類学的常識からいえば、民族と国家の問題を

移住前の故郷を中心とする民族意識と居住国の国民意識とに分ける。在日韓人の場合居住国の国民意識を持てないから祖国への意識を国民意識と考え、祖国志向の民族意識が２倍に強いという特性もあり、民族意識と国民意識間の葛藤の問題もある。民族意識の２倍に強い特性を表したのが、文世光事件であった。この時期はすでに1970年代の中頃であり、１世的祖国志向が祖国ソウルで悲劇を演出したとき、在日韓人の社会では民族団体を逸脱する現象が現れている。民団では韓民統が現れたし、朝鮮総連側では三千里を逸脱した人びとが韓民連を結成した。

　在日韓人１世の祖国志向的特性を最もよく表すのが祖国に対する経済的貢献である。それも民団と朝鮮総連は競争的に行った。民団はセマウル運動のときやソウル・オリンピックのときのような愛国的献金や防衛誠金、有力者への献金などをした。これは朝鮮総連の場合も同じで愛国事業の名目で莫大な資金を祖国に送った。このため、民団と朝鮮総連には「寄付金集めの機関」という名がつけられた。愛国誠金は投資とは違い、利潤を求めるものではない。民団にはそれなりに韓国からの応分の待遇があったが、朝鮮総連は平壌世界青年学生祭典のような無謀な行事の支援をしたためにかなり無理があった。

　特に北朝鮮の影響に置かれた朝鮮総連は体制の危機に直面するようになった。北朝鮮自体が自由のない権威的社会体制を持っているように、組織自体を北朝鮮の社会主義体制で導入した朝鮮総連は、北朝鮮に服従するうちに無気力な集団になった。日本社会には無関心であり、在日韓人の問題や権益の問題など生存権に関する問題は軽視してきた。特に北朝鮮の好戦的であり、挑発的な行為への反感は、日本社会に住む朝鮮総連に向かい、またチマ・チョゴリ事件のような苦痛をこうむるようになった。

　ところが、民団は1970年代から日本人の市民団体と共に権益運動を展開してきた。自信を持った民団は、日本内では地域住民としての市民意識を涵養するのに同参し、1987年世界韓民族代表者会議を開き、「東京宣言」をなした。これは第２回アメリカのワシントン、第３回のドイツのベルリン、第４回のソウルなどに続いた。こうして民団は1990年代に展開する共生社会づくりの一翼を担っていく。

第3章 経済

I. 経済団体

　在日韓人が持っている金融機関は、信用組合だけである。日本の金融機関は、都市銀行、地方銀行、信用金庫、信用組合がある。在日韓人には在日韓国人信用組合協会（韓信協）と在日朝鮮人信用組合（朝信協）がある。韓信協は民団系であり、朝信協は朝鮮総連系である。民団系には韓信協に属さない大阪に信用組合興業銀行がある。韓信協を普通「商銀」といい、興業銀行を「大阪興銀」という。韓信協の母体にある信用組合大阪商銀は、大阪の梅田繊維卸商協会を中心に1953年7月に設立された（徐龍達、全在紋1987：254）。

　1993年7月1日付の「朝日新聞」によれば、韓信協には35の傘下組合があり、朝信協には38の傘下組合があった。韓信協は177店、そして朝信協は178の店舗を持っていた。組合員数は、韓信協が21万1,311人、そして朝信協が21万8,673人であった。朝信協はごく少数だが、韓信協より規模が大きい。総預金額は、韓信協が2兆7,650億円であり、朝信協が2兆3,350億円で、総預金額では韓信協が若干多い。韓信協と朝信協の総金額を合わせると5兆14億円になる。

　在日韓人の経済団体が在日韓国商工会議所である。在日韓国商工会議所に

は北海道から福岡まで 33 の商工会議所がある。地方によってはいくつかの商工会が併せて地方韓商支部を結成したところもある。民団系では商工会議所以外に青年商工会（JC）がある。韓国青年商工会には、日本全国に 23 の地方韓国青年商工会があり、さらにこれを統合する在日韓国青年商工人連合会がある（大阪韓国商工会議所 1996：292）。

　大阪を中心とする近畿地方には、韓国商工会議所や青年商工会以外に、近畿納税経友会があった。これは近畿納税経友会連合会を中心に、大阪府の市区と神戸、京都、奈良、和歌山まで包んだ 39 の納税経友会を含んでいる。商工会議所、青年商工会、納税経友会などは、経済的活動の協力や会員間の親睦のために組織した経済団体である。

　朝連系商工会も民団系と同じように終戦後すぐに活動を始めた。1945 年東京で「在日本朝鮮人商工会」を結成し、資材、原料の購入、運営資金の調達、商工人間の相互扶助などの活動を行い、1946 年には「在日本朝鮮人商工会連合本部」を結成した。現在、商工会連合本部は大きく 3 つの団体を包括している。その 1 つが地方商工会で、ここには各種協同組合、税金組合、業者団体、個人商工業会を含む。2 つ目は在日本朝鮮人信用組合協会で、178 の信用組合が含まれる。3 つ目は在日本朝鮮人貿易協会であり、各貿易商社が含まれている（呉圭祥 1992：108）。

　終戦後、大蔵省は「第 3 国人」に対する「融資禁止令」を下した。在日韓人はやむを得ず民族の金融機関を設立したが、多くの在日韓人企業家が日本の銀行からの融資のため、日本に帰化した。民団系にしろ、朝連系にしろ、在日韓人の企業に対する日本当局の不当な課税に反対する「税金闘争」は、ただの減税または免税を目指すのではなく、公正な課税を要求した。終戦後まもなく実施された財産税問題や税金闘争より、在日韓人の経済人にとって重要な意味を持つのは、「外国人の財産取得に関する政令」（取得令）であった。取得令の目的は、諸外国との間に健全な経済関係の回復を促進すると共に、国民経済の復興、自立を図り、併せて国家資源を保全するための外国人の投資および事業活動を調整することなので、戦後の日本には必要な政令であった。問題は取得令に外国人の範疇を規定し、在日韓人をその外国人とみなすことであった。取

得令によれば、外国人が日本で財産を取得しようとするとき、外資委員会の認可を受けなければならない。財産ばかりでなく、土地や建物の購入、融資時の担保など、在日韓人の企業活動はあらゆる分野で規定される（呉圭祥1992：58）。

　取得令に対する朝鮮総連系の反応は特に早かった。日本の新聞紙上に取得令の草案が発表されるや数日後、朝連東京都本部講堂で取得令に反対する経済人の決起大会を開き、GHQに送る陳情書と日本政府に送る抗議書を採択した。特に日本政府に対しては17名になる交渉委員を送って首相と国会副議長に抗議した。抗議運動はすぐに地方に拡散し、京都、大阪、岡山、兵庫などで取得令適用反対運動が行われた。朝連は民団や華僑連合、日本の市民団体と連帯の共同闘争を行った。取得令は在日韓人だけでなく、日本の中小企業にも及ぶとの見解で、日本人からも支持を得た。結局、外資委員会当局と朝鮮人生活権防衛委員会との協議で、在日韓人を外国人として取り扱わないこととした。これにより在日韓人は日本での企業活動の権利を得た（呉圭祥1992：63）。

II．在日韓人の経済的発展

　在日韓人の大部分は、植民地時代には炭鉱、鉱山、土木工事現場などで働いた肉体労働者であった。終戦後、在日韓人の多くがゴム関係や皮革業に従事し、自由業としては行商、古物古材商、あめ売り、仲買人などの商売をした。また、廃物回収業、古鉄業、遊技業、そして養豚業などもしていた。特に闇市場での商売で生活する人が多かった。

　韓国戦争のため、日本は1950年前半「特需景気」、「神風景気」という好景気を迎える。日本はこの特需景気で戦前の軍需産業を含むすべての産業が再生するばかりでなく、アメリカ軍の防衛生産発注による「新特需」によって産業が拡大化し、経済の高度成長期を迎える。これにより在日韓人の職業にも変化がある。1959年の在日韓人の就業状態を見れば、60万人のうち就業者が14万人で、全体の24.4％であった。就業者の中、建設技能工、生産工程従事者、

単純労働者が52.8%であり、販売、サービス業、運輸通信を含む商業関係従事者は30.9%、そして専門技術的職業従事者と管理職は2.6%であった（呉圭祥1992：99）。

在日韓人の就業率は24.4%で、全就業者の比率が47.5%であった。これは逆に52.5%が失業者ということである。しかし、1950年の当時に在日韓人が失業的条件で生き残ることはできなかった。日本の「在留統計」や「国調」の資料を分析した勇上和史は、失業者といっても市場で非定期的に働いた人が多かったという（勇上和史1999：46）。

1960年代は、世界的にはベトナム戦争が激化していき、日本と韓国とでは韓日条約が結ばれた時期である。また、在日韓人の世界では居住地を都市部やその周辺に移動する時期である。これに従って在日韓人の経済生活で目に見える特徴は、農林業従事者や単純労働者などが減少し、事務員、販売業、自動車運転手などが増加したことである。特に在日韓人系金融機関の援助を受けた民族産業の基盤、たとえば、パチンコ、土木、焼肉店など中小企業が活発な成長を成し遂げた。このような状況は、在日韓人の経済的条件が全般的によくなったことを物語っている。日本の経済が高度成長を遂げる一方で在日韓人も教育水準、文化知識水準が向上していった。

在日韓人の社会では、終戦30年が経過するなかで世代交代が著しくなった。日本で生まれた青年が在日韓人社会の75.6%を占めた。1970年代の在日韓人社会の職業構成では商工人の比率が高まり、社長や部長などの管理職従事者、サービス業従事者が増加した。もう1つの特徴は、10万人に近い在日韓人が北朝鮮に永住帰国した影響である。北朝鮮に帰った人びとは、日雇い労働者で一定の職業がなかった人びとで、彼らの移住により在日韓人の社会では単純労働者の数が減少した（呉圭祥1992：143）。

1975年に統一日報社が在日韓人の企業675社を相手に行った設問調査が表3-1である。これによれば業種がサービス業、製造業、小売業、建設業、娯楽・遊戯業などの5分野が全体の90%を占めている。資本金は50万円未満が大半であり、従業員数は20人未満が70%を占めた。

1980年代の世界的変動の1つは債権国であるアメリカが債務国に転落し、

表3-1 在日コリアン企業の業種と経営形態（1975年）

業　種	会社数	(%)	経営形態 個人	経営形態 会社	1社あたりの平均従業員数
サービス業	1724	(25.5%)	1256	464	1.2
製造業	1493	(22.1%)	822	670	27.5
卸売・小売業	1186	(17.6%)	837	346	9.8
建設業	943	(14.0%)	442	501	24.1
娯楽・遊戯業	917	(13.6%)	533	340	24.5
不動産業	268	(4.0%)	90	178	22.8
運輸業	118	(1.7%)	23	94	68.7
金融業	37	(0.5%)	2	35	58.9
鉱業	37	(0.5%)	6	31	28.3
農林・水産業	30	(0.4%)	27	3	13.5
計	6753	(100%)	4038	2662	17.5

出所：民団中央本部『差別白書』第5集、1981年、381ページ

資本金から見た在日コリアン企業の規模（1975年）

資本金	会社数	
10億円以上	2	(0.03%)
1億円以上〜10億円未満	47	(0.7%)
1000万以上〜1億円未満	914	(13.5%)
500万以上〜1000万円未満	1646	(24.4%)
500万未満	4144	(61.4%)
計	6753	(100%)

出所：上掲書、381ページ

従業員数から見た在日コリアン企業の規模（1975年）

従業員数	会社数	
100名以上	1	（−）
300名以上〜1000名未満	34	(0.5%)
100名以上〜	268	(4.0%)
50名以上〜100名未満	367	(5.4%)
20名以上〜	1082	(16.0%)
10名以上〜	1258	(22.6%)
10名未満	3473	(51.4%)
計	6753	(100%)

出所：上掲書、381ページ

（朴一　在日コリアンの経済事情　上田正昭、姜尚中、杉原遼、朴一：共著　歴史のなかの「在日」p.267-285）

表 3-2　在日韓国朝鮮人職業年度別分表

	1969.4.1		1974.4.1		1984.12 末		1993	
在 日 朝 鮮 人 数	603,712		638,806		687,135		688,144	
有　　職　　業	159,546	26.4%	148,517	23.2%	169,876	24.7%	179,963	26.2%
	人	%	人	%	人	%	人	%
技　術　者	246	0.1	631	0.4	574	0.3	1,885	0.2
教　　　員	1,008	0.6	1,039	0.7	1,521	0.9	2,000	0.3
医 療 技 術 者	543	0.3	867	0.6	2,149	1.3	3,681	0.5
宗　教　家	255	0.1	274	0.2	341	0.2	606	0.08
その他専門的職業	1,447	0.9	667	0.4	1,146	0.7	1,512	0.2
管 理 的 職 業	4,732	3.0	4,797	3.2	13,306	7.8	16,984	2.4
事　務　員	14,530	9.1	20,769	14.0	36,781	21.7	48,470	2.0
貿　易　業	207	0.1	185	0.1	221	0.1	396	0.05
古　物　商	7,802	4.9	7,494	5.0	－	－	－	－
その他販売業	23,437	14.7	23,099	15.6	34,770	20.5	35,927	5.2
農　林　業	5,333	3.3	3,699	2.5	1,871	1.1	1,148	0.1
漁　　業	477	0.3	373	0.3	266	0.1	166	0.02
採 鉱 石 業	673	0.4	484	0.3	219	0.1	145	0.02
運　　輸	1,200	0.8	826	0.6	－	－	－	－
建　　設	8,701	5.5	10,815	7.3				
その他工業	33,700	21.1	34,909	23.5	42,531	25.0	37,270	5.4
単 純 労 働 者	25,864	16.2	16,921	11.4	7,049	4.1	4,131	0.6
料　理　人	1,056	0.7	1,538	1.0				
理容・美容師	1,002	0.6	1,046	0.7	－	－	－	－
娯 楽 場 接 客 員	929	0.6	795	0.5	－	－	－	－
その他サービス業	3,638	2.3 (4.1)	3,025	2.0 (4.3)	11,794	6.9	11,654	1.6
自動車運転手	11,805	7.4	12,861	8.7	13,515	8.0	11,392	1.6
芸術家・芸能家	524	0.3	703	0.5	1,443	0.8	1,285	0.1
文芸家・著述家	99	－	116	－	135	－	183	0.02
記　　者	151	0.1	183	0.1	120	－	167	0.02
科 学 研 究 家	78	－	401	0.3	121	－	208	0.03
学 生 ・ 生 徒	9,209	－	－	－	－	－	－	－
そ　の　他	900	－	－	－	－	－	753	0.1
無 職 及 不 詳	444,166	－	490,289	－	517,259	－	508,181	73.8

法務省入国管理局統計から作成

それとは対照的に日本の1人あたりGNPがアメリカを超えるようになったことである。そして日本社会では外国人労働者が増えるようになった。在日韓人に置いては、商工人の増加、販売従事者、サービス業従事者、通信運輸業従事者などサービス業関係者が引き続き増加し、技能工、生産工程従事者の比率も増加した。小数ではあるが医療、保健技術者など、知的活動に従事する者の数も増加し、職業別・年度別の分布を見ると表3-2である。

表3-2で、特に1980年代と1990年代でも、在日韓人職業の高職能化現象がよく表われている。技術者は約4倍に増加し、教員も約25%、医療技術者は約40%、そして宗教家は約2倍に増加した。管理職、事務員、貿易業でも大きな増加があり、文芸家、著述家、記者、科学研究者も増加があった。1990年代に減少したのは、農林業、漁業、採鉱石業、そのほか工業、単純労働者である。在日韓人は融資禁止のような厳しい条件の下で、高度の知能を必要とする職種において顕著な発展を遂げた。1980年代の在日韓人の経済生活を分析した資料によれば、資産1億円以上を所有する富裕層に属する人が1万人以上になり、在日韓人の5〜7%が相対的富裕層に属する（朴一 2005：277）。

Ⅲ．業種の地域的分布

大阪府を中心とする近畿圏には在日韓人総数の48.3%が住んでいる。表3-3のように大阪府の業種で第1位を占めるのが各種の製造業であった。このうちでも多いのがプラスチック製品製造業で、これが189人、16.2%となっている。2番目に多いのが小売業で、278人、18.9%になる。この業種を細分すれば、飲食店、再生資源卸売業、小売業であり、飲食店が106人、8.5%であった。3番目に多いのがサービス業であった。遊技場（パチンコ）が98人、12.2%に達した。4番目が建設業で、116人、7.4%で、一般土木建築工事業である。5番目が不動産業7.2%ある。

東京都は大阪府と比べて在日韓人の業種に明らかに差異があった。上記の表で見るように東京都の業種の順はサービス業（29.1%）、卸売業・小売業

表 3-3　在日韓人の業種別地域別統計

業種 地域	製造業	卸売業 小売業	サービス業	建設業	不動産業	金融 保険業	運輸 通信業	農業	その他
大阪府	534 (45.8)	278 (18.9)	145 (15.9)	116 (7.4)	90 (7.2)	31 (2.3)	27 (2.1)	2	36 (0.1)
東京都	143 (22.0)	214 (27.6)	155 (29.1)	46 (5.3)	45 (6.4)	53 (7.3)	15 (2.0)		
兵庫県	144 (23.2)	254 (33.4)	84 (17.3)	110 (13.2)	27 (4.0)	24 (3.4)	36 (5.2)	7	2
愛知県	47 (13.7)	52 (12.0)	133 (51.5)	42 (9.1)	17 (4.6)	22 (5.7)	12 (3.1)		9
京都府	211 (30.9)	189 (23.3)	79 (15.2)	166 (18.2)	56 (7.6)	30 (3.9)	5 (0.6)		2
神奈川県	1 (1.5)	10 (12.4)	31 (55.5)	2 (2.3)	9 (13.0)	11 (15.7)			
福岡県	3 (1.3)	67 (23.6)	60 (33.7)	64 (22.2)	14 (6.0)	30 (12.4)	1 (0.4)	1 (0.4)	2
広島県		20 (14.2)	52 (54.2)	20 (13.3)	18 (14.9)		4 (3.2)		

(徐龍達、全在紋 1987：235〜249)

(27.6％)、製造業（22.0％）であった。東京都と在日韓人の上位5位までの業種を見れば、①パチンコ、②焼肉店、③金融業、④プラスチック製品製造業、⑤再生資源卸売業の順であった。これに対し大阪府は、①プラスチック製品製造業、②金属製品・機械器具製造業、③土建業、④飲食店、⑤遊技場の順であった。大阪府で第1位であったのが東京都では第4位、第2位であった金属製品・機械器具製造業が第6位、そして第3位であった土建業も東京都では5位以内に入らなかった。大阪府では5位以内に入らなかったのに東京都で5位以内に入るのが、金融業と再生資源卸売業であった。

　東京都では卸売業・小売業とサービス業を合わせれば、56.8％になり、それに運輸業を加えれば64.1％で、第3次産業の比率が高い。これに対し大阪は製造業と建設業が過半数を占めるが、東京都のこの比率は30％にならない。この調査を行った徐龍達と全在紋は、第3次産業の比率が高い東京都の業種分布

を成熟社会にて起業する「東京型」、第2次産業の構成比が高い大阪府を成長社会に適合する「大阪型」と名づけた（徐龍達・全在紋 1987：236）。

在日朝鮮人の業種を大別して東京型、大阪型、そして地方都市型と分類することができる。東京型は卸売・小売と、サービス業に比重が大きく、両者を合わせたら57%になった。これを調査者は「成熟社会適合型」といった。愛知県や神奈川県もこの類型に属する。

大阪型は製造業・建設業に比重が大きく、両業種を合わせると53%に達する。京都府や兵庫県もこの類型に属する。東京型を「成熟社会適合型」、大阪型を「成長社会適合型」といい、これは関東と関西の構造的差異を反映するものでもあった。東京は第3次産業が発達したところで、大阪は第2次産業が発達したところである。それに従って在日韓人の東京では風俗営業や飲食店が多く、大阪では製造業・建設業が多かった。

大阪型や東京型に属さないものを地方都市型と分類した。これはその地方の特殊な産業に属する下請け業と関係があるので地方都市型と名づけた。広島県の在日朝鮮人が地元東洋工業関連のサービス業に従事するのがその代表的な例であり、福岡県もこの類型に属する。大阪型や東京型との類型でも、在日朝鮮人の業種は労働集約的業種が特徴である。これには機械化して大量生産を行いにくい業種という共通点がある。

朝鮮総連側の資料は1985年朝鮮大学校経営学部の学生たちが行った「同胞商工人実態調査」である兵庫県で行ったこの調査は、997人を対象にしたが、その結果は徐龍達・全在紋の分析とほぼ同じ傾向を見せた。この朝鮮大学の資料と徐龍達・全在紋の資料を比較すれば、東京の場合、民団系には遊技場が19.4%であるが、朝鮮総連系はこれが分類されていなかった。サービス業に置いて民団系は29.1%であり、朝鮮総連系は10.6%であった。そして民団系は飲食業が27.6%であり、朝鮮総連系は49.0%であった。そのほかでは、東京では民団系と朝鮮総連系の業種の構成比はほとんど同じであった。

IV．在日韓人の経済活動

　1992年の統計によれば日本全国に1万7,300店の焼肉店がある。これらの年間売上額は約5,700億円という。1995年度、日本人1人あたり年間食肉消費量は31.3kgで、これをさらに分ければ牛肉が8.3kg、豚肉が11.4kg、鶏肉が11.0kg、そのほかの肉が0.6kgである。OECD諸国の平均量が90.1kgであるのと比較すれば、さらに消費量が増加すると見られる。ところが最近の統計によれば焼肉店舗の数は8,293店に減ったという。焼肉といったら有名なのがホルモン焼である。これは牛や豚の内臓を焼くものである。牛の内臓には28種類があり、これはビタミン類やカルシウムなどが豊富なうえに高タンパク低カロリーの理想的な食品であり、消化にも優れている。豚の内臓は23種類あり、ここにも良質の動物性たんぱく質、ビタミン、ミネラル、特にカルシウム、ビタミンA、B_1、B_2のような日本人に不足する栄養素が多い（宮塚利雄1999：145）。

　ホルモン焼は在日韓人が始めたものであり、韓国では牛の内臓はスープにしか使用しない。このホルモン焼は川崎「コリア・タウン」で知られている川崎「セメント通り」の美星屋から始まったとされる。芝浦の屠畜場で、仲買人が自転車で牛の内臓を鉄板の上に並べて売った。これを近所の在日朝鮮人が自分の家で焼いて食べたのを店の客に提供した。ここは多くの労働者が集まる場所で、ホルモン料理とどぶろくの適度なアルコールで客足がよかった（前川憲司1983：104）。

　1988年ソウル・オリムピックが日本に「パルパル」（88）という韓国ブームをもたらした。在日韓人だけでなく、日本人経営者の要請で韓国人の調理師が来日した。店の名前もソウルが多くなり、いよいよ「韓国料理」の時代が到来した。韓国料理には焼肉だけでなく多様なメニューが加わり、また韓国風焼肉屋に輸入したキムチと酒が加わった。キムチは日本で1980年、3万4,057tが生産されたのだが、1994年には9万3,228tと3倍に増加した。これは日本の漬物総生産量の10%を占める。韓国からのキムチの輸入は1993年7,343tで

あった。韓国からの輸入酒類にはトンドン酒、高麗人参酒、慶州法酒、北朝鮮からの平壌焼酎もあるが、日本で有名なのは「真露」という韓国焼酎である。真露焼酎が初めて日本に輸入された1980年には、4,200ケースの売上であったのが、1989年には20万ケース、1995年には171万ケースに達した。近年韓国の「冬のソナタ」や「大長今」などの韓流ブームに便乗して、韓国料理が活発に日本社会に浸透してきた。特に「大長今」の影響で韓国の料理と共に韓国の宮中の生活と宮中の料理に日本人の関心が高まっている。（富塚利雄 1999：199）。

　パチンコといったら華やかなネオンや勇ましい「軍艦マーチ」の音楽など、表向きが華美で派手に見える。日本全体に約1万8,000店のパチンコ店舗があるのだが、経営者は6,000ないし7,000人というので、1人の経営者が平均3店の店舗を持っている。このパチンコ全業者の70%が在日韓人なので、パチンコを在日韓人の民族基幹産業と呼ぶことができる。約33万人の従業員がパチンコ業界に雇用されており、パチンコファンは約2,000万人いるという。パチンコ産業の年間売上が17兆8,000億円であり、パチンコ業界の70%が在日朝鮮人なら、彼らが12兆円を売上げるので、これは日本のGDPの約3%になるという。1994年税収53兆4,000億円の0.6%に相当し、だから日本全人口の0.6%を占める在日韓人の人口比率と一致するという（姜誠 1995：124）。

　1994年全国パチンコ業界の年間売上額が30兆4,778億円であるという。これはトヨタ、日産、ホンダ、三菱自動車など主要自動車メーカーの売上総額の2倍近くである。日本人1人あたり年間25万円をパチンコ店に注入するという。パチンコ産業には2004年売上高1兆円を出した韓昌祐のような人もいるが、全業者の90%は中小企業の零細な業者である。

　パチンコ店では、客が店に入り金を払って銀玉を借り、パチンコ台で遊んだ後、手元の玉を店のカウンタで景品を受け取る。客は店の近くにある景品交換所に行ってその景品を現金に換える。景品交換所がパチンコ店内にあるのでなく、パチンコ店と景品交換所が無関係のふりをするのは、パチンコ店で換金するのが風俗営業法に違反するからである。パチンコ産業は巨大な市場でありながら賭博性が高く、何か金の流れが不明瞭であり、何よりも業界が閉鎖的体

質を持っている。数年間パチンコ産業が国税庁調査による脱税業種の第1位であった。パチンコといえば、何よりも暴力団と関係があるのではないかと思われがちである。パチンコ業界はいつも脱税、暴力団との関係、政治家への闇献金の疑惑などが引き続いていたが、1990年、いわば「パチンコ疑惑」の問題が社会に浮上した。これは朝鮮総連系パチンコ業者が売上の一部を当時の社会党と北朝鮮に流した問題であり、特に北朝鮮に600億円を送金したとのうわさであった（野村進1997：117）。

　これをきっかけにプリペイドカードの導入を図った。プリペイドカードをパチンコ台に差し込むと、自動的にカード会社のコンピュータに記録され、その代金がカード会社からパチンコ店に支払われる。警察はパチンコ業界から脱税を一掃し、暴力団を排除する、いわば業界の健全化の名目でプリペイドカードを導入した。プリペイドカードの導入によって変わったのは、この新しいカード使用のCR機という新種ができ、これを全国のパチンコ店の8割が導入することになり、中小パチンコ店は潰れた。また一方、カードの変造や偽造などによって、1996年3月期決算までの被害額が630億円に達したと業界はいうが、実は1,000億円に達するという。（野村進1997：118）

　子どもの遊びから始まり大衆娯楽産業に発展したパチンコ業界は、機械の操作や暴力団との誤解を払拭すると共に、風俗営業法や新風俗法などと向かい合っている。パチンコ業界は、パチンコ台のハイテク化に伴い、環境の健全化や経営の合理化・透明化など健全な発展を成し遂げ、特に後期産業社会での重要な娯楽産業の位置を確立し、大衆文化の発展に貢献した。

　在日韓人は、日本国籍を持たないという理由で公共団体の職員や公務員になることができないし、日本の大企業はもちろん中小企業に就職することも容易ではなかった。こんな厳しい差別のなかで、多くの在日韓人が高等教育を必要とする各種ハイカラー職種に進出している。小林靖彦は『在日コリアン・パワー』という著書で、企業家はMKタクシー会長の青木定雄と平和工業社長中島健吉を選んだ。金哲雄は『在日朝鮮人の経済問題』で、株式会社さくらグループ社長の全鎮植、大同門の趙煉斗、学校法人呉学園理事長の呉永石、大阪興銀と新韓銀行の李熙健、三成イーエンドエム社長の金容太、ロッテの辛格

浩、国際化学合弁会社の呂成根を取り上げている。

小板橋二郎は『コリアン商法の奇跡』で、日本ビジネス専門学校理事長の呉永石、三成イーエンドエム社長の金容太、株式会社さくらグループ社長の全鎮植、東京西新井病院院長の金万有、金井企業株式会社社長の金煕秀らの企業家を取り上げている。大場一雄は『在日韓国人実業家と日本財界トップに聞く』という著書の中で、33人の有名な在日韓人実業家を紹介した。間部洋一は『日本経済をゆさぶる在日韓商パワー』の著者で、20人の成功した在日韓人企業家を選定した。

在日韓人で、事業で成功した特に有名な経済人はロッテの辛格浩、マルハンの韓昌祐、ソフトバンクの孫正義である。以上の在日韓人企業家は、みな貧しい環境で生育し、立身出世した企業家である。ここでおもしろいのは有名な実業家として選ばれた人びとに在日韓人の3大企業というパチンコ業、食堂業に従事する人がたった3人であり、運送業、不動産・金融業、宿泊業など大企業にはなりにくい分野で活動している点である。そのなかで有名になったことは普通より並大抵でない努力をしたことがわかる。

在日韓人1世の企業家は、祖国に投資し、「錦衣還郷」するのが夢であった。ロッテの辛格浩がその代表的人物である。彼のほか、韓国に投資した人は中央大学の理事長金煕秀、李煕健、金容太が有名である。投資ではないが、在日韓人の経済的な貢献をいうなら、1970年代のセマウル運動の時期までさかのぼる。この時期に在日韓人たちは祖国のために多額の金を韓国に送った。「在外同胞」のなかでは、在日韓国人が経済的にも経済以外の領域でも一番多く祖国の発展に貢献した。

経済は民族団体と違って、主流社会である日本社会と直接接しながら競争しなければならない領域である。たとえば、民族団体は日本社会の影響を受けるが、それは団体という社会集団が日本社会に何かを要求するとき、初めて接続が行われるので、対日本社会との接続は2次的なものである。しかし、経済生活は日本社会で直接的に接する領域である。

在日韓人が日本社会で生活を始める終戦後、在日韓人は単純な肉体労働者として出発した。彼らに技術があったとしても、それは簡単な手工業に過ぎず、

衛生業、古物回収業など「キツイ、キタナイ、キケン」という 3K の仕事に従事した。敗戦後、混乱状態になった日本には食糧難も加わった。混沌に包まれた日本社会で在日韓人の生活は困難の極限に迫られた。在日韓人は生活難を克服する方法として、空間があれば豚を飼育し、時間があれば違法の闇市場の商売に手をつけるしかなかった。

　日本経済体制の底辺から出発した在日韓人は、与えられた地域的条件に適応しながら少数民族としての経済的位置を確保していった。製造業、卸売業、小売業、サービス業、建設業、通信運輸業などに従事する在日韓人は、大阪型、東京型、地方都市型に分けることができるように地域的特色を見せた。これは在日韓人が経済的に日本社会で定着したことを物語る。在日韓人が 3K の領域を乗り越えていろいろな業種に発展していったのは日本人より何倍もの苦労をした結果である。まず在日韓人は日本人のように日本の銀行で融資が受けられないという不利な条件で競争した。日本の銀行で融資を受けるには日本の国籍が必要であった。そのため事業を起こした在日韓人の 1 世・2 世のうち帰化の問題で苦心しなかった人はいない。帰化をすると融資は容易になるが、在日韓人からは民族の裏切り者と扱われた。

　日本の経済構造の周辺的位置をとりながら、在日韓人は民族産業を発展させた。在日韓人の 3 大企業がそれである。在日韓人の 3 大産業を焼肉、パチンコ、サンダルという人もいれば、焼肉、パチンコ、サラ金の金融業という人もいる。在日韓人の民族企業といえば、それは焼肉とパチンコである。焼肉はただの肉の焼き方をいうのではなく、そこは在日韓人が発見したホルモン焼が加えられたので、民族的特長が加えられたという意味で、民族企業に分類したのである。魚を主に食する日本の食生活に肉を普及させるのにも貢献したという意味で民族企業の役割を果たした。

　子どもの遊びから出発したパチンコは、遊技業で少数民族の産業であり、在日韓人が業者の 70% ないし 80% を占有するので、在日韓人の民族基幹産業である。パチンコ産業の売上が 17 兆 8 千億円とすれば、これに従事する在日韓人を 70% としても在日韓人の売上額が 12 兆円を担当し、これは日本の GDP の約 3% になる。実に在日韓人のパワーといってもよい。パチンコ企業の成長

は、在日韓人の生き方であった。脱税や不正の汚名で時には警察に、時には暴力団に迫られながら、パチンコ企業は成長した。パチンコだけでなく日本における在日韓人の経済的基盤を作り上げたのは、在日韓人1世のおかげである。

民族企業のように経済的基盤をなしたのは在日韓人1世の功績である。彼らはポスト社会からの苦痛が加われば加わるほどもっと熱心に働き、その金を祖国の家族の元に仕送り、祖国の発展のために寄付をした。在日韓人1世が持つ祖国志向的心理の底辺には、祖国を離れて来たすまない気持ち、祖国に帰りたい帰巣本能、そして祖国に帰って見栄を張りたい気持ちなどが複雑に混じっている。特に韓国が貧しかった1960年代と、セマウル運動が本格化した1970年代の在日韓人1世らは、実に熱心に祖国発展に献身した。

在日韓人1世のおかげで、日本でも在日韓人の経済的地位が上昇し、特に1980年代と1990年代に技術者、教員、文芸人、医者など高等教育を必要とする知識産業に従事する人びとが目立つように増加した。在日韓人がさまざまな悪条件の下でもこのように成長したことは、実に在日韓人の底力であり、在日韓人の定住志向と共に「中流階級意識」が高まる条件でもあった。在日韓人の民族産業であるパチンコ業界にも、創業者である在日1世に変わって、学歴の高い2世、3世が進出し、経営の合理化と大企業化、そして機械の近代化を進めている。

在日韓人1世の偉業は、民族産業の育成に限らず、産業の全分野で大財閥を輩出した。60人あまり上る有名な在日韓人の企業家は、遊技業だけでなく、運輸業、不動産業、衣類業、食品業、貿易業、金融業などの各分野で活躍している。問題は在日韓人が職業的領域で劣等意識や被害意識から脱出することである。たとえばパチンコは産業社会では主流産業ではなかったが、後期産業社会での遊技産業はレジャー産業の重要な一翼である。

第4章　市民運動

I. 日立事件

　普通、在日韓人なら誰でも経験する就職差別が「日立」でも起こった。高校を卒業した在日韓人2世の新井鍾司が1970年8月23日、日立ソフトウェア戸塚工場の工員募集試験に応募し、筆記試験にも面接試験にも合格した。これは7対1の難しい試験であった。日立は新井に9月4日に正式採用通知書を送り、戸籍謄本を持って赴任することを伝えた。新井（朴）は本籍地が韓国の慶尚道で、指定した日までに戸籍謄本を持って行くことができないので、日立会社に電話をした。日立側から何の答えも無いので、2日の後にまた電話をかけたら、日立会社からは外国人を雇用することができないと言われ、数日後雇用取り消しを知らされた。

　その後新井は、横浜の駅前で「入管法反対」の街頭署名運動に参加している日本人学生たちに自分の事情を訴えた。日本人学生の1人が新井のことを不当と思い、新井を石塚久弁護士に紹介した。新井の不当な待遇を不義と感じた石塚久弁護士は、無料弁論をし、書類を作成し、これを横浜地方裁判所に提出した。日立側の新井に対する処遇は在日韓人に対する差別政策だから不当であると訴えた。従ってその処遇を無効とし、新井を雇用するばかりでなく、合格通

知以後の月給と慰謝料として50万円を新井に支給することを請求した。一方、新井の日本人親族5人と、韓国の友達2人が始めた「在日朝鮮人の就職差別を粉砕する会」をもっと発展させ、「朴君を囲む会」を作った。この時、それまで通名新井を使用してきたのが、本名の朴に変わった。

「朴君を囲む会」に日本人の教師、学生、市民、在日韓人2世など、特に部落問題研究会などが参加し、会議を開いて日立の処遇が不当であることを社会に呼びかけた。日立では、朴が受験の時本名を使わずに通名（日本名）を使い、本籍の欄に出生地を記入するなど、性格的に嘘をつく人なので、従業員として信用することができないし、採用の用件である書類を具備しないので採用することができないと主張した。

時間が経つにつれて、「朴君を囲む会」は裁判にも進展がなく、盛り上がりに欠けていった。ところが1972年3月東京高等裁判所の中平健吉判事が、朴の訴訟を受け付けるため判事職を辞任し、朴の主任弁護士として登録したので、「朴君を囲む会」は再び活気を取り戻した。活気を得た「朴君を囲む会」は、法廷を継続する一方、月に一回集会を持ち、日立に対する糾弾の方法を研究し、日立以外でも在日韓人が差別された事例を訴え、一般人に知らせる運動を展開した。これにより「朴君を囲む会」の会員が7,800人にまで上り、仙台、東京、川崎、名古屋、大阪、尼崎、兵庫、北九州の8カ所に同会が作られたのである。

「朴君を囲む会」が1973年9月2日、「関東大震災朝鮮人虐殺50周年集会」を主管し、その余勢に乗って日立本社直接交渉を図った。すなわち、日立本社に代表者を送り、①朴に対する就職差別の事実を認め、これに謝罪し、不当解雇を撤回すること、②貴社の法廷での主張が差別であることを謝罪し、その謝罪文を新聞紙上に発表すること、③韓国人が韓国人として働くことのできる職場を補償し、具体的対策を明示すること、④韓国での経済的収奪を即時やめることなどの抗議文を届けた。（朴君を囲む会 1974：81）

「朴君を囲む会」の要求に対し、日立は何の反省も見せなかった。これを見守ってきた韓国基督教学生総連盟が、反日救国闘争宣言を発表して、活動に向かう一方、韓国基督教長老会女信徒会のソウル連合会は、4月から日立製品の

不買運動を展開し、この運動が韓国全国に拡大していった。この韓国の声が世界に広がっていった。欧州で開かれた世界基督教会協議会 WCC は、日立の事件は人種差別の代表的なものとみなし、日立製品の不買運動を展開することを決議する一方、「朴君を囲む会」に 450 万円を支援金として送ってくれた。世界の世論に結局、日立は屈服した。1974 年 5 月 17 日、日立本社を訪問した「朴君を囲む会」の代表に対し、日立は要求条件を全部受け入れることと、朴君を日立に就職させることを明らかにした。同年 6 月 19 日、横浜裁判所の第 2 民事部の石藤太郎裁判長は法廷で、日立が国籍問題を理由として入社を拒否したのは不当な処遇であると判断した。すなわち、裁判所は朴君の全面勝訴の判決を下した。（朴君を囲む会 1974：100）

日立就職差別事件は、別名「朴鍾碩君事件」ともいう。この事件の判決は日本社会での画期的なことといわざるを得ない。これは日立に象徴される多くの日本の企業が民族差別をしてきたのを、裁判所という日本の公的機関がこれを事実として認め、それの是正を要求したということであった。判決文では一方、原告に対しては日本社会に差別と偏見があるけれど、人間性を回復するためには韓国人の名で韓国人らしく生き、韓国の歴史を尊重し、韓民族としての誇りと自負心を持つべきだといった。これはすなわち、「韓国人の主体性の回復」を要求したのである。

「朴君を囲む会」が基督教を中心とする世界的世論によることが大きいとしても、朴君の勝訴はあくまで在日韓人 2 世の勝利であった。日立事件が終わるや、「朴君を囲む会」に参加した在日韓人の青年たちは、「民族差別と闘う連絡協議会」（民闘連）を結成した。

民闘連の 10 年間の歴史を通して、民闘連の性格と民闘連運動の方向を知ることができる。①差別と同化を克服するのが最も緊急の民族的課題である。②闘争が扱うべき問題は、在日韓人と直結するものを扱うべきである。③民族主体性の確立のため、共同の闘争で民族差別の実態を正確に把握し、孤立分散した同胞の結束を伴い、民闘連運動をすべての共同の闘争とすべきである（民闘連 29 号 1979：26）。

この民闘連の共同の目標を達成するための方法論として、民闘連は 3 つの

原則を定めた。①在日韓人の生活現実を踏まえて民族差別と闘う実践をする。②在日韓人への民族差別と闘う各地の実践を強化するために交流の場を保障する、③在日韓人と日本人が共闘するのである。すなわち、実践、交流、共闘を三原則とした。(梁泰昊 1987：72)

　民闘連の運動は、差別撤廃運動より、その名のように連絡協議を主とした活動を展開していく。そのなかで、特に強調することが２つあった。その１つは、在日韓人社会の分断の克服である。これは特に、第５回交流集会の特別基調報告で強調された。１世が主導した同胞社会の２分化（総連と民国）が在日韓人にもたらした成果は何も無かった。そしてその１世が減少し、在日韓人が日本に定住化を進める時、在日韓人の分断をいち早く克服すべきであるという。

　民闘連運動の特性の１つは差別撤廃運動を日本人と共同で闘争することであった。差別撤廃運動の究極の目的は、日本の差別社会を変革することである以上、日本人との共闘が必要である。この精神を打ち出したのが、第３回交流会での佐藤勝巳の発言であった。彼は「やはり一緒になって行動するなかで、日本人も変わっていくし、韓国人側も変わる必要があるならば変わらなければならない」と言った。共闘の道こそ日本の社会を変える近道なのである。

　1980年から展開される指紋制度の反対運動に同調した民闘連は、「指紋は人権を侵す」や「外国人登録法と指紋制度」というパンフレットを発行し、1985年には北九州から東京までの全国行進隊を率いて、指紋制度反対運動を支援した。日立事件以降、民闘連は地域中心運動体に展開した。李仁夏牧師を中心とする東京の民闘連は、社会福祉法人青丘社を設立、櫻本保育園と共に児童のための人権活動を展開していった。

　青丘社は、1988年ふれあい館を建立し、総合施設を持つようになる。子どもの文化センターである「ふれあい館」では、子どものための各種行事があり、学童保育の「ロバ会」、障害児のための「おおひん虹の会」、放課後子どもの遊びの場である「子どもの森クラブ」が運営されている。ふれあい館は、学生のための伝統文化学習コーナーのほかにも、成人のための講座や学習会があり、高齢者のための「トラジの会」の活動も行われる場所である。（川崎ふれあい

館 1993：79）

　民闘連が東京を中心とする関東地方での在日韓人の運動とすれば、大阪を中心とする関西地方で重要な差別撤廃運動を展開したのが、「在日韓国人民主懇談会」（韓民懇）であった。韓民懇は、祖国である韓国での民主化運動を目的に活動したが、在日という立場で日本社会の国際化に貢献したことを見逃すことはできない。韓民懇が主導した「在大阪韓国人の生活を守る連絡会」は、1974年10月から展開する大阪府知事への公開質問書提出を始めに、各種行政差別撤廃運動の先頭に立って活動をした。（徐龍達 1987：40）

Ⅱ．行政差別撤廃運動

　日立裁判が朴君に有利に傾いた時期の1974年7月15日、「朴君を囲む会」のほか、川崎教会、青丘社、櫻本保育園など5団体が協力して、伊藤三郎川崎市長に在日韓人に公営住宅入居資格と児童手当支払いなどについて、公開質問書を提出した。これは行政的差別の撤廃を要求する第1の質問書であり、後に続く全国の民生権運動の始発であった。この運動が「朴君を囲む会」を民闘連に変える契機にもなった。この公開質問書に対し、市長は1975年から要求のとおり、在日韓人にも市営住宅入居の資格を認め、児童手当も支払うと約束した。この川崎市での結果はすぐ関西や関東に伝わり、市民運動が起こるようになった。

　川崎市の市民運動に刺激された大阪では、韓国大阪青年会議所、在日基督教会館、在日関西地方女子伝道会、在日青年連合会、在日韓国人民主懇談会など5団体が、1974年8月30日「在大阪韓国人の生活を守る連絡会」を組織した。これに同調する15団体を併せて、同年10月4日大阪府知事、窯田了一に3項目の公開質問書を提出した。

　3項目の公開質問書は、①日本に住む在日韓国人の基本的権利保障に関する意見、②在日韓国人の生活基本権としての公営住宅入居資格での差別撤廃に関する意見、③東京都・横浜市では、在日韓国人の児童手当が支給されるが、大

阪府は高齢者、障害者の福祉年金も在日韓人に適用するという意見であった。大阪より約10日後、兵庫県尼崎市でも市長、篠田隆雄に公開質問書を提出した。尼崎市では、「在日大韓基督教武蔵川教会」、「同青年会」、「尼崎在日韓人の人権を守る会」の3団体であった。1974年10月15日に市長に提出したこの公開質問書も、公営住宅入居権、児童手当の支給、老人福祉年金の支給などについての質問書であった（徐龍達1987：40）。

尼崎では前述の3団体が公開質問書を出した後、すぐ日本人の8つの市民団体と、在日韓人の3団体が「民族差別と闘争する兵庫連絡協議会（民闘連）」を結成した。尼崎民闘連は、尼崎市に4回にもわたって交渉したが、何の回答もなかったので、1975年5月9日ではもっと強力な抗議決議文を提出した。また民族差別と対抗してきた日本人の5団体、「川崎在日韓国人の人権を守る会」、「名古屋市民の会」、「宮城朝鮮研究会」、「神奈川朝鮮問題研究会」、「川崎市職員組合青年会」などが尼崎市に対し抗議文を送った。一方川崎、京都、大阪、神戸から在日韓人150人が尼崎の交渉を支援した（朴炳閏1977：32）。

尼崎市事務所で市当局と在日韓人代表が5月9日午後7時から交渉会議を始めて、翌日の午前11時まで撤廃会談を続け、結局市当局が公営住宅入居と児童手当の差別を撤回することを約束した。尼崎民闘連はこの事実を摂津、豊中、西宮、宝塚、笹尾、伊丹、川西市などの民団に知らせ、それらにも運動を展開するように求めた。

尼崎民闘連では、在日韓人に対する日本人の差別は日本人が持っている差別意識の問題として、これを解消させる運動として、市当局に民族差別を是正するための常設機関を設置すべきだと要求した。これに対し市当局は、担当窓口を設置し、そこに担当職員を割り当てることを約束した。さらに、市報である「市報尼崎」に民族差別を無くすための記事を連載することも約束した（朴炳閏1977：34）。

大阪の場合、4回の交渉の後、在日韓人各団体の代表と黒田知事が会席することができた。特別な考慮によって一般的外国人より有利な取り扱いがなされても、その歴史的経緯や生活実態を考慮すれば、また不十分な点が残っているという代表者たちの主張に対し、黒田知事は認識を新たにして、もっと深く理

解するよう努力し、「大阪に住む人は、みんな府民と考え、外国人・内国人をして市民的権利に差別があってはいけない。実に長らくこのようなことが放置されてきた。国の方針がすでに適切なものではなかった。大阪が正しい方向に改正する役割を担当したい」と述べた。黒田知事の肯定的回答で自信を持った民団大阪本部は、すぐ民生部長会議を開き、本部内に「韓国人権益擁護推進近畿地区連絡会」を設置し、市民団体との協力を進める一方、民団支部間の連絡を緊密にとり、民団全体が行政差別撤廃運動に積極的に取り組むことにした（差別白書1. 1977：36）。

　在日韓人の民間団体らが署名し、取得した具体的な権益の1つが、公営住宅入居の差別撤廃である。公営住宅法第1条に、公営住宅の目的を「この法律は国家と地方公共団体が協力し、健康なる文化的生活を営為するのに足る住宅を建設し、これを住宅取得の困難な低額所得者に対し低廉な家賃で賃貸することによって、国民生活の安定と社会福祉の増進に寄与することを目的とする」としている。

　ここの入居者資格に在日韓人を拒否するという明文はない。だが、1954年11月、長野県に住む在日韓人が公営住宅入居を申し込んだが、拒否されたのであった。これを拒否した建設省住宅局の通知は、「外国人の公営住宅申請は、これを拒否することができると法律は解釈する」というものであった。

　ところが、在日韓人の団体が公開質問書で要求した公営住宅入居差別撤廃に対し、黒田知事は入居条件に国籍を明記したものがないので、韓国側の要求は妥当だと認める。従って府議会の意見を聞き、一日も早く実践することを約束するといった。そして同年11月に府営住宅の入居差別を撤廃した（差別白書1. 1977：37）。

　その後、民団は大阪府市住宅供給公社と日本住宅公団にも在日韓人に対する入居差別を撤廃する要望書を提出した。これに対して公社の理事兼業務部長は次のように答えた。すなわち、公社の運営資金の75％を住宅金融公庫からもらい、これによって公庫の指導を受けている公社が単独で決定することはできない。そして公社の応募規定には、「国民大衆」と明記しており、これは「日本人に限った」ということで、具体的な答えは難しいと言ったのである。

ここで民団は、「国民大衆」という言葉を広く解釈すれば在日韓人を含むことができることや、公社は運営資金の75%を公庫で支援されているけれど、残りの25%は大阪府の外郭団体として大阪府が負担していること、特に土地・住宅・建築価格などでは、実際半分を担当するのと同じことを指摘し、府営住宅がすでに入居差別を撤廃したのであるから、公社もこれを撤廃することを要求した。

　一方、日本住宅公団の関西支部では、民団の要望に対し、公団は公営住宅に準ずるものであり、特に関西地方には在日韓人が多く住んでいることを考慮し、在日韓人に対する入居資格差別を撤廃するように努力すると答えた（差別白書1. 1977：38）。

　児童手当とは、1971年に制定され、児童に対し月5,000円の手当を支給するものである。児童手当法第1条は、「この法律は児童を養育するものに児童手当を支給することによって、家庭での生活の安定に寄与すると同時に、次代の社会を導く児童の健全な育成と資質の向上に寄与することを目的とする」と記されている。この第14条には、支給用件として「日本国民」と明記している。

　民団は、在日韓人は納税のすべての義務を履行しているのに、権利として受けることができないものがあることを明らかにし、大阪府はもとより府下全市町村にも児童手当に関する法律を改正することを要望した。これに対し黒田知事は、1975年2月5日付の回答で、児童手当法は国法によるため、知事が裁量することはできないので、厚生大臣に「児童手当法の一部改正に対して」という要望書を提出すると述べた（差別白書1. 1977：39）。

　児童手当に対する要望が明るくないことを知った民団は戦略を変えて直接市町村に対して法改正と独自の条例措置を求める運動を展開した。これにより大阪府摂津市が初めて独自の措置として、1975年6月「児童養育手当支給条例」を制定し、日本人児童に5,000円を支給するのに対し、在日韓人児童に対しては1,000円を支給するようにした。これに対し民団は、これが逆差別をもたらすと強く抗議し、日本人と在日韓人の児童に差別がないように要求した。これを受け入れた摂津市は同年9月から在日韓人の児童にも5,000円の手当を

支給したのであった。これがほかの市町村に大きな影響を与え、結局みなが在日韓人の児童に手当を支給するようになった（差別白書1. 1977：39）。

　国民年金制度は、厚生年金保健、船員保険、各種共済組合などの各種年金制度に加入できない農民や自営業者を対象とする年金制度で、1959年11月に制定されたものである。国民年金制度第1条にその目的を「日本国憲法第25条2項に規定した理念に立脚し、老齢・疾病または死亡により国民生活の安定が崩れるのを、国民の共同連帯によりこれを防いで、これで健全なる国民生活の維持ないし向上に寄与する」とした。そして同法第7条に被保険者の資格を「日本国内に住所を有する20歳以上60歳未満の日本国民」と明記されており、在日韓人がここから排除されている（金敬得197：102）。

　しかしながら、日本に居住するアメリカ人には日米友好通商航海条約第3条に社会保障に関して、内国民待遇が保障されるので、国民年金の加入資格が認定されていた。これに対し民団は日韓条約の「内国民待遇と見る」という文句を取り上げ、在日韓人にも国民年金加入資格を認めてもらいたいことを伝えた。これに対し日本政府は、「内国民待遇と見る」というのは、「内国民待遇とする」のと異なるといい、韓日条約以降にも国民年金制度の在日韓人の加入を拒否した。

　実は国民年金問題で起訴された事件が2件あった。1つは金鉱釣事件であり、1つは金南壽事件である。この両訴訟に対し、東京地方裁判所は1982年9月までいずれも原告敗訴の判決を下したが、上告の東京高等裁判所の控訴では、1983年10月、原告の勝訴の判決を下した。その理由は国籍条件が一切の例外を許さないような意味に置いて、国民年金制度の基幹に係るものではないというべきであるといった。その後1981年6月、国民年金の被保険者資格から国籍条項を撤廃する国民年金法改正案が国会で通過した。しかし、これは欧米諸国からの強い批判を受けて批准せざるを得なくなった難民条約と抵触するのを避けるためであった（金敬得 1987：106）。

　1973年、在日韓人が立ち上がった事件が申京煥事件であった。彼は兵庫県宝塚市四場で生まれた在日韓人2世である。彼の父母は慶尚北道出身で、1930年渡日し、初めは北海道の土木採石場で働いたが、1934年宝塚に移り、現在

まで居住している。彼の父は10年前結核と脳軟化症で入院し、彼の母は25年間失業対策事業場で働き続けている。彼の兄は交通事故で死亡し、現在彼は母と妹と暮らしている（富田浩人 1977：21）。

申京煥は家が貧しかったが、高等学校の卒業の後、ダンプカーの運転手で生計を立てていたが、日本人友人と共犯で金を盗んだのが発覚して、強盗致傷の罪名で懲役8年の宣告を受け、少年刑務所に送られた。彼が刑期を終えて出獄すると、刑務所の門前で彼を待っていた法務省入国管理局長にその場で連行され、大村収容所に連れられた。今度の罪名は、協定永住権者が7年以上の懲役になった場合は、強制退去に該当することであった。彼は懲役刑で出入国管理特別法該当の第1号となった（徐龍達 1987：66）。

退去強制に関する法は外国人登録法と出入国管理法である。外国人登録法は、1947年5月に制定された外国人登録令を1952年4月外国人登録法にしたものであり、出入国管理法は1951年10月制定された出入国管理令が1981年1月に出入国管理および難民認定法となった。

外国人登録法は、外国人で満15歳になったら所属の区役所に出頭し、国籍、生年月日、姓名、日本上陸年月日、住所、在留資格、在留条件、在留期間、職業、勤務地などを記入する4つの書類を作成し、指紋を押捺し、青色の「外国人登録証明書」をもらう。外国人登録法に虚偽を申告したものは1年以下の懲役、または3万円以下の罰金を払う。3年に1度行われる再交付の時、決定日時の14日以内に申告せず、1日でも遅くなると、登録不申請罪になり、最高懲役1年、または3万円以下の罰金を払う。何よりも重要で心しなければならないのは外国人登録証明書の携帯表示義務である。いつも証明書を持ち、警察官や入国審査官などが提示を要求したら、即時提示しなければならない。

出入国管理令によれば、次のような条件が退去の事由となる。①不法入国者、②不法上陸者、③不法入国・不法上陸をあおり、そそのかした、または助けた者、④不法残留者、⑤在留状況不良者、⑥売人に直接に関係がある業務に従事する者、⑦日本国憲法または政府を暴力で破壊することを企てる者、⑧法務大臣が日本の利益・考案を害する行為を行ったと認定する者、⑨らい病患者、精神障害者、および貧困者・放浪者・身体障害者などで生活上、国または地方公

共団体の負担となっている者などである。1981年1月に改正された「出入国管理および難民認定法」は、出入国管理令をそのまま引き継いでいるが、ただ⑨項の貧困者・身体障害者などを削除した。

　それよりも日本に生まれ育った在日韓人のような定住外国人を一般外国人と同じ法律で管理するのは問題がある。たとえば出入国管理法を違反して強制退去させられた在日韓人は、韓国に追放されても韓国で生活基盤がないので、韓国が彼を受け入れることができない。それで韓国と日本は1957年「日本側は敗戦前から在留する者は収容所から釈放し、韓国は不法入国者だけを引き受ける」と合意した。

　1965年、韓日条約の成立の後、12月17日韓日両国政府の関係実務者会談で、「出入国管理特別法」が制定された。9項目のうち、退去強制に関する第6項ではこう書かれている。「協定永住者の家族の退去強制については、家族構成そのほかの事情を勘案し、人道的見地から妥当な考慮が払われる」。

　退去強制の第1号となった申京煥の事件に関し、宝塚市の在日韓人を中心に「申京煥君を守る会」を結成し、申の退去強制の撤回を日本の法務大臣に提訴した。申は、特に彼の生活基盤が日本にあり、老母を扶養する立場なので、考慮してくれるように頼んだのである。

　申を救おうとする運動は市民団体を通して日本全国に広がった。生活の根拠を日本に持っている在日韓人が、韓国に送還されるのは内国人が外国に追放されるのと同じことだと在日韓人は申を熱心に支援した。このような嘆願の結果、申は1974年送還直前に執行停止と仮処分で仮赦免された（宮田浩人1977：22）。退去強制による在留権問題はときどき起こったが、これは日本からの永住許可を持つ定住外国人、協定永住権者の法的地位がどれほど不安定なものかを物語るものであった。

　大阪の権益運動に刺激されたほかの民団地方本部や民団中央本部は、在日韓人に対する行政差別撤廃運動に参加した。兵庫県では、尼崎民闘連と韓国兵庫青年会議所からの提案を受けて、民団兵庫県本部が商工会、婦人会などと共に1975年2月「兵庫韓国人福祉増進連絡協議会」（韓福連）を結成し、兵庫県内の21の市と県に対し、行政差別撤廃を要求する要望書を出した。これに対し、

1975年県内の6つの市から肯定的反応を受け、市営住宅への入居資格と児童手当支給の約束を受けた。この運動は権益運動ばかりでなく、副産物として民団内部での世代間の連帯が強化され、韓国語教育を通して権利意識や民族意識が涵養される新民団運動となった。静岡県では、「在静岡韓国人の明日を考える会」が中心になって、行政差別撤廃運動を進めてきたが、韓福連の成果に刺激された民団静岡県本部は、「静岡韓国人福祉増進連絡協議会」を結成し、県内での行政差別撤廃運動を展開した。(朴炳閏 1977：39)

民団京都本部は1975年5月27日、民団愛知県本部は同年3月1日、民団奈良県本部は同年5月各々の県や市・町にも要望書を提出した。要望書の内容は人権、住宅、児童手当、国民年金、金融差別、就職差別などの撤廃である。特に奈良県では高齢者年金、障害者年金、遺族年金、高齢者特別給付金、障害福祉年金、母子福祉年金などを追加していた(差別白書3. 1978：200)。民団長野県本部、民団新潟県本部、民団静岡県本部、民団山口県本部なども行政差別撤廃の要望書を提出した。

民団中央本部は、地方本部の行政差別撤廃運動を支援する目的で、1977年3月、本部内に「権益擁護特別委員会」を発足させ、「差別白書」の刊行を始めた。差別白書は地方本部が推進している運動の内容を詳しく報告したものであった。民団中央本部自体は「差別撤廃100日運動」を展開した。

民団中央本部は、1978年3・1節記念式を3・1節記念差別撤廃要求中央大会と名づけ、大会で「行政差別撤廃に関する要望」を決議し、これを福田首相と4つの政党党首に送った。全国の民団が3・1節記念式典でこの要望書を朗読した。この要望書の内容は、①日本政府と地方自治体は在日韓人に対する外登法・入管令等が規制している人権軽視的規約を撤廃すること、②日本政府と地方自治体は在日韓人を国権の行使ないし国民意志の形成に及ぶ部分以外の国家公務員の公職に日本内国人と同じく取り扱うように門戸を開放すること、③日本政府と地方自治体は在日韓人に対するすべての生活関連福祉制度を日本人と同等に適用することであった(差別白書3. 1978：42)。

民団中央本部は、1978年6月、11月の2カ月間、「全国統一運動」を展開した。すなわち、全国の行政差別撤廃運動を統一的に進めようとする運動で

あった。外国人登録証明書の常時携帯および提示義務の免除、指紋押捺義務の撤廃または軽減、外国人登録事項簡素化、再入国許可制度の改正、家族招請入国許可緩和、協定永住権者および永住者に対する退去強制の撤廃、潜在居住者の処遇改善などを求めた。民団中央本部は、「在日韓国人に適用する福祉・社会保障項目統計表」を作り、これを全国の市町村などの公共団体に配布した。そして、各団体が在日韓人に適用する用意がある項目を表に記入するように要求し、これを年末に集約して公表するようにした（差別白書3. 1979：40）。

1979年の3・1節では、民団中央本部が「3・1節中央権益擁護に関する要望書」を作り、国務総理、法務大臣、厚生大臣、自民党総裁、民社党委員長、公明党委員長、新自由クラブ代表などに直接伝達した。国会議員には質問資料を作成して国会で質問するように頼んだ。

民団中央本部が成し遂げた最も重要な活動は、1977年3月28日付で発表した「在日韓国人の生活擁護のための人権宣言」であった。「われわれ在日韓国人は、人間の尊厳性と生存の権利のために人間解放を宣言する。日本帝国主義から政治的解放を勝ち取ってから30年近く、大韓民国国民が日本社会秩序の下で安定した生活を営むための諸権利を確保すべき歴史的転換期に来ている。日本は在日韓国人の歴史的背景を認識し、人間差別を撤廃し、内国民と同等な権利を保障すること、在日韓国人の生存と自由と身体の安全を享有する権利を保障すること、在日韓国人の自由な財産享有と、労働と職業選択の公正な自由を保障すること。在日韓国人の人格の自由と発展に不可欠な経済的、社会的、文化的諸権利に対する制限を撤廃すること、在日韓国人の教育の自由を伸長し、社会的保護手段に対する平等な参加の権利を保障すること、在日韓国人は自分の諸権利を保障するため、日本国の法秩序によって許可されているすべての政治活動の自由を最大限に活用する」。

Ⅲ. 国籍問題

　京都韓国中高等学校の教師の朴裕子（当時26歳）は、京都互助センター総合結婚式場玉姫殿で結婚式を挙げる目的で、5年間500万円を貯蓄し、玉姫殿事務室に式場の使用を申し込んだ。これに対し1975年11月、株式会社京都互助センターは朴裕子に「民族衣装での結婚式と披露宴は断る」との通知を送った。これは互助センターの互助契約約款の第6条、「契約の当事者なることができるのは日本国籍を持つ者、会社が指定した営業地域内に居住する者または会社が特例として認めた者に限る」という条項によるものであった。（差別白書1. 1977：166）

　この事実を知ると、村山盛敦を代表とする「京都在日外国人の民族教育を守る会」と、崔忠植牧師を代表とする在日韓国基督教会館からの代表20人が、すぐさま京都互助センターを訪問した。そして、同社代表にこの処置は明白な民族差別であることを指摘し、同社約款に日本国籍を明記した時期と特例として同社が認めるという基準が何かを尋ねた。

　これに対する京都互助センターからの答えには、日本国籍状況は申込書に明記していること、初め申請者が通名を使っているので日本人との区別ができなかったが、後にわかったので式場の使用を拒否した。特例として認める場合、申請者が結婚式と披露宴などをみな日本式にすれば拒否しないことが述べられていた。2時間も続いた両者の対話の結果、京都互助センターは、自分たちの立場で在日韓人の結婚式を受け入れれば、総合結婚式場の品位を損傷するので、私企業としては絶対多数の日本人を優先的に考慮しなければならないと主張した。

　これに対し民団京都本部は、京都互助センターに書信を通して、日帝36年間の植民地時代でさえ、韓民族は固有の韓服を着て冠婚葬祭を行っても禁止されたことがなかったのに、今日の京都互助センターの処置は世界に例のないことであり、特に他民族に対するこのような排他的行為は、経済大国日本としては不幸なことだから、この誤りを反省し、これに対し公開謝罪することを求め

た。

　京都互助センターはこれに対し、顧問弁護士を通して文書にて回答した。その内容は、同社に差別意識はなく、営業は自由の原則であるので、この件に対し謝罪する必要を認めない。玉姫殿で結婚式を挙げる場合、日本古来の神前結婚式であるので、民族衣装は認めることができない、そして日本国籍の条項を守るべきだというものであった。

　1976年2月14日、民団京都本部団長と民生部長は、2回目の面談要請で京都互相センターの代表と会うことができた。この対話で代表は、誠意を見せることなく、結婚式場経営は社会性が高く、営業より自由の原則を必要とするのであり、本件によってこれ以上営業に支障がないようにして欲しいと言い、民団代表は暴力団のように扱われた（差別白書1. 1977：118）。

　民団以外の韓日各団体は、「京都互助センター玉姫殿の民族差別に抗議する連絡会」を結成し、3月8日互相センターに文書を送って謝罪を要求した。ちょうどその時、京都で韓国美術五千年展が開かれていたので、玉姫殿事件が韓国内の新聞に報道され、また京都新聞2月13日付の朝刊に「玉姫殿の民族衣装着用拒否はただしくない」という題目で一面の記事になった。

　民団京都本部は、「連絡会」と緊密な連絡をとりながら、この事件を韓民族全体に対する侮辱と規定し、全同胞的闘争を展開する意味で、京都互助センターに対し示威運動をすることを決定した。事件の拡大を恐れた京都互助センターは、この日すぐ婦人会長の宅に電話をかけて、示威の中止を申し入れた。3月22日、京都互助センターの代表と京都府議会議長らが民団本部を訪問し、今後京都互相センターでは契約当事者を日本国内に滞在する人と改め、新婦衣装は式場に調っている和服や洋式のドレスにし、所定以外の衣装を希望する客には持ち込み料を受けることにするとの提案をした。これに対し民団は、先の主張を繰り返した。そこで京都互助センターは、3月25日民団に代表を送り、民団の主張に従うことを明らかにし、また連絡会にも通知した。京都新聞の3月29日の朝刊に「新聞紙上での謝罪文掲載」という題目で、朴裕子、民団、婦人会、連絡会などにわびる記事を発表して事件は終結した（差別白書1. 1977：125）。

電電公社事件の主人公は兵庫県西京市に住む在日韓人2世の高昌重である。彼は1976年私立西宮高校を卒業したが、就職するところがなかった。彼を可哀想に思った彼の担任の先生は熱心に新聞の広告欄を探した。それは社員募集の条項に国籍が書かれていないところであった。担任の先生はようやく1つの公社を見つけたが、それが電電公社であった。公社は地方公務員より、公的な性格が弱い準公務員であるから、国籍など問題にならないのではないかと思い、担任の先生が直接電電公社近畿通信局に行って、職員任用係長に会った。係長は先生に公社は国家公務員に準ずるので、外国人を採用することができないと高を断った。
　この事実を聞いた西宮高校教師30人は団結し、高校教師全員の名で電電公社に対し在日韓人に対する差別を撤廃することを要求した。これに対し電電公社側は、今後は在日韓人の採用を検討すると答えた。高が公社から断られたことを知った電電公社の労働組合である全電通労組は、公社の処置に不満を表明し、在日韓人も日本人と同じに取り扱うことを公社側に要求した。労働組合からの要求に対して公社側は動かざるをえなかった。それで公社は1977年9月、在日韓人に対して就職の門戸を開放し、高を採用試験に来るようにした。採用試験で合格した高は1978年4月神戸市にある垂水電報電話局に勤めることとなった（吉岡増雄1980：133）。
　1976年10月、在日韓人2世の金敬得が司法試験第2次試験に合格し、10月18日司法修習生採用選考申請書類を最高裁判所事務総局に提出して受理された。だが次の日、事務総局人事局任用課長から金に伝わったのは、金は修習生の要項第1条の「日本国籍を持つ者に限る」という条件のため、修習生になることができない。そして司法修習生採用決定以前に日本に帰化するつもりなら、帰化の書類を添加するべきだということであった（民闘連16号1976：1）。
　司法研修所は最高裁、検察庁、弁護士会などが共同に管理する機関で、司法試験に合格した人を2年間研修させるところである。修習生になる条件には日本の国籍が明記されているので、今まで外国人として在日韓人7名、台湾人3名が司法試験に合格し、いったん日本に帰化して修習生になったという前例があった。

ところが金敬得の場合は彼らとは違った。その間日本の社会も、在日韓人の社会も変化したのであり、特に長い苦悶の後、金敬得は金沢敬得という通名をやめて、金敬得の本名を名乗り、事務局からの帰化条件を拒否し、韓国籍のまま司法修習生に採用されることを希望した。彼は将来在日韓人の生活権問題のための弁護活動をしたいので、自分が帰化して弁護士になったら何の意味もないと主張し、これを最高裁に訴えた。

金敬得は、日本の原後山治弁護士など5人の弁護士と大学教授などに支援を要求した。彼らは金の主張に全幅の支持を約束し、彼らの意見書を最高裁に提出し、これをまた日本弁護士連合会に通知した。弁護士連合会も金を支持する意見を表明した。そこで金敬得君を支援する日本人弁護士と大学教授が、「金敬得を支援する会」を発足させ、金の正当性を世論に呼びかけた。これに刺激された在日韓人の各団体がこの運動に参加し、金の事件が日本全国に広がった。

最高裁は1977年9月、「司法修習生採用選考要領」を新しく発表した。この要領によれば、司法研修所修習生の欠格事由として、「日本国籍を持たない者」という部分にただし書きを加え、「外国人でも最高裁が相当すると認めるものは除外する」と書いた。これは、金敬得が司法部を相手にして行った差別撤廃運動の成功であった。これにより金が特例を受けたばかりでなく、今後の外国人修習生にも門戸を開放した。

以上の3つの国籍問題に関する事件は、1970年代の中ばに起こっているが、民族衣装問題は私企業、電電公社問題は準公務員、司法修習生問題は国家的な国籍問題という違いがあった。これらの問題で差別と戦ったのは在日韓人であったが、これを成功に向けてくれたのは実は日本人の教師や弁護士などの支援であった。良識ある多くの日本人の行動が問題を解決したのである。

過去、在日韓人が強く差別される領域の1つが大学教員であった。在日韓人大学教員などが集まって親睦団体として1972年に組織したのが「ムグンファ会」であった。「ムグンファ会」は1974年8月第6回の例会で、在日韓人の社会運動に参加する契機として、名称を「在日韓人大学教員懇談会（大学教員懇談会）」と改称し、大学教員の採用問題を取り上げ、1975年10月「国公立

大学にアジア人専任教員採用に関する要請書」を当時の文部大臣永井道雄に提出した。①アジア人を採用する特別措置をとり、現在の助手の実態を調査し、処遇を改善し、彼らを専任講師以上に採用すること、②私立大学に勤めているアジア人専任教員の人件費、研究費など全額助成案を講究すること、③韓国学科を設置し、韓国語を第2外国語にすることなどであった（徐龍達1987：38）。

　大学教員懇談会が特に強調したのが、アジア人教員の任用であった。当時国公立大学には相当の数の在日韓人を含む外国人国籍を所有する助手が勤務していたが、彼らは専任教員になることはできなかった。彼らがいくら有能であっても教員になることはできなかった。大学教員懇談会がまず要求したのが、アジア人の国公立大学教授への道を開くことであった。

　このような大学教員懇談会の要求に対し、日本の文部省は好意的反応を見せた。すなわち、1975年文部省は、特別補助金を桃山学院大学の韓国語講座のための研究費として支給した。これで桃山学院大学には1978年から韓国史と韓国文化論という科目が開設された。これとほぼ同時に、東京外大、富山大学などに韓国語科が設置され、大阪府立大と日本大学では韓国語が第2外国語に追加された。

　大学教員懇談会は、外国人教員採用運動をもっと積極化するため、日本人教員も同参するように勧誘した結果、日高六郎、飯沼二郎等教授が主導して、「定住外国人の大学教員任用を促進する会」を結成し、大学教員懇と協力した。大学教員懇談会は小冊子『定住外国人の国公立大学－教員任用差別の撤廃を訴える』を発刊し、大学教員懇談会や大学教員任用促進会などの見解や要望書を政府に提出する一方で、国会、学術会議、公大協、国大協などに働きをかけた結果、日本学術会議は1980年10月「外国人の国公立大学専任教員任用について」という公文を発表し、外国人教授の任用ばかりでなく、大学の自治という原則により、学長や学部長などの管理職にも就任することができると述べた。

　国会では、1982年8月「国立または公立の大学における外国人教員の任用などに関する特別措置法」（外国人教員任用法）が成立し、9月1日から交付・

施行することになった。外国人教員任用法で、最初に採用された教員が京都大学文学部の英国人ケネス・ラドルであり、在日韓国人は1984年に国立大学の場合滋賀医科大学の朴杓と大阪大学の金在萬、そして公立大学では大阪市立大学の金泳鎬であった。中国人の場合、韓人より1年前に周達生が大阪の国立民族学博物館の助教授に任用された。

　外国人教員任用法が成立した後3年間の間、在職中の教員が32人であり、そのうち無任期が3人だけであり、任期2年以下が4人、3年以下が18人、5年が5人、8年が2人いた。このように任期が3年以下の教員が68.8%というのは出入国管理法に関わる行政指導によるもので、当時の外国人教員に対する行政的差別が厳しかったことを物語る。

　ところが社会での権益運動が拡散されるにつれ大学での教員採用も増え、教員採用の条件も緩和していった。2003年7月、国立機関に勤めている教授は136人であり、助教授が474人、専任講師が108人で総計717人であった。そして助手が490人で、これまで合わせた総計は1,207人である。公立大学協会によれば2003年5月1日、276人が登録している（大沼保昭・徐龍達2005：235）。

　日立事件以後に展開された行政差別撤廃運動にしろ、行政差別ではなかった玉姫殿の民族衣装問題にしろ、さらには高昌重の電電公社問題、金敬得の司法修習生問題、大学教員任用の問題などはみな国籍と関係がある問題であった。国籍と関係があるものなら、それは帰化の問題と関係がある。

第5章 帰化問題

I. 帰化問題

　新しい国に移住した移民が定住国の国籍を取り、その国の国民となるのを普通帰化という。一般的な移民の理論に従えば、日本に住む在日韓人も一日も早く日本人になるべきである。簡単にいえば、日本に帰化するのは韓国籍を捨てて日本国籍を得ることである。ところが、在日韓人にとって日本への帰化は複雑な意味を含んでいる。

　日本における帰化は日本への同化であり、一度日本国籍を得る者は今まで守ってきた民族を捨てることであるが、それには2つの意味がある。1つは植民地経験のある在日韓人にとって帰化は日本に降伏する意味がある。特に日帝時代に創氏改名で民族抹殺政策の経験を持つ韓国人にとっては、姓を変え帰化をするのは屈辱的降伏を意味する。もう1つは今まで在日韓人が受けてきた悪条件をたえながら守ってきた民族を捨てることである。

　第1の意味を強調した尹健次は帰化に対し「在日が日本で帰化するのは、民族を捨てるだけでなく、日本への屈辱的降伏であり、これを現代版の皇民化ともいう。日帝植民地統治下の辛い経験を持つ在日にとって、皇民化は日帝統治の延長と考える」と述べている（尹健次1992：142）。

第 2 の意味を強調した李起南は「在日の帰化は民族の裏切り者になる」といい、「多くの在日韓人が民族差別で苦しんでいるのに、自分だけが民族を捨てて日本人になるのは在日の社会では許されない民族の反逆者になる」と述べている（李起南 1989：115）。

ところが、日本に住む限り、帰化して日本の国籍を取れば最小限行政上の差別は受けない。たとえば、指紋押捺や外国に出るときの入管などで不便がなくなる。在日 1 世、特に経済活動する人にとっては帰化は別の意味がある。日本の国籍を得れば融資や銀行の取引などの経済活動に有利である。1 つの事例で、神奈川県大和市の不動産業を経営している安藤商事社長の事例を紹介する。信用を本位とする職業では顧客を安心させるためには在日韓人であるというより日本人である方が有利だし、仕事上日本に帰化するのが有利だと彼は考えた。ゴルフ場の会員に入会するときにも戸籍謄本を要求する社会では帰化するのが住みやすいのはいう間でもない（金一勉 1978：126）。

在日が帰化する最も重要な原因は子どもの将来のためである。たとえば、日本で生まれた子どもたちは祖国も知らず母国語もできないのに、学校から就職まで差別を受けなければならない。日本の国籍を取れば、日本の学校に入学して、社会でも良い職場を選択することもできる。

在日の 1 世は別とし、2 世になれば帰化に対して 1 世より自由になる。そのため、2 世では一度も帰化を考えたことのない人はいない。特に明確な意識を持っているのではなく、漠然と帰化する方が自分の人生に有利なのではないかと 2 世、3 世は考える。2 世や 3 世は祖国に対する愛情がないばかりでなく、祖国分断や南北両体制への失望感も帰化を考える要因の 1 つである。2 世にとっては韓人であることが嫌なためでもある。特に若い世代の祖国離れを促すのは日本人と結婚するため帰化する人が増えていることである（金石範 1981：35）。

1993 年、在日韓国人青年意識調査で 30 歳以下の青年 800 人に対し、帰化の設問調査があった。設問は「あなたは現在、帰化をしたい気持ちがあるか、ないか？」に対する答えは表 5-1 であった。

表によると、帰化を望む人が 27％であった。「どちらでもよい」と中間的立

表5-1 帰化への願望

内　容	実数（％）
ぜひ帰化したいと思う	94（12.0）
できれば帰化したいと思う	118（15.0）
どちらでもよい	231（29.4）
あまり帰化したいと思わない	125（15.9）
まったく帰化したいと思わない	218（27.7）
無回答	14　－
計	800（100.0）

場にいるのが29.4%である。そして、帰化を望まないのが43.6%であった。

　帰化への願望を調査した福岡安則と金明秀は、願望に影響を与える要因として、性別、年齢、学歴、成育地域内同胞数、両親の民族意識、民族教育、被差別体験、民族団体への参加、父親の職業などを挙げて、帰化への願望との関係を分析した。この分析で面白いのは、性別、年齢、学歴は帰化への願望と関係がなく、成育地域内の同胞数の多少や被差別の体験も帰化への願望とは関係がないという（福岡安則、金明秀1948：95）。

　帰化を強く願望する青年は、現在の民族的劣等感が強い人、親の通名使用度が高い人、同胞の友人が少ない人、民族にこだわる必要はないと考える傾向が強い人、民族団体の関わりが低い人などであった。

　これとは反対に、帰化への願望を持たない青年は、祖上祭祀継承の意志が強い人、母国語の学習意欲が強い人、次世代への民族教育継承の強い人、民族文化への愛着度が強い人、同胞との結婚を望む人、同胞社会への愛着度が強い人、韓国への愛着度が強い人、本名使用の傾向が強い人であった。福岡安則と金明秀は、帰化をする4つの理由を挙げて、それに対する質問調査の結果を分析した。その4つの理由とは、権利行使のための帰化論、民族名のままの帰化論、やむを得ないものとしての帰化論、帰化者＝民族の誇りの喪失論者であった。

　権利行使のための帰化という積極的帰化論に対し、「そう思う」と答えたのが3.4%、「どちらかといえばそう思う」が3.4%、これを合わせた賛成者が6.8%であり、「どちらとも言えない」が43.9%、反対の答えが49.2%であった。

すなわち、積極的帰化論はあまり支持者がいない（福岡安則、金明秀1948：97）。

民族名のままの帰化に対する答えも、賛成が7.4%、保留が45.3%、反対が47.3%であった。これも積極的帰化論と同じく、支持者が少なかった。

やむを得ないものとしての帰化論に対する答えは、賛成の意見が29%であり、保留が36.7%、反対を示したのが34.3%であった。この不可避帰化論は絶対多数ではないが、一定の広がりを持って支持されていることが分かる。

帰化をする人は民族の誇りを失った人たちだという意見に対する答えは、賛成が5.7%、保留が28.7%、反対が67.6%であった。これは在日1世とやや異なるもので、1世の場合帰化者は民族の裏切り者という意識が強かったが、若者の場合そう考えないのが67.6%になる（福岡安則、金明秀1948：100）。

帰化に関する在日韓人2世の青年たちの意識は思ったほど積極的ではなかった。これには2つの要素が強く作用したと思われる。1つは先代の1世からの影響であり、もう1つは日本の現実社会から受ける偏見と差別の影響だと思う。自叙伝などで1世らは「日本に帰化すべからず、日本人と結婚すべからず」という言葉を繰り返し強調している。そのような父母らの影響より、現実からの差別の経験が重要である。

特に在日韓人の帰化を望まないもう1つの理由は、帰化の手続がややこしいことである。日本に帰化を希望する者は、次の16種の書類を具備して希望者が住む地域を管轄する法務局または地方法務局に提出しなければならない。帰化許可申請書、写真、動機書、履歴書、在職証明書、国籍証明書、身分関係証明書、外国人登録者証明書、居住証明書、宣誓書、親族の概要書、生計概要記載書、事業概要記載書、給料証明書、納税証明書、申請者居住附近略図などである。

帰化許可申請書には、本籍地、出生地、住所、姓名を書くところがある。この姓名をなるべく日本名とするというが、実は今でも日本式の名を要求している。申請は必ず本人が出頭しなければならないし、申請時に本人の確認のため10指の指紋を押捺する（金英達1980：34）。

国籍証明書とは本国政府が発給したもので、在日の場合、韓国で発給した戸

籍謄本を提出する。身分関係証明書は在日韓人の場合戸籍謄本になる。申請者の配偶者が日本国民である場合や父母や兄弟などが日本人の場合、日本の戸籍謄本が必要である。

申請書類を受け付けた法務大臣は、国籍法4条、5条、6条に規定している基準に従い、その適格を審査した後、自由裁量によって決定する。国籍法4条とは、①継続して5年以上日本に住所を持つこと、②20歳以上では本国法による能力を持つこと、③素行が善良であること、④独立した生計を営為するのに足りる資産または技術を持つこと、⑤国籍を持ち、日本国籍の取得によりその国籍を喪失すること、⑥日本国憲法または憲法下に成立した政府を暴力で破壊することを企図したり、主張したり、またはこれを主張する政党や団体を結成したり、このような団体に加入したことがないことである。

国籍法5条とは、①日本国民の夫で継続して3年以上日本に住所を持つ者、②日本国民であった者の子（養子除外）で継続して3年以上日本に居住した者、③日本で出生した者で継続して3年以上日本で居住した者または父や母が日本で出生した者、④継続して10年以上日本に居所を持つ者である。

国籍法6条とは、①日本国民の妻、②日本国民の子（養子除外）で日本に住所を持つ者、③日本国民の養子で引き続き1年以上日本に住所を持ち、養子なった時、本国法により未青年であった者、④日本の国籍を喪失した者で日本に住所を持っている者である（内海愛子1977：173）。

国籍法5条と6条の一部が在日韓人と関係があるが、在日韓人に重要なのは国籍法4条である。帰化申請書を受けた法務省はまず書類を検討し、関係官庁に照会した後、対人調査を行う。対人調査は、本人との面接と、親族、勤務地そして隣の人びとに申請者に対する話を聞くのである。これにより申請から1年ないし長くは2年がかかったのち、帰化が許可される（金英達1980：48）。

表面的帰化の手続きは国籍法基準とするが、実際帰化するにはさまざまな条件があり、それに満たない者は帰化の審査に脱落する。在日韓人の帰化は1952年から始まった。最初の帰化人は、1952年のサンフランシスコ講和条約以前から日本の公務員として勤務していた在日韓人で、講和条約により日本の国籍を喪失することによって公務員として引き続き勤務することができな

くなった人びとを日本政府が帰化させた。1953年に1,000余人が帰化したが、1954年以後2,000人の在日韓人が帰化する。この時期は、在日韓人というけれど、在日韓人の単純な帰化でなく、在日韓人と結婚して韓国籍を取った日本の人びとが韓国人と離婚し、その子どもたちと共に日本国籍を取得した場合が多かった（金英達 1980：16）。

　1960年代に入って帰化人が増加し、年間3,000人以上になる。これは1950年代の帰化と違って、韓半島の政治的影響があった。1959年から1962年の間に約10万の在日が北朝鮮に永久帰国した。この時期に日本への帰化が増加したのは、在日韓人の多くに北朝鮮か、帰化かの両者択一的な動揺があったことを物語っている。特に1964年帰化者が最も多かったのは韓日会談が進んで韓日条約が結ばれたときであった。この条約で在日韓人の法的地位の問題は協定永住権が議論された。これにより在日韓国人は、協定永住権が永久のものでない場合は帰化がよいと考えた人が多かった。このとき日本政府は帰化を奨励する広報活動を展開し、その時期に申請した者の90％以上を申請より3カ月以内に許可した（金英達 1980：19）。

　在日韓人の帰化人については、梁玉順が帰化の類型と年齢、そして地域を基準に分析した。資料は1987年のもので帰化者2,9128件、5,107人を相手にした。彼女が提示した家族構成別帰化者の集計（表5-2）によれば、帰化件数2,918件のうち、女性単独が1,187人で全体の40.6％であり、男性単独の帰化者は925人で全体の31.6％である。この女性と男性の単独の帰化者を合わせれば72.2％になるので、絶対多数ということがいえる。家族全体が一時に帰化する場合は534件で全体の18.3％であった。父と子が帰化する場合は父が日本人と結婚して帰化するのだと考えることができ、母と子は韓国人の父と離婚して母と子だけが日本に帰化するのだと考えられる。1987年の帰化者を年齢別に分類したのが表5-3である。これによると帰化者は、30代が1,345人で全体の26.3％であり、次が20代の1,297人で全体の25.3％であった。これを合わせれば51.6％であり、30代以下の0歳までを合わせれば77.1％になる。これは梁玉順のいうように、日本人との結婚や子どもの就学などの理由で帰化する人が多いことを物語る（在日朝鮮人社会教育研究所 1989：16）。

表 5-2　1987 年在日韓国・朝鮮人帰化者―家族構成別分類―

区　分	件　数	0〜9才	10代	20代	30代	40代	50代	60代	70才以上
男性単独	925	2	12	360	357	111	43	24	16
女性単独	1,187	3	10	544	466	106	32	19	7
夫婦のみ　夫	47	−	−	3	12	5	6	16	5
妻		−	−	9	10	2	15	10	1
父と子　　父	88	−	−	5	46	25	9	3	0
子	69	66	19	1	0	0	0	0	
母と子　　母	137	−	0	0	31	49	44	11	2
子	12	94	86	21	3	0	0	0	
家族全体	534	370	619	271	401	466	131	35	12
総　計	2,918（件）	456（人）	801（人）	1,297（人）	1,345（人）	767（人）	280（人）	118（人）	43（人）
帰化者総数	5,107（人）								

表とグラフは 5・7 シンポジウム事務局の作製による。帰化者は『官報』（1987 年 1 月 1 日〜12 月 31 日）に掲載された住所・氏名（通称）・生年月日をもとにして計上・分類した。『官報』には原国籍は記載されないので、原国籍が韓国・朝鮮であるかどうかは氏名から当事務局が判定したものである。

表 5-3　年齢層別にみる帰化者の割合

年齢層	帰化者数	在日韓国・朝鮮人数	帰化者の割合（％）
0〜9才	456	92,491	0.5
10代	801	117,017	0.7
20代	1,297	110,503	1.2
30代	1,345	124,305	1.1
40代	767	95,903	0.8
50代	280	59,644	0.5
60代	118	48,360	0.2
70才以上	43	29,736	0.1
総　計	5,107（人）	677,959（人）	0.8

出所：「昭和 62 年版　在留外国人統計　法務省入国管理局編」（昭和 61 年）
（在日朝鮮人社会教育研究所 1989 年）

表5-4 都道府県別分類

都道府県名	人数	男性	女性	全国に対する割合 (%)*1	在日朝鮮人居住数*2	全国に対する在日朝鮮人居住数の割合 (%)	帰化者の割合 (%)*3
北海道	36	19	17	0.7	6,738	1.0	0.5
青森	28	14	14	0.5	1,710	0.3	1.6
岩手	14	9	5	0.3	1,364	0.2	1.0
宮城	22	10	12	0.4	3,934	0.6	0.6
秋田	8	1	7	0.2	973	0.1	0.8
山形	11	3	8	0.2	607	0.1	1.8
福島	6	3	3	0.1	2,217	0.3	0.3
茨城	38	14	24	0.7	4,572	0.7	0.8
栃木	11	6	5	0.2	2,367	0.4	0.5
群馬	18	7	11	0.4	3,063	0.5	0.6
埼玉	137	61	76	2.7	12,045	1.8	1.1
千葉	167	72	95	3.3	12,434	1.8	1.3
東京	600	283	317	11.7	82.279	12.1	0.7
神奈川	297	135	162	5.8	30,743	4.5	1.0
新潟	21	8	13	0.4	2,582	0.4	0.8
富山	6	1	5	0.1	1,877	0.3	0.3
石川	38	24	14	0.7	3,307	0.5	1.1
福井	7	5	2	0.1	5,048	0.7	0.1
山梨	8	5	3	0.2	1,417	0.2	0.6
長野	17	8	9	0.3	4,617	0.7	0.4
岐阜	147	70	77	2.9	10,432	1.5	1.4
静岡	90	48	42	1.8	7,930	1.2	1.1
愛知	470	216	254	9.2	56,645	8.4	0.8
三重	81	36	45	1.6	8,448	1.2	1.0
滋賀	81	40	41	1.6	7,743	1.1	1.0
京都	192	89	103	3.8	47,638	7.0	0.4
大阪	1,283	624	659	25.1	188,121	27.7	0.7
兵庫	326	150	176	6.4	71,354	10.5	0.5
奈良	112	48	64	2.2	6,453	1.0	1.7
和歌山	60	26	34	1.2	4,742	0.7	1.3
鳥取	16	7	9	0.3	1,738	0.3	0.9
島根	13	6	7	0.3	1,443	0.2	0.9
岡山	77	34	43	1.5	8,798	1.3	0.9

広　島	139	69	70	2.7	16,878	2.5	0.8
山　口	67	41	26	1.3	14,672	2.2	0.5
徳　島	2	2	0	0.04	438	0.1	0.5
香　川	20	15	5	0.4	1,213	0.2	1.6
愛　媛	28	14	14	0.5	2,073	0.3	1.4
高　知	4	2	1	0.4	912	0.1	0.4
福　岡	298	149	142	5.7	27,019	4.0	1.1
佐　賀	22	8	14	0.4	1,328	0.2	1.7
長　崎	28	15	13	0.5	2,091	0.3	1.3
熊　本	27	14	13	0.5	1,401	0.2	1.9
大　分	20	8	12	0.4	2,877	0.4	0.7
宮　崎	4	2	2	0.1	939	0.1	0.4
鹿児島	7	1	6	0.1	468	0.1	1.5
沖　縄	10	4	6	0.2	264	0.04	3.8
全国総計	5,107	2,427	2,680	100.0	677,959	100.0	0.8

＊1：帰化者全国総計（5,107人）に対する各都道府県の帰化「人数」の割合を表わす。
＊2：〔出典〕『昭和62年版在留外国人統計　法務省出入管理局編』（昭和61年12月末現在）。
＊3：各都道府県内で在日朝鮮人居住数に対する帰化「人数」の割合を表わす。
（在日朝鮮人社会教育研究所　1989：18）

　1987年の在日の帰化者を地域別に分類したのが表5-4でる。この表によると、関東の首都圏と大阪を中心にする京阪神地区に帰化者が多いことがわかる。首都圏の東京、神奈川、千葉、埼玉の帰化者合計は1,201人で、全体帰化者の23.5％であり、京阪神地区の帰化者は1,801人で全体の35.3％である。この統計に見られるように、在日韓人の帰化は大都市、地方を問わずほぼ平均的割合で全国的に行われていた。大都市には在日韓人も多いので帰化も多かった。
　普通帰化は在日が少ないところで多くされると考えられる。ところが、表5-4で在日の帰化者が多かった首都圏と京阪神地区を見れば、首都圏では在日全体の20.2％が帰化し、京阪神地区では45.2％が帰化したので、在日韓人が少ないところに帰化が多いのではなく、在日韓人が多いところに帰化も多かったことがわかった（在日朝鮮人社会教育研究所 1989：16）。

Ⅱ. 帰化意識

　企業家や芸能界、体育界などで有名人は帰化の誘惑を受けやすい。彼らを含めて帰化した人は、帰化したら就職や結婚など多くの面で差別がなくなると思ったが、実はそうではなかった。特に、帰化の申請前に葛藤が大きかった人や書類提出時に問題があった人などは、帰化の後に背信感や孤独感をもっと大きく経験する。

　船橋市で洋服店を経営する在日韓人の場合はこうである。彼は30年前から日本人の養子になり、その後帰化した。彼の問題は友達がいないことであった。彼は加入した組合で何度も団体旅行をしたが話しかける人もなく、挨拶をする人は自分と同じ帰化した人びとであった。彼が特に悔しがった問題は、彼の娘が市庁就職試験に合格し、公務員の手続きをするとき、戸籍を提出したが、合格取消の通知を受けたことである。もし彼が帰化しなかったら、民族団体に訴えて、民族差別として抗議をすることもできたのに、帰化した彼はどこにも支援を求めるところがなかった。

　もう1つの事例は、日本人の妻と結婚して帰化した人の話である。船橋市に住む彼は、日本人との結婚のあと間もなくして妻が死亡し、葬式を行うのに助けてくれる人がいなかった。彼は香典を受け入れるなど1人でやっていた。これを見た人が民団に行って彼を助けるように申し出たが、民団は、彼は日本人だから日本の友人が助けるだろうと断った（孟哲輝 1969：82）。

　帰化に関する一番大きな事件は梁正明（通名小村政明）の焼身自殺である。梁正明は早稲田大学の在学生で自殺したとき25歳であった。彼が9歳のとき、家族がみな帰化した。彼は、「父母は苦闘の末にこの国の市民権を獲得した。我らは法的に日本人になった。しかし、本質的平等はただ法律によって保障されるのではない。私が9歳の少年でなかったら帰化を拒否したはずだ。父母は我ら子どもの将来、進学、就職などの不利を免ずるためだというが、ただこれだけで自分の祖国を捨てることができるだろうか。私はこれでもあれでもない半日本人として生きるよりは、韓国人として生きることを強く願う。この異国

で団結された民族の主体性を守るため同胞学生を訪問したとき、彼らの手は私に及んでいない。私は帰化者であるので…彼らにとって私は祖国を捨てた背反者である。日本人でもない。すでに韓国人でもない祖国喪失者、私の安住の地はどこにあるのだ」と残して自殺した（内海愛子1977：178）。

　在日韓人は社会的・経済的理由のため帰化をするけれど、在日韓人は彼らを民族の裏切り者と見、日本人の立場でも彼らは主体性のない淘汰者と見るので、両方から孤独感を感じる。外的条件だけでなく、内的葛藤も免じることができない。帰化したとしても、日本社会で差別が解消されるのでない限り、民族的劣等感を払拭することはできない。人間としての自由・対等なアイデンティティを持つこともできないので、内面的葛藤を免じることができない（尹健次1992：158）。

　前述の話は在日韓人1世のことであり、梁正明の自殺は日本社会で差別が特に酷かった1970年代の事件である。ところが時間が経つにつれて日本側も変化し、在日韓人の帰化を奨励するようになった。変わった日本の立場は、なるべく多くの在日韓人を帰化させ、将来社会問題を起こさせないようにするというものである。帰化行政を担当している池上参事官は「自分のため、または子孫のため日本社会に定着したい者は帰化すべきである。帰化した本人は半日本人と呼ばれ、両方から怪しい目で見られるかもしれないが、この人の2代や3代の子孫に至れば何の跡も残らない。本人にはすまないが、子孫のため帰化すべきである」と述べている（内海愛子1977：178）。

　日本は1975年出入国管理行政発足25周年を記念する行事として全国の入管職員から論文を募集し、坂中英徳の「今後の出入国管理行政のあり方について」が優秀作として選ばれた。坂中英徳は積極的同化政策を主張した。帰化に対し、在日が日本の国籍を選択したいという思いが自然に湧き上がるような社会環境をつくるよう努力すべきだという。これに必要なのは教育の機会と職業選択の自由を与えるべきで、このような開放された日本社会の実現のため、まず政府は率先して在日に公務員または公共企業体職員の門戸を開放し、進んで国民の世論を喚起し、企業などの理解と協力を求めるべきであると述べている。（差別白書3、1977：258）

帰化に対し強い否定的意見を持つ人が段宗基で、「現在の帰化政策を植民地時代の同化政策と同じ政策と見なし、帰化の結果としてもたらされるものは、個人的には多くの涙を流すような不幸であり、民族的には民族没落をもたらす一歩である」と酷評した（段宗基 1978）。帰化の結果を否定的に評価し、帰化に反対するのは尹健次も同様で「日本が多民族社会を認めていない現実に置いて、朝鮮系日本人の多くは存立する余地はない。事実、帰化朝鮮人の多くは、出自、姓名、生活様式などに置いて朝鮮を隠さない限り、日本で生きていけない構造の中に置かれている」と述べた（尹健次 1987：200）。帰化を国籍の喪失で説明した姜在彦も「国籍こそ、在日韓人が日本の第1民族への吸収・同化から民族的アイデンティティを守る最後の砦であり、1世たちが守ってきた貴重な遺産である」と言っている（姜在彦 1995）。

　帰化を肯定的に考えた人が梁泰昊で、「日本国籍を取得しても朝鮮人として生きることができるのではないか」という題目で両立論を披露した。両立論では、国籍は日本籍だが民族意識は韓民族として保持していけるという（民闘連第7回交流会 1981：11）。

　帰化に関する限り、1世的意見が長く引き続いている。ところがさまざまな意見のなか、特に在日韓人の社会に大きな影響を与えたのが「坂中論文」であった。彼によると在日韓人の未来には、①祖国に帰国するか、②日本の国籍をとるか、③韓国・朝鮮籍のまま日本にとどまるかである。ところが、未来には祖国に帰る人は減り、帰化のシステムは非常に複雑なので、結局大部分の在日韓人は③にとどまるという。

　これを批判したのが、「在日朝鮮人の第3の道」という題目の論文を雑誌『三千里』に載せた飯沼二郎と金東明である。これは韓国・朝鮮籍のまま日本に生きることが正当に評価されるべきだという第3の道を提案した。第3の道が公務員就任の運動や指紋押奈拒否運動や地方参政権運動など、韓国・朝鮮人が日本人との差異を維持しながら日本人と平等な政治的権利を主張する理論的な背景となった（朴一、上田正昭 2005：46）。

　帰化した人は帰化の手続きによって選ばれた人びとであり、今では一般化しているが、初期の帰化者には企業家、知識人、公務員、医師、弁護士などが

多かった。帰化した人びとは民族の罪責感を挽回するため、祖国に多くの献金をし、日本でも誠実に生活する人が多い。帰化の後成功した人の代表的な人物に、神奈川県大和市の市議会の安藤議員がある。彼は1965年に帰化した。日本の国籍を取った2年後に彼は市議会議員に立候補した。当時、市議会の議員数は30席であり、立候補者は47名であった。選挙戦に不利なのはいう間でもない。ほかの候補運動員は彼の家の前で「あの人は韓国人であった。彼が市議員になるのは日本人としては考えることもできないのだ」と言った。これに対し、安藤候補は誠実に義務を成し遂げることだけを繰り返した。開票の結果、彼は1,296票を得、最高得票者になった。彼は誰よりも誠実に働き、次の選挙でも当選した。彼は市議会で議会運営委員長、総務常任委員、大和市新庁舎建設調査特別委員長などの要職を務めた。彼は1972年に大和市議員を5人連れて韓国を視察し、韓日交流関係に役立つように努力をし続けた（金一勉 1978：137）。

　帰化者が集まって結成した韓国系日本人団体を「成和会」という。1971年、大阪で初めて成和会が成立し、続いて京都、名古屋、東京、下関などの大都市に成和会が成立した。1973年、各地方の成和会が集まって成和グループ連合会を結成し、本部を大阪に置いた。現在、帰化者は約20万人に上ると思われる。日本国籍取得者は日本の官報に発表されるので、成和会はこれを見て帰化者に成和会への入会を勧誘する。成和会に連絡をしないのは自分の露出を嫌がる隠ぺい意識が強いからである（尹健次 1992：149）。

Ⅲ. 在日2世の世界

　梁泰昊の著書『釜山港に帰れない』は、韓国という祖国に故郷を持たない2世の祖国に対する象徴的表現である。祖国が生まれ故郷の国といったなら1世の祖国は韓国であり、2世の祖国は日本である。生まれ故郷の祖国日本が2世に対し偏見を持ち、差別するのが問題である。普通アメリカのような移民社会でも2世は二重的正体性を持ち、正体性が混沌しやすい。ところが単一民族国

家の神話を持つ日本のような社会では社会的差別を受けやすく、在日2世は挫折感や混乱に陥りやすい。

現地志向的な2世は韓国、または北朝鮮に対し1世のような愛国心がなく、祖国に頼ることもない。これによって祖国を代理すると見える民団や朝鮮総連に忠誠する必要もない。何より祖国を冷徹に見る。1世は祖国の現状を仕方なく見ているが、2世は必ず統一すべきであると、統一への念願が強い。日本では民主主義を支持する人や社会主義を支持する人が共存している。1964年の東京オリンピックで辛金丹の父娘が出会った時や1972年の札幌で韓弼花の兄妹が出合った時、まさに南北の統一に在日韓人が何らかの役割が期待できると思われた。ところが現実はそうではなかった。韓半島の統一は在日韓人、特に2世にはあまりにも遠くて手が届かないところの話であった。

1970年の中頃、各種の差別撤廃運動を展開してきた市民団体や「在日韓国人民主懇談会」が中心になって、具体的に韓国の民主化を支持し、「金芝河氏の民主的愛国人士の支援」する運動を展開した。すなわち、韓国の政府に無条件に服従する1世とは違い、2世は韓国の民主化を支持・協力した。ところが実際韓国になんの影響も及ぼすことができなくて、ここでも在日韓人2世は日本に住む限界を感じざるをえなかった。

1970年代には韓日条約の以後再開された祖国への往復が最も活発になり、故郷の訪問も頻繁になった。ところが祖国を体験すればするほど彼らが感じるのは経済的格差であり、社会的や文化的なものを含めて違和感を認識するようになって、結局在日2世の若者の日本への定住志向を強化した。すなわち現地化の志向といわれる2世の象徴体系では、祖国は嫌いではなくても、自覚することが難しい国であった。

この時期、韓国に対する関心の表れとして金達壽などを中心にする「日本の中の朝鮮文化」が広まった。これは特に韓国の古代史や韓日交流史に対する関心である。これは韓国に対する偏見の減少に一定の役割を果たしたが、韓国文化を日本に紹介する形の韓国文化の宣揚とは本質的に異なるものであった。

現地志向の2世が関心と愛情を生まれ故郷に向けたとき、彼らは日本社会

の不当な差別と偏見に直面する。祖国には帰れない現地志向の 2 世はこれに対し、不安と不快な感情を持ち、対抗する道しかなかった。1970 年代の申京煥や梁泳鎬などの事件を通じて、在日韓人は住民としての在留する権利を獲得するし、高昌重の電電公社や金敬得の弁護士などの国籍問題を通じて教員、郵便外務員、地方公務員などで国籍条項をなくすことができ、社会での就業権を得た。行政差別撤廃運動を通じて児童手当や公営住宅の入居権、国民年金などをもらうことで在日韓人は民生権を獲得し、日本の社会で定着する基礎を固めることができた。これより重要なのが日立事件である。これが 1970 年代の最大の問題であり、在日韓人の歴史の中でも最も重要で分水嶺をなす問題であった。つまり、これが 1970 年代に展開されたすべての権益運動の始発になり、何よりも在日韓人の主体性を確立し、在日韓人に自信感を持たせることとなった。これを 2 世が主導したので 1970 年代を 2 世の時代という。日立事件が始まったとき、民団や朝鮮総連は冷笑的であった。

　在日韓人の 2 世が 1 世と違うところは、1 世には社会生活で民族団体を中心とする活動が重要であったのに対して、2 世は私的性格の市民団体が主な活動の中心であった点である。すなわち 1 世は民族的であり、2 世は市民的である。これは運動の性格を表すものでもある。1 世の運動は政治的な運動であり、2 世の運動は社会的な運動であった。2 世の運動は民生権や在留権のように生活に関する、個人的ではあるが具体的な問題を扱ったのである。これを「2 世的世界」という。

　日本に住む権利や民生権を獲得したことは社会的同化といえる。社会的同化のすべての面で問題になるのが国籍であり、国籍の撤廃運動を展開してきた 2 世は、誰よりも国籍は何なのかという問題を真剣に考えるようになった。国籍とは国家の籍であり、国民を表す。ところが日本のような単一民族国家の国籍は、血のつながりを表すものである。ここに帰化を考える在日韓人 2 世に国家と民族との葛藤があり、国籍を変えた人を民族に反する者と見る在日韓人 2 世の苦悶がある。もちろん帰化に対し、2 世は 1 世のような背信感や屈辱感を感じていない。坂中英徳のように緩和した態度をとり、在日韓人を理解しようとしている日本人も少なくない。ところで福岡安則と金明秀の調査で明らかなよ

うに、2世の青年たちには帰化に対して、保留的な態度をとる者もいれば、また「第3の道」を選び、韓国的でも日本的でもない在日韓人の特有の道を行くべきだと主張する者もいる。

第6章 人権・文化運動

I. 指紋押捺拒否運動

　1980年9月10日、外国人登録証の更新のため東京都新宿区役所に出頭した韓宗碩が、義務づけられている指紋の押捺を拒否した。彼は「日本人には犯罪者だけに強制される指紋押捺をすべての在日外国人に義務づけることは、民族差別であり、人権侵害に当たる」と主張した（韓宗碩1984：71）。
　1947年5月2日に公布された外国人登録令を、最初は在日韓人の反対はあったが、これが実施されて以来、指紋押捺制度は続いてきた。すなわち在日外国人は14歳になったら区役所に行って、指紋を押捺し、これを5年ごとに繰り返す。また居住地を移る時には15日以内に新居住地の区役所で新しく更新する。指紋押捺は指に真っ黒なインクをつけ、180度ぐるーっと回し、しかも、原票、指紋原紙2枚、登録証明書など4回も同じことを繰り返す。もし指紋押捺を拒否すれば、「1年以下の懲役もしくは禁固、または20万円以下の罰金」に処せられる。さらに、帰国や海外渡航の時、日本への入国不許可、在留期間短縮および不許可などの行政処分が加えられる。
　韓宗碩に続いて15歳になった崔昌幸牧師の娘、在日韓人3世崔善愛が指紋押捺を拒否した。このように1980年には2人しかいなかったのが、1982年に

は21人、1984年には80人、1985年には1,000人近くになった。時間が経つにつれて拒否者は増加し、特に3世の若い世代の全員が拒否するようになった。この指紋押捺問題は在日韓人に限られたことではない。日本に住むアメリカ人や中国人にも拡がっていった。指紋押捺拒否に対し日本の法務省は再入国不許可という制裁措置をとる。一方、各地方自治体の外国人登録担当者には登録法違反者を告発させるようにし、彼らを逮捕して拘禁する強硬政策をとった。

韓宗碩に控訴審判を行う東京高裁の有罪判決文は、「外国人は国民と異なり、わが国の構成員ではなく、外国人に指紋押捺制度を設けても、法の下の平等に違反しない」というものであった（徐龍達1987：31）。

拘禁された人びとは指紋問題を人権問題として法廷で闘うようになった。指紋押捺拒否運動は在日韓人だけの問題ではなかった。特に欧州人の場合、もっと積極的に拒否運動を展開した。その1つの例が横浜地裁の裁判を受けた、神奈川のキャサリン森川であった。この裁判で弁護側は、①指紋は個人の重要な情報の1つであるから、個人の意思に反する指紋の押捺は個人の私生活を侵害するので、憲法13条に違反する、②指紋押捺の方法である回転押捺方法は品位を傷つける行為として、国際人権規約7条に違反する、③外国人だけが指紋押捺するのは法の下の平等という憲法14条に違反すると主張した。

これに対し地裁の判決は、「内外人の取り扱いに法律上の差異を設け、外国人に対する権利に制限することがあることはやむをえない」とし、「外国人登録上の指紋押捺が、指紋による個人識別を目的としている以上、同胞の行政目的を達するための必要最小限度のやむをえないもの」といった（朴一1999：55）。

指紋押捺拒否運動は日立事件の時よりもっと幅広く日本人の支持運動が展開された。韓宗碩が第2審で有罪判決を受けるや日本の言論はこれに反対した。毎日新聞は8月31日の社説で「人差し指の自由を認めよ」という題目で、法務省が調べた指紋制度がある24カ国にアメリカと韓国も含まれるが、その実態はさまざまであり、日本のように定期的に刑罰の強制を持って実施する国はなく、この制度を続けると日本は最も閉ざされた国となり、国際的非難を浴

びるだろうと報道した。

　1984年末、指紋押捺を拒否した外国人は、韓国・朝鮮籍69人、アメリカ人9人、そのほか外国人4人を合せて82人であった。一方外登法改正を求める決議を採択した地方議会は、大阪、京都、神奈川など2府8県議会と約600の市区町村議会におよび、拒否者の告発を保留する自治体が相次いだ。

　日本政府は、1985年5月14日に「外国人登録法の指紋に関する政令」を発表し、登録法の一部を改正した。改正点は、指紋採取方式を回転指紋から平面指紋に変更することと、黒インクの代わりに無色の薬液を使うことである。それに従う運用のための通達は、市区町村窓口における指紋押捺拒否者の説得、そして1カ月の説得期間を3回過ぎた場合、「指紋不押なる」と証明書に赤字で記入することなどを指示した（三千里編集部1987：171）。

　この5.14通達に対し、「指紋制度をなくす会」をはじめ、京都内の17団体が通達がいかに在日外国人の人権を侵害したかを述べ、その撤廃の要望書を提出した。民団でも在日大韓基督教会の指紋拒否実行委員会でも反対した。特に川崎市では5.14通達どおり拒否者を説得することは不可能だと5.14通達に反対した。全国市長会は指紋制度廃止と外登法改正を求める要望書を法務省に送った。

　1985年6月22日に指紋押捺拒否予定者会は東京の総評会館で大会を開き、将来指紋押捺をなす予定者が拒否宣言を行った。東京に続き千葉県でも指紋押捺拒否予定者会議が開かれた。それを受けて各地の多くの日本人が「共に闘う」決意を表明した。同年12月4日、「国際人権週間」を迎え、関東各地の運動団体が集まって「反外登法12月集中行動実行委員会」を結成し、指紋業務の返上、警察からの任意照会に応じないこと、指紋押捺拒否以外の外登法違反についても一切告発しないことなどを各区の市役所にわたした。夜には「85国際人権週間―在日カーニバル」を開き、指紋押捺拒否と外登証携帯拒否を宣言した。

　指紋押捺拒否予定者はほとんどが在日韓人3世に相当する人びとである。やむをえず韓国と日本両国政府の実務者が1985年12月13日東京で実務者協議を開いた。これは主に1971年までに生まれた在日韓人で韓日法的地位協定に

よって協定永住権を得た人の子ども、すなわち在日3世の法的地位をめぐっての協議であった。今後の指紋問題は「在日3世問題」になった。

その後、日本の文化人、国会議員、有志らが指紋押捺反対に賛同を表明するに至った。1986年3月に開かれた「外国人登録法改正を求める署名委員会」に井上ひさし、藤本義一ら221人の作家、学者、宗教人などが参加して、衆議院106人、参議院45人の国会議員が署名し、法相に指紋押捺拒否者の在留更新を要請した。この要請文は「在留更新不許可措置は在日外国人の生活権を剥奪するに等しいものであり、人権擁護の観点上、過重な制裁である」と記されている。

指紋押捺拒否は在日韓国人の場合、高等学校の生徒にまで拡がり、また在日韓国人だけではなく、カトリック神父、基督教牧師などの欧米人、在日中国人にまで拡大していった。外国での抗議行動も広がって、ニューヨーク韓人会42団体の代表約100名がニューヨークの日本総領事館前で抗議を行い、カナダのトロントでも同じ抗議が行われた。1986年10月15日には指紋押捺拒否予定者会議など東京都内の市民運動団体28団体と32人の弁護士によって「東京指紋拒押捺否者相談センター」が発足した。このように良識ある多くの日本人の協力や支援を得て、指紋押捺拒否の活動が展開されていたのだが、法務省は警察力でこれに対抗した。これは当時1,000余人いた指紋押捺拒否者の問題ではなく、1965年の韓日条約で不安定な在留資格しか与えられなかった在日3世以下の「在日韓国人」全体の問題であった。韓日条約での協定永住権者は在日1世と2世に限ったものであり、そのほかに関しては25年の後に再論することとされたので、指紋押捺の問題は1991年の協定永住第3代目をめぐる韓日再協議の問題になった。

指紋押捺拒否運動が最も激しかった1990年5月、「過去の清算」を目的に盧泰愚大統領が日本を訪問した時であった。過去の清算には、植民地時代に対する日本側の贖罪、在日韓国人の処遇、在韓被爆者の治療と援護、サハリン在留韓国人の母国訪問と帰国問題、そして指紋押捺と関係しての協定3世の問題が含まれていた。過去の清算問題が韓国の大統領により提案された後、日本と韓国はこれを政府間の議案とした。両国の代表が東京とソウルを往復しながら

協議を重ねた結果、1991年4月に韓日外相定期会議で原則的合意を得た。

協定3世とは1965年の韓日条約で設定した協定永住権者に含まれない在日3世をいう。協定永住権は在日1世と2世に限るので、3世以下に対しては何の文言もなかった。ただし3世以下の今後の問題を考慮して、同条文の下に「もしこの条項で問題があったら、25年の後にそれを再論する」と記しただけであった。この25年後が1991年になるのであった。

韓日両国外相定期会議で協定3世に対し指紋押捺を行わないことにするとなった。といっても指紋押捺に代わる適切な手段を早期に講じることで合意した。そして外国人登録証の携帯に関しても3世以下の子どもの立場を配慮し、適切な解決策を探ることにした。

これらの合意で韓国の世論よりもっと問題になったのは日本である。当時日本の海部首相は特別な決断を下し、法務省と警察省の反対を押し切って指紋押捺除外を成し遂げたのであった。1992年5月20日、日本の国会は全員一致の可決で指紋押捺を廃止した。しかし、これは在日韓人と台湾人の特別永住権者にのみ適用されるものであり、アジアからの出稼ぎ労働者を含むそれ以外の一般外国人は除外されるというものであった（尹健次192：227）。

全国的な規模で、それも激しく長く引き続いた指紋押捺拒否運動とは別だが、実際的人権運動を展開してきた市民団体は、1990年に結成された「在日韓国人民主人権協議会」（民権協）である。この団体はその根源を1975年までさかのぼることができる。1971年の徐勝、徐俊植の兄弟をはじめ、多くの在日韓人青年が学園浸透スパイ団容疑事件で韓国政府にて逮捕され、死刑判決を受ける事件が相次いだ。当時、韓国の軍事独裁政権が起こした蛮行の1つである。これに対し1977年「在日韓国人政治犯を救援する家族・僑胞の会」（家族・僑胞の会）が結成され、逮捕された在日青年の人権を守り、彼らの救援運動を展開した。その後韓国も市民の力によって軍事独裁政権を倒して民主化が進むにつれて、「家族・僑胞の会」が1990年に民権協を結成した（在日韓国民主人権協議会1990：6）。

現在、民権協は在日韓人の人権問題を扱っているが、ほかの団体が注目しない問題を主に扱っている。在日韓人と日本人の間の結婚で起こる、相互の民族

教育問題もその1つである。学校だけでなく社会でも、在日韓人が本名を名乗る運動を支援し、最近急増するニューカマーの永住権問題、医療問題、教育問題などを支援している。

民権協は在日韓人のNGOとして韓国と日本のNGOとの関係を緊密に持ち、情報と人的交流を持っている。特に民権協は北朝鮮羅津市にいる造船所幼稚園の園児の栄養食支援のため、会員170人を中心に149万8,251円の募金を集め、そこに送った。民権協は、在日韓人の人権を守る団体であり、民族に対する人道主義を実践する団体である。

Ⅱ. 文化運動

トッカビとは正式にいえば「トケビ」で、これは韓国語のオニをいう。このトッカビ子ども会は1974年10月大阪府八尾市安中で、徐正禹という当時高校生が始めた子ども会である。当時八尾市の安中には、約100世帯約400人の在日韓人が居住していた。ここは八尾市で最も貧しい地域であり、在日韓人の多くは古物商、労働者、養豚業で乏しい生活をしていた。安中では1965年から部落解放運動が起こり、人びとは住宅環境改善や権益運動として生業資金や奨学金などの利権を取り、差別からの解放を通して自己変革を進めていた。このような環境で、特に在日韓国人3世の中学生などが非行青少年化するのを防ぐ目的として高学生たちが子ども会を始めたのであった（徐正禹1987：193）。

母親たちや市民団体の支援もあったし、当時安中小学校で結成された「民族教育をかんがえる会」の教師たちの支援もあった。ところが、トッカビ子ども会は自立するため、4人の青年が建設現場で労働をして子ども会の部屋を借りる金を用意した。初めは子ども会の教室としてアパートを探したが、民族差別のため部屋を借りることができなかった。また、子ども会に児童を集めるのも大きな問題であった。祖国が北と南に分かれて対立しているので、親の方も政治的偏見があった。トッカビ子ども会は民団からも朝鮮総連からも無関係で、

時間が経つにつれ、子どもたちの保護者などがこれを理解してくれた。

　トッカビ子ども会が地域社会から信任を得るようになった重要な行事が、1975年に実施した夏季放学修研会であった。親たちを説得して児童30人を集め、海へ行って2週間の団体生活をしながら韓国語、韓国史、韓国の歌などを教え、民族的感覚だけでなく、民族としての誇りを持つよう研修を行った。研修会から帰ってきた子どもたちの中には学校に行って自分の本名宣言をし、在日韓国人としての主体性を持つようになった。この年、子ども会の保護者たちが「安中同胞親睦会」を結成したのであった。トッカビ子ども会の目的は、地域社会で韓国人としての自覚と誇りを持って生き、日本の社会に貢献できる人間を育成することであり、もっと具体的には子どもたちが集団活動を通じて、今後直面する民族差別を自らの力で打開していく力を養成することであった（徐正禹 1987：172）。

　在日韓人3世によって成立したトッカビ子ども会は、その後多くの市民団体との協力関係を持つことになる。学校現場で民族教育の必要性から高美中学校に「高美中校区民族教育推進協議会」が組織された。この協議会は地域社会と民族教育を実施しているトッカビ子ども会が必要になり、両団体は1977年連携体制を結んだ。

　トッカビ子ども会の高校生たちが一番初めに行った運動が八尾市の一般行政職員の国籍条項撤廃であった。卒業後の就職問題が目の前にあるのに、民族差別の存在は在日韓国人3世の高校生には実に深刻な問題であった。高校生は安中同胞親睦会と地域の部落解放同盟安中支部の支援を受け、1978年八尾市長に対し、公開質問状を出した。これに対する回答は、「国籍が違えば差別するのが当然だ」というものであった。

　八尾市長の回答に対し市内の主要な労働組合、市民団体が1978年12月、「国籍条項撤廃市民共闘会議」を結成、自治省、人事院、内閣法制局などに質問書を送る一方、地元の上田卓三議員を通して総理に「質問主意書」を伝えた。このような活動の結果、八尾市は1979年8月同市における国籍条項の撤廃を発表し、以降多くの市役所が国籍条項を撤廃している（徐正禹 1987：176）。

次は、国体参加時の国籍条項撤廃運動であった。トッカビ子ども会の高校生は、高校のバスケットボールチームの主力選手であり、このチームの国体参加の可能性が高まった。しかし、国体の参加は日本人の学生に限定されているので、この在日韓人が入っているチームは国体に参加することができなかった。これに対してトッカビ子ども会は、1981年5月文部省に要望書を提出すると共に、「定住外国人の国体参加を求める会」を結成し、署名運動を展開した。その結果、7月に国体参加の国籍条項の撤廃の回答を得た。在日3世のトッカビ子ども会の高校生たちが日本社会をより住みやすい共生社会へ導いている。

　トッカビ子ども会が成し遂げたもう1つの国籍条項撤廃運動は、1984年5月に実施した郵便外務職員の採用試験の受験であった。1983年9月当時、トッカビ子ども会の会員であった高校三年生の李昌宰と孫秀吉が郵便外務職員への就職を希望し、受験願書を提出したところ、日本国籍を有しないとの理由で断られた。そこで子ども会と地域社会の市民団体、そして彼らが学んだ学校などが協力し、同年11月「李君、孫君を囲む会」を結成し、大阪と近畿地方郵政当局と交渉する一方、署名運動を展開し、八尾市も撤廃要望書を送り、また民族差別と闘う民闘連を通して全国の民団の支援を要請した。

　これに対し郵政省では、1984年2月に担当官が八尾市でトッカビ子ども会と会い、彼らの活動と八尾市安中地域を見回った。また、この「李君、孫君を囲む会」の集合にも参加し、撤廃の検討作業を急ぐといった。こうして進行した署名運動で、署名者が4万人以上になり、新聞やテレビの言論も同調し、結局同年5月郵政省参事官から李と孫は国籍撤廃の通知を受けた。1984年に彼らは近畿郵政局募集の郵便外務職員試験に応募し、28：1の難関を突破し、ほかの3人の在日韓国人青年と共に希望した郵便外務職員になった。

　トッカビ子ども会で最も重要だったのは文化活動である。子ども会は1981年の夏、第1回「八尾市に住む韓国・朝鮮人児童・生徒のためのサマースクール」を開催した。これはトッカビ子ども会が教職員組合と連携し、安中地区周辺の韓国・朝鮮人児童・生徒1,200人に民族教育を実施したというものであった。

1982年4月からは、安中の市立解放会館の市民講座の1つとして、韓国・朝鮮語、民族舞踊、長鼓の講座が開講された。そして同年12月には第1回「フェスティバル・韓国・朝鮮の歌と踊り」が行われた。これ自体も重要であるが、もっと重要な意味があるのはこれが八尾市と八尾教委の支援で行われたことであり、韓国の生き生きとした文化が在日韓人ばかりでなく日本人と共に学ばれ、共に発展していくきっかけとなった。

高槻市成合地区で「高槻ムクゲの会」が結成された。四方を小山で囲まれた谷間に韓国・朝鮮人の部落がある。地域住民の大部分は採石場や土木の仕事をしていた。この孤立した環境で在日韓人の子どもたちの「地域子ども会」がつくられた。この「高槻ムクゲの会」の会員は、14歳から18歳までの中学生と高校学である。(金泰泳 1999：137)

高槻六中の教師と高槻市教職員組合の支援を得た「高槻ムクゲの会」は、高槻市教育委員会より30万円の支援金を得て、1985年子ども会の事業を始めた。高槻市教育委員会は「学校子ども会」と「地域子ども会」を含む子ども会の事業を支援するため、教育委員会内に「在日韓国・朝鮮人教育事業」を担当する部署を置いた。

「高槻ムクゲの会」の目的は、民族教育を通して児童に民族的自覚や誇りを持たせ、それによって差別に対する免疫を持たせることであった。特に閉じられた世界を開かせるための交流会を週に2、3回行った。「高槻ムクゲの会」も市職員の採用で国籍条項を撤廃する運動に参加し、成功した。現在高槻市には韓国・朝鮮籍の公務員が5人もいる。

成合地区にある「高槻ムクゲの会」は、活動を開始すると同時に隣りの別所地区と北園町など在日韓人が集居する地域にも子ども会を発足させる運動を並行し、1982年「北園子ども会」と「別所子ども会」を結成した。「北園子ども会」は市内に散在する在日の子どもを対象にするため、後に「中央子ども会」と改称した(金泰泳 1999：140)。

これら3つの子ども会の活動は、1985年以降教育委員会の事業に移管された。この地域子ども会は、小学生部会と中学生部会があり、毎週月曜日、水曜日、土曜日の夕方4時から6時まで、そして7時から9時まで活動をする。

子どもの会で学生が学ぶのは、在日韓人の問題や教科学習、運動などである。高槻市で支援する学校の子ども会は、現在校区内の在日韓人の集住地域の3つの小学校と5つの中学校に設置されている。週に一度課外特別活動をしている学校子ども会の目的と活動は、日本人の児童・生徒に対しても在日韓人の問題を理解し、国際理解教育を実行している。

　川崎のロバ子ども会も、八尾市のトッカビ子ども会や高槻の高槻ムクゲの会の共通する点は在日韓人3世が自発的に結成した点であった。ここでも日立事件と同様に、韓国政府、民団や朝鮮総連の在日韓人が何の役割や支援を果たせなかったことである。子ども会を支援し協力したのは、むしろ日本の教師たちをはじめとする教育機関や市民たちであった。これらの子ども会は別々なところで成立したが、目的と活動は同じであった。自分より後輩の子どもに民族的自覚と誇りを持たせる民族教育を実施することであり、彼らの進路に障害となる差別と闘争するのである。特に子ども会は、隣の学校の民族学級と協力して国際理解教育を前もって実践した。

Ⅲ. 民 族 祭

　生野区の聖和社会館の館長、金徳煥が中心になって、1983年に第1回の「イクノの民族文化祭」が公立小学校の校庭で行われた。民族文化際の目的は、差別と偏見のなかで形成された自らの民族を卑下し隠そうとする若い世代に、「民族文化」との触れ合いによって積極的な民族的自覚を与え、南北を超えた民族的連帯意識を作り出すことである（飯田剛史 1999：176）。

　第1回目の祭りを行った公立小学校では付近の日本人住民から学校に抗議する事件があった。しかし、時間が経つにつれて地域の行事として住民たちに受け入れられるようになった。1988年に行われた生野民族文化祭りを例に見てみよう。10月29日（土）の祭りの前日、猪飼野地域農楽隊約100人が民族衣装を身に着け、「農者天下之大本」と書いた旗を先頭に、太鼓、小鼓、杖鼓、鉦、小鉦などの賑やかな囃子にのって踊りながら、朝鮮市場に入りパレードを

行う。翌日（日）市立鶴橋小学校の校庭で本行事が行われた。農楽隊が入場し、農楽舞や布編舞を行い、実行委員長の開会宣言に続いて告祀を行う。告祀は祭りの成功を示す祭礼である。続いて剣舞、仮面劇、のど自慢があり、ユーモラスなモダン劇「三年峠」が行われた。また、市民みなが参加する綱引きがあり、最後には観衆全員が乱舞をする農楽フィナーレがあった。パレードが行われる場所が御堂筋の朝鮮市場であるので、パレードに参加する人や観衆、そして店の商品を買う人びとが交じって、一日中町は活気に溢れていた。

ワン・コリアとは、1つの民族という意味でのone Koreaをいう。これは本国における南北の対立を、まず在日韓人の間で克服し1つになることによって、日本に置いて、さらに世界に置いてコリアンの評価を高めることにある。1985年8月15日に始めた時には独立記念日の8月15日に重きを置いてパリロ（815）としたが、1990年よりワン・コリア・フェスティバルと改称した（飯田剛史1999：179）。

ワン・コリア・フェスティバルは、一定地域で行われるのではなく、大阪や東京、また日本に限らず1998年にはニューヨークでも行われた。ワン・コリア・フェスティバルでは講演を行われ、特に各分野の第一線で活動している在日韓人2世に出演を求めている。彼らは単に有名人だから出演するのではなく、彼らの姿こそ若き2世、3世の手本になるからである。1988年には、朱源実、鄭義信が司会で、金守珍、ヘンリーズ、金成亀、セクステッド、呉在秀などの演出があり、グループ黎明のサムルノリ、康米朋のインド舞踊、朝鮮舞踏研究所からの民族舞踏、白竜とMバンドのロック、そして憂歌団のブルースがあった。ビデオ・コーナーには崔洋一ら在日のアーティスト製作の映画やCM作品が出品されていた。

1990年のフェスティバルは「パリロ」から「ワン・コリア」と名称を変更した年であった。ここには大阪府および大阪市が支援団体となり、出演者も在日韓人だけでなく韓国からサムルノリ、北朝鮮からは国連ユネスコに勤務する金正規が参加し、中国延辺朝鮮族自治区からの音楽家、舞踏家が参加した在日韓人が中心となり、名実ともに東北アジアの韓人が1つになって日本で祖国統一を目指す大祭典であった。

1998 年のワン・コリア・フェスティバルは、8 月 15 日ニューヨークのラガーデリア・パフォーミング・アート・シアターで開かれた。約 500 人の在米韓人が集まって開かれたこの大会には、多くの在日韓人や韓国人の芸術家が参加して盛大に行われた。1999 年ワン・コリア・フェスティバルは、在日韓人が最も多く住んでいる生野区、朝鮮市場のコリア・タウンで行われた。約 3 万人が町を埋めたなかで、盛大な「韓国祭り」が行われた。

　2000 年は、ワン・コリア・フェスティバルの民族、未来、創造にふさわしく、6 月 15 日に南北首脳会談が平壌で行われた。この成功を祈るため、その直前である 6 月 11 日に東京で南北首脳会談を歓迎する「東京大会」を開いた。8 月 10 日には、大阪国際交流センターの大ホールで、大阪フェスティバルが行われ、民団系の白頭学院、建国小学校の学生と朝鮮総連系の東大阪朝鮮中級学校の学生が一緒に舞台に上がり合唱をした。そして日本の和太鼓と韓国打楽器の共演もあった。終わりはいつものように実行委員長の鄭甲寿の先唱に従い、統一を意味する「ハナ」（1 つ）という言葉が全参加者の合唱があった。

　前述の 2 つの民族祭りが民間主導的としたら、四天王寺ワッソは公的性格が特色である。ワッソは「わっしょい」と同じ掛け声であるが、韓国語で「来る」という意味で、韓国からの文化や人の渡来を意味する。四天王寺ワッソの実行委員長は、大阪興銀理事長李熙健と四天王寺管長の瀧藤尊教であり、外務省、大阪府、大阪市、大阪府教育委員会、大阪市教育委員会、関西経済連合会、大阪商工会議所、大阪 21 世紀協会、大阪国際センター、大阪観光協会、大阪青年会議所、在日本大韓民国民団、韓国大阪青年会議所、特友会等が支援団体である（飯田剛史 1999：182）。

　四天王寺ワッソの目的は、大阪が古代より東アジア全域にわたる国際交流の拠点であったのを再現し、この祭りを通して国際親善の新たな文化を創出し、大阪の地域活性化に寄与することである。1990 年に開催された第 1 回は、古代からの韓国の民族衣装をした 3 千人が、生魂小学校を出発して谷町筋を四天王寺まで歩き、主舞台である四天王寺では聖徳太子を主役とする古代の日本人がこれを出迎える儀式が行われる。参加者の数も多く、当時の衣装で着飾った

人びとの姿も華麗であり、大阪市民全体が参加するような荘厳な行事として有名である。

V. 社会運動

　在日韓国人の市民団体が引き続き行った運動は公務員の採用条件で国籍条件を撤廃する運動であった。これは日立のように就業に関するものであるが、1970年代までは就業は私立の個人的企業であり、公的企業は電電公社くらいだと思われていた。けれども就業運動は機会があるたびに引き続き展開していった。その結果として、1980年代の初期に大阪市で、特に技術職の在日韓人が地方公務員として採用された。地方公務員の採用運動に対して、民団や朝鮮総連の民族団体は冷淡であった。特に朝鮮総連の幹部らは「在日の青年が地方公務員に採用されるのは売民族な行為である」と非難した。
　これは当時の在日韓人の社会の一面を見せる現象である。1980年代の後半で見ることができる現象の1つが、民族団体との関係を遠ざけ、個人的な生活を楽しむ人が増加した。このような現象は、特に柔軟性を欠けていた朝鮮総連の側に顕著であった。その逸脱が顕著になったのは、北朝鮮が個人崇拝があまりに強い反民主独裁国家であり、経済的にも破綻し、人権を蹂躙しているという悪材が、原因として反映されているからである（金贊汀 2004：190）。
　1982年1月1日に難民条約が発効することによって、社会保障で「日本の国民に限る」という外国人を排除する国籍条項が撤廃された。その結果、児童手当、児童扶養手当、特別児童扶養手当など児童に関連する法が在日韓人にも適用されるようになった。ところが高齢者年金や遺族年金や障害者年金を含む国民年金は経過措置がないので次の措置を待たなければならなかった。
　次の措置とは1986年4月に発表された新国民年金制度である。これは8種の公的年金を一元化するというもので、ます厚生年金と国民年金が一元化された。すなわち専業主婦を強制加入させた国民年金を基礎年金制度に入れ、老人年金、老人基礎年金、母子年金、準母子年金、母子福祉年金、準母子福祉年金

などを遺族基礎年金に、そして障害年金と障害福祉年金を障害基礎年金に統合したのである。これにより外国人に対する経過措置がなくなり、在日韓人もその恩恵を受けられるようになった（慎英弘 1999：273）。

第7章 結婚と家族

I. 結　　婚

　在日韓人の社会にも、日本社会と同じくいろいろな家族問題があるが、在日韓人の最も重要なのは結婚の問題である。高齢化した在日の1世たちは、経済的に苛酷な条件と日本社会からの差別のため同胞間のつながりが強く、また、狭い地域の中での共同生活を送ってきたので、在日同士による家族づくりに別に問題はなかった。1世は日本人との国際結婚を徹底的に反対する結婚観を持っていた。

　時代が変わり、2世の親が3世の結婚適齢期を迎えた今日、結婚当事者の個人的問題である結婚に、社会的ないし民族的条件が作用し影響を与えるから問題になる。2世の父母が幼いときから子どもに聞かせる話の1つが、「立派な人になりなさい。何でも支援するから。だが日本人との結婚はいかん」である。日本人の間でも「朝鮮人には部屋も貸さないのに娘をやることはない」というように国際結婚は極めて困難であった。このように洗脳された在日の2世、3世でも、ほとんど毎日日本人に囲まれ、日本人と生活しているのだから、日本人異性との交際が始まるのも、別におかしいことではない。

　在日同士の結婚でも問題はそう簡単ではない。まず、在日の二分された民族

団体による国籍が問題になる。すなわち、相手が民団に属するか、朝鮮総連に属するかが問題になるので、結婚相手の候補者がずっと減ってしまう。若い在日の間では教育や民族的意識が結婚の条件になる。民族学校を卒業した人は、日本の学校を卒業した人とは民族的意識が違うので、お互いによく通じない。若者同士で愛し合っても、在日の社会では父母や家族の意見も問題になる。2世の父母は日本で生まれ育ったとはいえ、まだ封建的な面が強く、彼らの親から受け継いだ結婚観を持っている。これは、慶尚道、全羅道、済州島という韓国の出身地の差別問題を在日韓人はそのまま存続している。ときには出身地差別の結婚の忌避が、民団と朝鮮総連の結婚忌避より強い場合もある。恋愛結婚は別として、在日の社会でも結婚の条件として高学歴、高身長、高収入という三高の条件があるという（朴鉄民1994：59）。

　在日の社会でも未婚症候群が出現し、晩婚化が進んでいる。在日の結婚センターに登録した者の平均年齢は、男性の場合33.6歳であり、女性は29.8歳である。在日韓人は2世、3世になるにつれて日本人との国際結婚が年と共に増加していく。1955年の結婚総数は1,102件で、そのうち同胞同士の結婚が66.9％、日本人との国際結婚が30.5％であった。1963年に30％を超え、1975年には50％を、1985年には70％を、そして1989年には80％を超えた。

　在日と日本人の国際結婚も、初めは夫が在日、妻が日本人の方が多かった。1955年の資料を見ると、夫が在日で妻が日本人の結婚が242件で結婚全体の22％であり、夫が日本人であり妻が在日の結婚は94件で8.5％に過ぎなかった。夫が在日で妻が日本人の結婚は20％前後を保ち続け、1985年に29.3％、1986年に28.1％であったが、次にまた下がり、1995年以後に再び30％になる。しかし、夫が日本人で妻が在日の結婚は年々増加して、1961年には10％、1969年には20％、1978年には30％、1983年には40％、そして1989年には60％を超えたが、その後下がり、1995年以後は50％になる。表1-10でも示したように、最近の、夫が日本人で妻が在日の結婚は、新しく韓国からきた女性が多い。これに関する別の資料が表7-1と表7-2である。

　表7-1は日本人の配偶者を国籍別に分けたものであるが、これをさらに外国人登録者と新規入国者に分けて集計したものである。外国人登録者は協定永

表7-1 日本人の配偶者と国籍別統計

「日本人の配偶者等」の在留資格による国籍（出身地）別新規入国者数の推移

国籍（出身地）＼年	平成4	5	6	7	8	9
総　数	25,552	20,583	18,156	19,950	25,869	31,606
ブラジル	16,815	12,111	8,859	9,049	9,600	13,945
中　国	2,734	3,148	3,252	3,846	4,937	5,947
フィリピン	917	856	857	1,288	5,238	4,992
タ　イ	346	437	1,203	1,265	1,132	1,236
韓　国	1,522	1,081	1,087	916	845	925
米　国	986	1,025	949	942	942	918
ペルー	456	438	399	675	813	894
中国（台湾）	189	215	176	258	385	475
アルゼンティン	262	103	84	158	228	214
インドネシア	57	62	87	108	132	164
その他	1,427	1,121	1,182	1,495	1,716	1,972

「日本人の配偶者等」の在留資格による国籍（出身地）別外国人登録者数の推移

国籍（出身地）＼年	平成4	5	6	7	8	9
総　数	209,269	222,353	231,561	244,381	258,847	274,475
ブラジル	91,816	94,870	95,139	99,803	106,665	113,319
フィリピン	28,351	32,370	36,435	39,909	42,521	44,545
中　国	29,008	32,382	35,058	37,310	39,948	43,714
韓国・朝鮮	21,855	22,025	21,750	21,385	21,090	20,738
ペルー	10,455	10,692	10,784	11,222	11,293	11,309
米　国	8,538	9,232	9,567	9,651	9,871	10,036
タ　イ	4,129	5,013	6,070	7,004	7,881	8,955
英　国	1,770	1,933	2,024	2,102	2,176	2,300
アルゼンティン	2,213	1,866	1,711	1,758	1,774	1,780
カナダ	699	834	924	1,022	1,145	1,296
その他	10,435	11,136	12,099	13,215	14,483	16,483

（法務省入国管理局　1998：227）

表7-2 永住者の配偶者の統計

「永住者の配偶者の統計」の在留資格による国籍（出身地）別新規入国者数の推移

国籍（出身地）	平成4	5	6	7	8	9
総　数	254	261	254	256	213	292
韓　国	170	152	132	140	100	112
中　国	31	57	54	56	49	95
フィリピン	13	23	12	15	20	20
ヴィエトナム	4	7	15	9	7	13
中国（台湾）	4	2	10	3	8	11
米　国	6	3	11	7	8	6
ペルー	1	0	1	0	2	5
カンボディア	0	1	2	2	2	4
マレイシア	1	0	0	0	0	3
タ　イ	4	4	4	10	3	3
その他	20	12	13	14	14	20

「永住者の配偶者等」の在留資格による国籍（出身地）別外国人登録者数の推移

国籍（出身地）	平成4	5	6	7	8	9
総　数	7,864	7,360	7,002	6,778	6,460	6,325
韓国・朝鮮	6,391	5,982	5,564	5,259	4,842	4,522
中　国	878	816	817	851	890	967
フィリピン	164	181	218	243	254	268
米　国	127	114	115	122	113	126
ヴィエトナム	51	45	56	66	87	111
ブラジル	70	46	34	29	29	38
英　国	28	30	38	35	38	37
タ　イ	23	27	27	31	31	34
ペルー	6	2	4	4	18	33
インド	28	29	29	28	30	32
その他	98	88	100	110	128	157

（法務省入国管理局　1998：278）

住権や特別永住権を持つ在日をいうのであり、新規入国者は韓国から結婚を通して来日した人をいう。

　表7-1によれば、日本人と外国人登録者である在日韓人との結婚は平均2万人以上を保ち続けた。日本人と新規入国者韓国人との結婚は1992年に1,522人であったのが、毎年減少して1997年には925人になっている。

　表7-2は日本に住む永住者の結婚で、これもその配偶者を外国人登録者と新規入国者とに分けている。永住者が外国人登録者と結婚するのは同胞同士間の結婚であり、永住者が新規入国者と結婚するというのは配偶者に韓国から来てもらった人を指す。同胞同士間の結婚は1992年に6,391件だったが、毎年その数が減少して1997年には4,522件である。在日韓人と韓国人との結婚は1992年に170件であり、これも毎年少しずつ減少して1997年には112件となった。

　ここで注目されるのは、日本人と在日韓人の国際結婚の場合、1975年が1つの画期的な時期になることである。すなわちこの時期を境に、夫婦とも在日韓人である場合を配偶者の一方が日本人である場合の方が上回るのである。これは民族間の偏見が希薄(きはく)なものになり、また在日韓人の民族的つながりが次第に薄くなったことを物語っている。

　上記の統計を総合すれば、在日韓人の社会で見ることのできる結婚は、在日韓人間の同胞婚、在日韓人と日本人間の国際結婚、日本人と韓国本土人との国際結婚、在日韓人と韓国本土人とのいわば僑胞婚の、4つの類型がある。第1類型になる同胞婚が最も望まれる結婚である。ところが、民団と朝鮮総連という民族団体が2つに別れ、また帰化者は日本人とみなしているので、同胞婚は容易ではない。第2の類型である国際結婚も、夫が在日で妻が日本人である型と、夫が日本人で妻が在日である型の2種類があり、前者は初めから一定の数が続いたが、後者は時間が経つにつれ増加している。

　夫が日本人で妻が在日の場合、普通移民社会で多く見られる結婚で、夫が主流社会に属する人であり、妻が少数民族で主流社会の文化に適応しようと努力するという国際結婚の最も一般的なタイプといえる。これとは逆に、家族を主導する夫が少数民族であり、妻が主流社会の人の場合、家族問題が起こりや

すい。ほかの国でも見られるように、日本でもこの場合2つの類型がある。その1つは、妻の日本女性が夫に服従する型である。この類型の女性は夫を尊敬し、日本人が嫌がるキムチまで夫のために作る人もいる。もう1つの類型は、女性が生活の主導権を持っている家である。この場合、他所でキムチを食べた夫が、妻が嫌がると思い牛乳でうがいをして家に帰るようなこともある。国際結婚は夫婦の生活感情や価値観を共有するが、国際結婚の場合は民族的な問題があり、日常生活や話し合いでも注意が必要である。韓国人の男性と11年間も生活をした日本人の女性が離婚した後で、「どこか分からないが夫婦間に国境のような民族感情の壁があった」という（角圭子1972）。

　日本人と在日韓人の結婚は法律上では国際結婚である。しかし、在日韓人が言語や生活様式に置いて完全な意味で日本人化したので異民族・同文化人の結婚であり、一般的な国際結婚とは異なる。それでこのような国際結婚の離婚原因は純全たる民族感情にほかならない。日本の夫と韓国出身の妻の結婚は、純粋な意味での国際結婚である。純粋な国際結婚の場合、妻が在日韓人のように日本文化に慣れていない完全な意味の外国人であるからである。

　民族的には同族婚だが文化的に国際結婚になるのが、在日韓人の男性と韓国の女性が結婚するいわば僑胞婚である。1965年の韓日条約の後、多くの在日韓人が韓国で僑胞婚を行った。当時、在日韓人の男性は500万円以上の預金と税金納付証を持っていれば、韓国で結婚の条件は十分であった。日本の事情をよく知らなかった韓国人女性たちは、在日韓人はみな金持ちと思って結婚した。僑胞婚で日本に来た韓国女性の多くは、夫の日本に置ける現実に失望して、正確な統計ではないが90%が離婚したという。在日韓人の女性と韓国人男性が結婚した僑胞婚は数が少なく、この結婚はそれなりに60%が成功したという。

　国際結婚で問題になるのが子どもの国籍の問題である。日本の国籍法は基本的に父系血統主義であるので、在日の夫と日本人妻の子どもは父の国籍を取る。もし婚姻届が出されていない場合、父が認知しなければ母の国籍を取る。子どもの国籍が問題になったのは、1972年5月に沖縄が日本に復帰したとき、多くの人が外国人登録の対象になり、特にアメリカ人の父と日本人の母の間の

子どもが、アメリカの属地主義国籍法で無国籍になったことである。

1985年、日本は国際条約の女性差別撤廃条約を推准した。それによれば、「締結国は女性に対し、子の国籍に関して男子と同等の権利を与える」という。これに従って日本の国内法も改正され、1985年に新しく作られた国籍法は、「出生のとき父または母が日本国民であるとき、子は日本国籍とする」という父母両系主義になった（梁泰昊 1996：157）。

韓国は血統主義なので、韓国籍の父と日本籍の母を持つ子どもは、韓国と日本の2つの国籍を持つ2重国籍者であり、20歳から22歳の間にどちらかの国籍を選択できる。このとき日本国籍を取れば、外国籍の離脱手続きなく日本国籍を持つ。

日本で結婚すると市町村の役場で婚姻届を出す。このとき日本人は戸籍謄本を出し、在日韓人は本国政府発行の「婚姻要件具備証明書」を提出する。婚姻要件とは結婚の適齢年齢であることと重婚でないことである。韓国籍の男性と結婚する日本人女性は韓国籍を取得するけれど、日本国籍をそのまま持つことが可能である。しかし、結婚後6カ月以内に日本国籍を離脱しなければ韓国籍を失うことになる。

日本で生まれた子どもは生後2週間以内に出生届を出す。子どもが外国人である場合、外国人登録をするが、父母両系主義によって日本国籍になる場合、日本人の父や母の戸籍に編入される。国際結婚で生まれた子どもは今までは「ハーフ」と呼ばれた。しかし、最近は彼らを「ダブル」と呼ぶようになった。これは父母両方の影響を受け、2つの民族文化を併せて持つことができ、精神的な豊かさを持つという意味である（梁泰昊 1996：161）。

国籍法は1つの様式であり、実は二重文化家族にとっては別に重要な問題ではない。李洪俊の事例を見れば、彼は韓国籍であり、彼の妻は日本国籍であり、彼らの姓は夫婦別姓である。彼らは市役所に婚姻届を出したが、国籍が違うので、どの戸籍にも入籍していない。妻が世帯主なので子どもは彼女に属し、彼だけが1人で外国人登録をしている。書類上ではある男と母子家族になっている。彼は日本社会に差別的状況があるので同化したくないし、妻に韓国の国籍を取らせたくもないという。彼らは同じ小学校で勤務しながら知り合い、両

方の家族から強く反対されながらも結婚することができた。結婚後も意見の対立や衝突があった。ところが今は幸福な生活を続けていて、子どもたちにも機会があるたびに韓国文化や学習会に触れさせようにして、民族意識を持たせるようにしている（李洪俊 1993：227）。

ところが、国際結婚は普通の夫婦より多くの緊張感があり、表現できない民族的感情の壁が夫婦間にあるという。一般的に国際結婚で心配するのは、若いときには考えなかった老後の問題であり、日本の場合もそれは例外でない。在日韓人の場合も老人になって離婚されるのではないかという不安が高まり、退職後を備える人が多いという。離婚率を見ても、在日韓人の国際結婚の離婚率は日本人の離婚率より高く、在日韓人同士の離婚率より高かった。日本人との国際結婚でも、日本人男性と結婚した場合の離婚率が、日本人女性との離婚率より高かった。1994年の資料によれば、日本人男性との離婚率は62％であり、日本人女性との離婚率は32％であった（梁泰昊 1996：159）。

1975年に岡眞史、1979年に林賢一が自殺した事件が起こった。2人とも12歳の少年で、父が在日韓人、母が日本人の家庭で育ったという共通点がある。林賢一の遺書によれば、学友の差別があまりに酷かったので生きるより死を選択したという。原尻英樹の分析によれば、混血2世もやはり半チョクバリという軽視語で呼ばれた。その一方で在日韓人の社会ではまた「血」の純粋性に対する差別以外に、国際結婚は民族の裏切り者としての意味を持っているという（原尻英樹 1997：69）。

国際結婚は社会的同化で差別の領域ではない。行政的な差別や就業に差別があるのは、これが就業による不平等な関係であるからである。ところが、結婚は夫婦が平等な関係で成立するので社会的同化である。

在日韓人の1世らは、集団で居住して生活し、また日本人との関係も少なかった。ところが2世、3世は生活環境が違い、1世より日本人との人的交流が多いため文化的な同化が進み、国際結婚が増加した。ところが、表7-3で見るように1980年を頂点として国際結婚が増加したが、1990年代に入ると減少し始めた。世界的に国際化が進めば進むほど国際結婚は増加するのが普通の現象であるが、在日韓人の場合は減少する傾向があった。国際結婚に対する日

表 7-3 国際結婚

年	婚姻届総件数	夫 韓国・朝鮮 妻 韓国・朝鮮	韓国・朝鮮 日 本	その他	日 本 韓国・朝鮮	その他
1956〜1960の平均	2,803	1,966 (70.1%)	576	−	221	40
1961〜1965の平均	4,720	3,178 (67.3%)	907	1	599	33
1966〜1970の平均	6,071	3,617 (59.6%)	1,215	23	1,177	38
1971〜1975の平均	7,456	3,826 (51.3%)	1,642	46	1,885	57
1976〜1980の平均	6,920	3,135 (45.3%)	1,540	40	2,166	38
1981〜1985の平均	7,884	2,686 (34.1%)	1,995	38	3,142	39
1986	8,303	2,389 (28.8%)	2,330	34	3,515	35
1987	9,088	2,270 (25.0%)	2,365	26	4,405	22
1988	10,015	2,362 (23.6%)	2,535	32	5,063	23
1989	12,676	2,337 (18.4%)	2,589	38	7,685	27
1990	13,934	2,195 (15.8%)	2,721	46	8,940	32
1991	11,677	1,961 (16.6%)	2,666	41	6,969	40
1992	10,242	1,805 (17.6%)	2,804	55	5,537	41
1993	9,700	1,781 (18.4%)	2,762	42	5,068	47
1994	9,228	1,616 (17.5%)	2,686	47	4,851	28

(『数字が語る在日朝鮮人の歴史』明石書店 1996 より作成)

本人の意識を原尻英樹は「国際結婚によって在日韓人が日本人と生活の基本単位である家族を作ったとしても、日本社会がその家族を日本の家制度に組み入れてくれるかという問題がある。日本社会では国際結婚で第1次集団を形成しても、彼または彼女を家制度に編入してやらない」という。これは帰化の場合も同じである（原尻英樹 1988：87）。

II. 家庭生活

1990年6月に大阪府と川崎市に住む在日韓人の生活、文化、健康を取り上げて、家族の構成と婚姻状態を分析した研究がある。これは国際結婚の家族ではなく在日韓人の家族である。家族の構成を表したのが表7-4である。

表7-4を見れば、1人家族が全体の4.6％であり、特に1世に多かった。核家族は別表の夫婦2人暮らしと二世代家族を合わせたのが全体の76.3％になる。直系家族は13.1％でどの世代にも同じく分布していた。一番多いのが核家族である。そこでも子どもたちが結婚して夫婦2人暮らしは1世に多く、二世代家族は2世、3世に多かった。彼らの婚姻状態が表7-5である。これによれば、2世以上は大部分結婚しているのに対して、3世は41.6％が結婚をしていなかった。1世は死別が多く、2世は離婚が多いのが特色であった。

大阪と川崎の在日韓人の資料を日本人・韓国人と比較したのが表7-6である。在日韓人と比較した日本人は在日と同じ地域に住む人であり、韓国人はソ

表7-4　在日韓人の家族構成
(%)

	1世	2世	3世	計
一人暮らし	9.8	3.0	4.6	4.6*
夫婦二人暮らし	17.7	9.7	9.1	11.2
2世代	57.8	67.8	63.6	65.1
3世代	12.8	12.2	17.1	13.1
その他	2.0	7.3	5.7	6.0
N	102	329	88	519

χ^2検定　P＜0.05　　　　（中山和弘　1995：213）

表7-5 在日韓人の婚姻状態

(%)

	1世	2世	3世	計
結婚している	81.4	85.9	56.2	80.0
結婚していない	0.0	6.6	41.6	11.2
離婚	2.9	4.2	2.3	3.6
死別	15.7	3.3	0.0	5.1
N	102	334	89	525

χ^2検定　P＜0.01

　ウルと加坪郡に住む人を対象にしたものである。特に、在日韓人、日本人、韓国人の資料を20歳から44歳まで、45歳から64歳まで、65歳以上の3つの年齢層に分けて比較した。表7-6によれば、20歳から44歳の1人暮らし、45歳から64歳までの1人暮らし、65歳以上の1人暮らし、すなわち1人家族を除外すると、大体日本人と韓国人の中間に在日韓人があるが、やや日本人に似ている。1人家族の場合、20歳から44歳までは韓国人が多く、45歳から64歳と65歳以上では在日韓人が多かった。在日韓人、日本人、そして韓国人の婚姻状態を比較したのが表7-7である。ここでも、在日韓人は大体日本人と韓国人の中間にあるが、日本人に似ているのがわかる。表7-7で目立つのは在日韓人がどの年齢層でも離婚が多い。

　在日韓人の世代別人口構造は、第1章在日韓人の人口分布（図1-1）で見たように、1世、2世、3世、4世で構成されている。物理的世代が基準になる理由はないが、在日韓人の場合、世代を基準にして家族の類型を分けることができ、1世家族、2世家族と名づけた。家族の特性によっては、1.5世家族、2.5世家族という人もいた。また、2世家族でも2世が韓国生まれか、日本生まれかによって、家族の類型が違うのである。

　在日1世の父を描いた都相九は、父は寡黙な工場労働者であり、いつも「日本に住んでいる」という意識を持っていて、たとえば家族でテレビを見ているときニュースで朝鮮人差別問題が流れても、父は黙って画面を見つめながら「日本に住んでいるから…」と小さな声で言ったという（都相九1993：206）。

　在日1世には静かな類型とこれとは反対の類型がある。尹健次は儒教的家

表7-6　家族構成―年齢3区分別

(%)

		日本	在日	韓国	計
20～44歳	一人暮らし	6.2	2.9	4.6	4.3 ***
	夫婦二人	8.2	8.4	9.7	9.0
	2世代	67.1	68.5	78.4	73.6
	3世代	12.3	13.0	0.2	6.0
	その他	6.2	7.2	7.2	7.1
	N	146	346	570	1062
45～64歳	一人暮らし	3.1	5.4	1.2	2.8 ***
	夫婦二人	17.5	9.6	11.9	12.1
	2世代	61.9	67.9	82.9	75.1
	3世代	13.4	11.8	1.5	6.5
	その他	4.1	5.4	2.4	3.6
	N	97	187	334	618
65歳以上	一人暮らし	8.5	17.5	7.4	10.2 ***
	夫婦二人	48.2	23.8	19.8	34.7
	2世代	16.3	31.8	70.4	35.1
	3世代	23.4	25.4	0.0	17.2
	その他	3.6	1.6	2.5	2.8
	N	141	63	81	285

***P＜0.001　χ^2検定

(朝倉隆司　1995：147)

表7-7　婚姻状態―年齢3区分別

(%)

		日本	在日	韓国	計
20～44歳	結婚している	73.5	76.2	69.2	72.1 **
	結婚していない	23.8	20.7	30.3	26.2
	離婚	2.7	3.1	0.4	1.6
	死別	0.0	0.0	0.2	0.1
	N	147	353	571	1071
45～64歳	結婚している	88.5	85.3	91.4	89.1 *
	結婚していない	1.0	0.5	0.3	1.5
	離婚	0.0	4.2	0.3	1.5
	死別	10.4	10.0	8.0	9.0
	N	96	190	336	622
65歳以上	結婚している	70.2	71.9	77.5	72.6
	結婚していない	0.0	0.0	0.0	0.0
	離婚	0.7	1.6	0.0	0.7
	死別	29.1	26.6	22.5	26.7
	N	141	64	80	285

*P＜0.05　**P＜0.01　χ^2検定

父長主義を主張し、腕力でしか自分の存在を示せず、粗暴な父と言った。それに対し母を耐える母と表現し、朝鮮の民族服を着けながら黙々と働き、泣きたいほど辛いこと、苦難の連続を忍んできたのはわが朝鮮の女性だと言った。彼は1世の時代を「朝鮮人部落」の時代といい、「朝鮮人部落、そこには生活の困窮からくる一種の共感があり、故郷の匂いや民族の絆があった。1世にとって部落は日本の中の朝鮮であり、互いに支え合い、ぶつかり合いながらも体験と境遇を共有する同胞中心の生活の場でもあった」と述べている（尹健次 1992：88）。

朴和美は「在日の家族は、日本人の家族とは違い、制度的差別によって生じた生活上の困難を支える相互組織的役割も担わされていた。日本社会からの外圧が強ければ強いほど、在日の家族の結束が強まっていったのにはそれなりの必要性があった」と述べている（朴和美 1993：59）。

戦後に生まれた在日2世は日本社会の高度成長期以後の世代で、彼らがつくった家族は、1世の家族と構造、機能、内容面で大きな違いがある。これを「近代家族」といい、その特性は「夫婦家族制」である。これは前世代の封建的家族と違って夫婦を中心とする小家族であり、夫婦単位の生活を伴うので新中産層的生活様式を持つ。近代家族の特性は生活の社会化である。これは家族が経済的機能だけでなく、子どもの教育、役割分担、信仰の維持、社会保障、愛情、娯楽といった機能を果たす小宇宙であるということを指す。近代家族の最も重要な特性は家族内の人間関係である。近代家族は人格的に自由で対等な個人としてある異性同士が愛情という内面相互の共感を前提にする家族である（文京洙 1993：91）。

在日2世の近代家族は、1世の封建的専制家族とはまったく違う特性を持つため、専制家族でつくられてきた民族的意識を保つ余地がないのである。特に、国際結婚で日本人と共につくった家族では、「家族は民族の基本」という意識はない。ところが、日本人と結婚した在日韓人の2世にはこういう人もいた。民族の文化や風俗も知らず、韓国語も話せなくなるとすれば、民族音楽会、夏の祭り、ウリマルの学習会など、出来る限り民族のことに楽しく触れる機会をつくるのが重要であるが、問題は民族の知識より民族の意識だという。

なぜなら、アボジ、オモニの生活体験からくる民族意識しかなくて、民族文化を知っていても民族の意識が低いという場合もある（李洪俊 1993：227）。

在日韓人がどのような日常生活を営為するかを見るため、いろいろな地域で行われた集計を集めて見た。まず、居住形態と収入に関する資料がある。これは 1990 年大阪と川崎で行われた質問調査の資料を中山和弘が整理したものである。居住形態の資料の表 7-8 を見れば、いずれの世代でも一戸建ての持家が最も多かった。特に 1 世と 2 世で一戸建て持家は 70％であった。世代別に差が見られるのは 2 番目で、1 世と 3 世では賃貸マンションや賃貸アパートが多く、2 世は一戸建ての借家が多かった。公団、公社、公営を多く利用するのは 3 世であり、1 世と 2 世は少なかった。

大阪と川崎地域の在日の年間収入を集計したのが表 7-9 である。この統計によれば、1 世、2 世、3 世ともに 400 万円以上から 600 万円未満が最も多く、その割合は 1 世より 2 世が多く、2 世より 3 世が多かった。400 万円未満では、1 世は 200 万円未満が多く、2 世、3 世は 200 万円以上から 400 万円未満が多かった。600 万円以上から 800 万円未満では 2 世が最も多く、次が 3 世そして 1 世と続いた。この資料によれば、2 世の収入が最も多く、次が 3 世、そして 1 世になっている。全体的に在日は中流の生活を送っているといえる。

大阪と川崎の調査で、日本語の習得度を尋ねた統計が表 7-10 である。これによれば、2 世と 3 世では 90％以上が話すこと、読むこと、聞くこと、書くことに不便はなかった。これに対し、1 世の場合は自由に聞くことができる人が 76.6％、話すことができる人が 64.2％、読むことができる人が 42.6％、自由に書くことができる人が 37.9％であり、ほとんど書くことができない人が 23.2％もあった。

大阪と川崎に住む在日の韓国語の習得度を示したのが表 7-11 である。3 世の場合、「聞く」、「話す」、「読む」、「書く」ことの順にほとんどできない人が増えていくが、すべての面で自由にできる人が 10％に近い。3 世に比較すれば 2 世が 3 世に近い傾向を見せる。1 世の方も聞くことと話すことは 70％以上になるが、読むことと書くことが各々 53.1％と 46.9％で約半分になるのは、1 世の場合、学校教育を受けた人が少なく、韓国語を家で学んだことによる。彼ら

表7-8 居住形態

(%)

	1世	2世	3世	計
持家（一戸建て）	70.0	69.6	54.1	67.1
分譲マンション・分譲アパート	2.0	3.1	4.7	3.2
民間の借家（一戸建て）	8.0	12.7	7.1	10.9
賃貸マンション・賃貸アパート	12.0	8.1	16.5	10.3
公団・公社・公営	3.0	2.8	8.2	3.8
その他	5.0	3.7	9.4	4.9
N	100	322	85	507

χ^2検定　P＜0.05　　　　　　　　　　（中山和弘　1995：214）

表7-9 昨年1年間の世帯収入

(%)

	1世	2世	3世	計
200万円未満	24.5	10.2	4.0	12.1
200万円以上～400万円未満	18.1	25.1	30.7	24.6
400万円以上～600万円未満	29.8	30.5	38.7	31.7
600万円以上～800万円未満	11.7	15.3	12.0	14.0
800万円以上～1000万円未満	4.3	6.4	4.0	5.6
1000万円以上～1500万円未満	5.3	7.1	4.0	6.3
1500万円以上	6.4	5.4	6.7	5.8
N	94	295	75	464

χ^2検定　P＜0.05

　が韓国語を学んだ経緯を見れば、1世は母国の学校で学んだ人が多く、2世は日本にある民族学校で学んだ人が多い。それに対し、3世は日本の学校の民族学級、民族団体や教会の民族教室、仲間内のサークル教室などで学んだという（中山和弘1995：233）。

　大阪と川崎の調査で、家庭内で母国語をどのくらい日常的に使用するかを表わしたのが表7-12であった。これによると、1世は母国語を使う方が多いのに対し、2世と3世は日本語だけ使っている人が58％を超えていた。少し母国語を使っている方が、1世は54.6％、2世は41％、3世は38.6％で、世代が下がるにつれて日本語を使う人が多かった。

　在日の言語生活に対して九州の筑豊で現地調査を行った原尻英樹は現地で

表 7-10　日本語の修得度

(%)

	1世	2世	3世	計
1) 話すこと				
日本人とまったくかわらない	64.2	97.2	97.7	91.1 ***
やや不自由である	35.8	2.2	0.0	8.1
ほとんどできない	0.0	0.6	2.3	0.8
N	95	326	86	507
2) 読むこと				
日本人とまったくかわらない	42.6	94.5	96.5	85.2 ***
やや不自由である	36.7	4.3	1.2	9.7
ほとんどできない	21.3	1.2	2.3	5.1
N	94	327	86	507
3) 聞くこと				
日本人とまったくかわらない	76.6	97.6	97.7	93.7 ***
やや不自由である	22.3	1.8	0.0	5.3
ほとんどできない	1.1	0.6	2.3	1.0
N	94	326	86	806
4) 書くこと				
日本人とまったくかわらない	37.9	93.3	96.5	83.4 ***
やや不自由である	39.0	5.2	1.2	10.8
ほとんどできない	23.2	1.5	2.3	5.7
N	95	326	86	507

χ^2 検定　***P＜0.001

表 7-11　ハングルの修得度

(%)

	1世	2世	3世	計
1) 話すこと				
本国の人とまったくかわらない	7.1	12.5	10.1	23.3 ***
やや不自由である	25.8	33.1	22.5	29.8
ほとんどできない	3.1	54.4	67.4	46.8
N	97	320	89	506
2) 読むこと				
本国の人とまったくかわらない	53.1	18.4	12.4	24.0 ***
やや不自由である	24.5	29.3	18.0	26.4
ほとんどできない	22.5	52.4	69.7	49.6
N	98	321	89	508
3) 聞くこと				
本国の人とまったくかわらない	74.5	15.5	7.9	25.5 ***
やや不自由である	21.4	45.7	28.1	37.9
ほとんどできない	4.1	38.8	64.0	36.5
N	98	322	89	509
4) 書くこと				
本国の人とまったくかわらない	46.9	13.4	10.1	19.3 ***
やや不自由である	29.6	28.0	15.7	26.2
ほとんどできない	23.5	58.6	74.2	54.5
N	98	321	89	508

χ^2 検定　***P＜0.001

(中山和弘　1995：237)

表7-12 家庭での母国語の使用状況

(%)

	1世	2世	3世	計
日本語だけで母国語は使っていない	25.3	58.7	58.0	52.1
すこし母国語が使われている	54.6	41.0	38.6	43.2
母国語のほうが多い	20.2	0.3	3.4	4.7
N	99	327	88	514

χ^2検定　P＜0.001　　　　　　　　　　　（中山和弘　1995：238）

の言語生活をこう述べている。在日1世の日本語は韓国語なまりの日本語であり、2世の前で1世が韓国語を話さないので、家庭内の会話で韓国語を習得した者はいない。2世は外国語として韓国語を学ぶので、朝鮮総連系の人は民族学校を通して朝鮮語を習得する。1世と2世の異なる点は学校教育である。1世は学校教育をほとんど受けていないのに対し、2世は学校教育を受けている。1世は日本文化に押されて、家庭内で日本語を常用している。2世は家庭でも韓国語を学ぶ機会が少ないし、学校では日本語だけ学ぶので、日本語が口語化していく（原尻英樹1988：128）。

　1993年4月の調査で移民者の民族文化で最も長く続くのが食生活であるという。「キムチなどの韓国料理をどの程度食べるか？」という質問に対し、よく食べるが64.4%、時々食べるが28.8%、食べないが3.1%、無回答が3.8%であった。食生活では相当多くの人が韓国の料理を食べている。家に韓国の人形や韓国を象徴する置物や飾り物があるかという質問には、「多くある」が55.7%で、「ない」が18.8%、「わからない」が18.0%であった。相当多くの在日は家に韓国的象徴物を置いていることがわかる。その代表がチマ・チョゴリで、どんなときに家族が着ているかという質問に対し、「結婚式」が71.5%、「入学・卒業式」が7.1%、「成人式」が8.4%、「そのほか」が12.1%、「着用しない」と答えたのが17.6%であった。これを見れば、結婚式など在日韓人の大切なつき合いには民族衣装を着ることがわかる。在日韓人の家庭で最も韓国的主体性を持ち続けるのは、家で行われるチェサ（祭祀）である。学生にチェサに参加するかという問いに対し、「よく出る」が61.9%、「たまに出る」が23%、「出ない」が11.3%であった。これによれば、チェサは在日のなかで長

く続いている民族的象徴の１つであり、多くの在日がチェサを行っていることを知る。

　兵庫の調査で家庭内で韓国のことなどについて家族内でどれくらい会話がなされているかを聞いた質問があった。これに対し、話し合うことが「よくある」が14.2%、「ときにある」が46.0%、「ほとんどない」が36.4%であった。調査対象の学生に在日であるということをどのように考えるかという、在日観に関する質問があった。これに対し、「うれしい・よかった」が11.0%、「何とも思わない」が69.1%、「わからない」が9.7%、「いやだ」が4.9%であった。韓国人であるのがうれしい、よかったと肯定的な人の中では、家で韓国に対する会話がよくあると答えた人が37.0%と多かった。何とも思わないと答えた人は、会話がときにある（49.7%）と、ほとんどない（36.4%）が多かった。韓国観を否定的ないやだと答えた人は、会話がほとんどない人が66.7%、ときにあると答えたのが33.3%で、やはり家族間で韓国についての会話がないと否定的な韓国観につながる。

　韓国観に対して、男子で「うれしい」と答えたのが7.4%、「何とも思わない」が64.2%、女子の場合、「うれしい」が13.2%、「何とも思わない」が76.3%で、女子の方が男子より肯定的印象を持っているといえる。

　韓国観を小学生、中学生、高等学生に分けて見た。小学生は「うれしい」が16.4%、「何とも思わない」が64.2%、中学生は「うれしい」が8.6%、「何とも思わない」が81.0%、高校生の場合「うれしい」が5.7%、「何とも思わない」が69.4%、「わからない」が11.1%、「いやだ」が11.1%であった。すなわち、小学生から中学生・高校生になるほど、「うれしい」という肯定的観点が少なくなり、「いやだ」という否定的観点が増加していった。（辻本久夫ほか８人 1994：76）

　在日韓人は日常生活では日本人と区別がつかない。たとえば服装も在日韓人は民族服を着ない。ところが、朝鮮総連系の女学生は校服として民族服を着用し、一般の女性は結婚式に民族服を着る。男子の場合、民団系と帰化者は民族服がないが、朝鮮総連系の人は祭祀のとき民族服を着るという。祭祀は外部人がいない場所で行われるので、民族の表現のためというより儀礼服として使

用する。食生活では民団や朝鮮総連という区別より世代間の差異が見られる。1世は本国で生まれ育ったから食生活はキムチを食べなくてはならない。2世の場合、キムチを食べないと生活できないという人はほとんどいない。家のなかで在日韓人は冬になると電気カーペットを使い、これをオンドルと呼んでいる。彼らの中ではコタツより電気カーペットを使う人が多い。民団系、朝鮮総連系を問わず、在日韓人はチマ・チョゴリ姿の人形を応接間に飾っている（原尻英樹 1988：117）。

民団系、朝鮮総連系、帰化者系を問わず、みなが『族譜』（家系の歴史を書いた本）を持っていた。戦後ある程度経済力がついた後、本国から取り寄せたものである。民団系は問題がないが、朝鮮総連系の人びとは、彼らの「本貫」（本籍）のほとんどが南の韓国にあるので直接族譜を手に入れるのが困難であったが、何とかして手に入れていた。彼らが持っている族譜は新式のハングル交じりであるけれども、これをきちんと正確に読める人はいないので、族譜は内容より、ヤンバン（両班、朝鮮時代の支配階級）の証として、それを持っていること自体が意味を持つ（原尻英樹 1988：119）。

筑豊地域の在日で重要なのはチェサである。この地域の在日の全戸が祖先崇拝のチェサを行う。彼らは父母の命日と旧正月、旧盆の年4回チェサを行い、これに参加している。旧正月と旧盆はのちに新暦に変えて続けている。祭祀と族譜は民族的主体性の要目として在日に定着している（原尻英樹 1988：156）。

家庭内で行われる祭祀は族譜よりもっと重要な民族的意味を持つ家庭儀礼である。尹健次がいうように民族を守るのは家庭しかなく、その中核は祖先の祭祀に代表される民族的伝統的儀式である（尹健次 1992：91）。在日韓人、特に故郷を離れた在日韓人1世にとって祭祀は親族が集まる機会という社会的機能以外に、韓国人としての自分の主体性を確認する機会であるという心理的機能を持っている。

在日の祭祀に関して詳しく記述したのが李青若である。彼女の父は彼の伯父の養子になったので、養父母の忌祭と祖父母の忌祭である命日に祭祀を行い、元旦とお盆に節祀という茶礼を行う。年6回の祭祀と彼の実父母の祭祀を行う

弟の祭祀にも参加する（李青若1997：82）。

　李青若親家のこの祭祀の祭儀節次は、現在、韓国でもよく見られる祭祀である。在日1世は本国よりもっと立派に父母や祖父母の命日に祭祀を行っている。ところが儀礼の形式ではなく、祭需の内容が韓国とは違った変容を見せている。たとえば、祭需の基本である三湯五果の祭食の内容が変わった。祭祀の本意は最も大切な祭需（祭食）を祖先に捧げることであり、その意味では地域によって祭需が変わってきても問題ないのである。日本で行われる祭祀が変容するのは当たり前であり、その変容を文化の現地適応という。在日韓人における文化の変容は、祭祀だけでなく、家族の類型でも、衣食住を含む家族生活でも見られる。

Ⅲ．在日韓人の家族・結婚

　公的社会運動とは違い、私的社会生活の領域である家庭では、何よりも1世、2世、3世の違いが目につく。家族に置いては1世の家族と2世、3世の家族に分けて見ることができる。1世家族は家父長制が強い封建的家族といえる。封建的というのは伝統的であるということであり、在日韓人の場合、儒教的家族をいうのである。儒教的家族は父子中心の家族で、家父長権を強調し、上下秩序を重要視する従的構造を持っている。

　特に在日韓人1世は、経済的に貧困な条件の下で日本社会からの差別という外圧から生き残るためには、家父長の独裁でしか家族を維持することができなかった。1世家族には何よりも象徴体系に特徴があった。1世は日常生活の衣食住が伝統的であり、家の中の装飾など何1つ民族的特徴を象徴しないものがない。日本語をよく喋れないのも民族的象徴と関係がある。1世が無学といって、日本語を書いたり、読んだりするは難しいけれど、聴いたり、話したりするのは学校教育とは関係がない。

　このように在日韓人は思ったより多く韓国の象徴物を持っていたし、特に祭祀と族譜、民族衣装を伝統文化の象徴として持っていた。祭祀は、祖先崇拝を

強調する儒教で最も重要な儀礼で伝統文化を代表する象徴的行為である。家長は祭祀を通して家父長制を確認するのであった。在日韓人1世は、貧しい生活でも熱心に祭祀を行い、現在韓国で行う祭祀よりもずっと伝統的格式と順次を守っている。そして1世は、厳しい社会生活の辛さを祭祀のときに発散して心理的慰安を受けるという。族譜は書かれた家族の歴史であり、家柄の誇りを確認することができる証拠である。族譜の持つ民族文化の重要性から、族譜を読むことができなくても家で大切に保管し、故郷に行くことが困難な朝鮮総連系の人びとさえも一生懸命に手に入れたという。

2世、3世の家族になると、家族の構造や機能そして家族が持つ象徴体系が1世とは違ったものになる。その差異は2世家族より3世家族がもっと大きい。2世、3世家族を近代家族という。近代家族の構造的特性は夫婦中心家族であり、少人数家族の核家族である。2世、3世は1世より教育水準が高く、経済的余裕があるので中産層的生活が可能で、その生活様式を新中産的生活といった。2世、3世の新中産的家族は家族員内の愛情を強調し、個性ある生活、家族内娯楽などを通して、家族は心理的機能、社会化の機能を果たしている。

その一方で、2世、3世の家族になると民族的象徴物の多くが減少し、衣服・家屋が日本化し、韓国人形のようにごく一部しか残っていない。これは民族意識の稀薄化を物語るものである。ところが、衣服では民族服は儀礼服として持たれ続け、飲食はもっと長く生活に残る。1世が生きている限り、1世の家で祭祀が行われたら、2世、3世はそれに参加するが、彼らが最上位世代になった場合、祭祀は簡素化されるし、その象徴的意味は主観的なものから、他人の耳目を意識する外形的虚礼に変わりやすい。族譜の場合も、2世、3世には父からもらった装飾物の1つになるので、1世が持っている象徴的意味は減少する。

1世と2世、3世の世代差は結婚からでも読み取ることができる。1世は同族婚であり、子どもたちの結婚でも日本人との国際結婚を徹底的に反対した。1世の時代では日本人も在日韓人との国際結婚を反対した。2世が親になって3世の結婚に直面したとき、親から言われたように、口では日本人との国際結婚に反対するが、実際は子どもの意見にしたがうのが普通である。このように

国際結婚、恋愛結婚では子どもの意思を尊重するが、見合い結婚の場合では自分の親以上に禁忌事項を数え上げる。結婚での忌避事項は、韓国での地方色、父母が属する民族団体、帰化拒否、そして結婚当事者の「宮合」（相性の占い）などである。それに加えて２世の父母は高学歴、高身長、高収入の三高を結婚条件として要求する。これで３世には晩婚化の傾向が生じている。

　３世になれば２世よりはるかに自由になり、日本人との国際結婚が主な関心事になる。もちろん国際結婚は３世だけの独占物ではない。ところが、国際結婚が結婚全体の50％を過ぎるのが1975年であるから、国際結婚は３世に多く行われる結婚ということができる。しかし、1990年を最高にして、それ以降、国際結婚は減少していった。日本人と在日韓人の同文化・異民族の国際結婚の夫婦もその生活は難しいのではないかと思われる。適齢期の３世で国際結婚が減少するというのは３世も内部での社会的同化を成し遂げていないのではないかと解析される。

　結婚が国際問題になるとその類型が複雑になる。そこに韓国からの国際結婚まで加えると様相はますます多様化する。国際結婚を含む結婚の類型は、同胞内の結婚、在日韓人と日本人の国際結婚、日本人と韓国人の国際結婚、在日韓人と韓国人の僑胞婚があり、これを男女に分けるとその類型は２倍になる。

　国際結婚で問題になるのが、結婚当事者の国籍である。従来、日本も韓国も国籍は父系主義であったので、女子が男子の国籍に従うのが原則であった。そして、子どもは自然に父親の国籍を取得するのであった。ところが、日本が1985年に父母両系主義を定めて以後、国籍問題が複雑になった。複雑になったというのは、少数民族の立場で両系主義は国籍と意識が一致しないという問題が起こった。国際結婚の家族はやはり多くの問題を抱えている。在日韓人と日本人がなした家族では文化的摩擦や葛藤がある余地はないが、それでも民族の差異という認識で夫婦間に緊張感があり、小さな問題にも民族感情が起こり、この国際結婚では離婚率が高い。

　国際結婚の離婚率とは別の問題もある。国際結婚の場合少数民族が多数民族に吸収されるので、国際結婚の推移を見て、将来在日韓人の社会が日本社会に吸収されるのではないかという見解を持つ人が圧倒的に多い。それについては

社会学や文化人類学の学者も少数民族が多数民族に同化される最後の段階を結婚による夫婦的同化といっている。ところが日本の場合、国際結婚によって家族をつくっても日本社会がそれを認めないのであり、それは帰化の場合も同じだという。すなわち結婚という社会的外的現象は求めても、心からの内的領域では受容、すなわち心理的同化はなされないところに問題があると原尻英樹が指摘している。

Ⅳ. 在日3世の世界

　日立事件による朴の就職問題は個人的な問題とみなし、1世中心の民団や朝鮮総連ではそれを大した問題でないように思っていた。ところが住民意識が強い2世はこれを重要な民生権運動と理解し、多くの2世がこの運動に参加して、意識ある日本人と共に闘った。それで日立事件から10年間続いた運動を2世の社会運動という。1980年に始まった指紋押捺拒否事件や就職差別は民生権に関する問題であり、2世の問題である。ところが指紋押捺拒否の運動は民族差別の問題であり、人権侵害の問題であるので民生権とは次元が違う。指紋押捺は個人が行うので個人的な問題であるが、同時に制度的な問題であった。すなわち日立で始まった1970年代の行政差別に対抗した闘争は社会的問題であり、指紋押捺は制度的な問題であった。特に指紋押捺をなすべき3世が主に参加したので、これを3世の運動と名付けた。皮肉にも完全に日本人化した3世は日本人はしない指紋押捺に応じる理由がないので反対した。

　1970年代の日立事件の後に展開した運動を2世の運動と名付け、1980年代に展開された指紋押捺拒否運動を3世の運動とするなら、ここには運動の目的や方法、性格などに差がある。2世の運動は社会的不平等を立て直すためのものであり、3世の運動は制度的矛盾をなくすためのものであった。方法論的見地で見れば、2世の運動は限られた市民団体との共同の闘争で目的を達成したが、3世の運動は日本人を含む幅広い市民の協力や支援によって目的を成し遂げた。性格的立場でいうなら、2世の運動は生存権や就業権を含む生活権の問

題であったが、3世の運動は人格権の問題であった。

　梁泰昊は1970年から始まった在日韓人の社会運動を1970年代と1980年代に大別し、1970年代までの2世は日本人とは異なる自分を再発見する「宣言朝鮮人」によってアイデンティティを獲得してきたとすれば、1980年代にはそれを飛び越えて同じ人間であることを宣言するので、これを「人間宣言」と呼んだ。また梁泰昊は在日の世代的特性を1世は望郷の世代とすれば、2世は彷徨の世代、3世は共生の世代と分類した（梁泰昊 1997：122）。

　彼がいうように移民の1世と2世は明確なる差異を見せる。移民1世の特性はもし彼らが祖国で苦しい生活をしても、一度他国に出ると強い祖国志向的性格を持つ。それに対し2世は1世の正反対で、非祖国志向になる。これは2世が現実に受ける苦痛など生活の原因を移民した1世に向けるからである。このような移民一般論から見れば在日韓人の2世は1世に対する反抗が比較的穏健であるといえる。

　3世はまた2世に反抗するので3世は1世に戻る。これを移民の「ブランコの法則」という。1世の方に向かった3世はもちろん1世のような無条件的祖国志向性はない。ところが2世の祖国無関心的性格と違って3世は祖父の国に同情し、祖父の国を訪ねたいと思っている。多くの韓国語を知らない3世が祖父の生家を訪ねながら祖国を体験する。多くの失敗があっても韓国に行きたいのが3世の実利なき祖国への同情である。また、3世は2世のように統一すべき祖国という厳しい批判もしない。

　3世は祖国の政治や社会制度に関心を向けるより、祖国の文化に近づきたがる。祖国の文化に対し誇りを持ちたいのが在日韓人3世の特性である。3世が主導した祖国の文化運動、たとえば子ども会や韓国祭りなどは、3世が日本文化に同化され、自信ができた後に見られる現象である。すなわち日本の文化に完全な意味で文化的同化を成し遂げたから自分のルーツも知りたいのである。これを日本の社会に見せたがるのであり、また、これを文化的アイデンティティという。

　3世的特性を見せるのが社会運動の内容である。1970年代に展開した行政差別撤廃に対する社会運動は、私的な企業に就業する条件を緩和するためのも

のだったが、1980年代の運動は公的な機関に直接就業するためのものであった。地方参政権を1990年代の運動と見るなら、これは政治的な参加を要求する意味で、1970年代に展開した社会的権利の要求とは本質的な差異がある。

　最も3世的特性を見せるのが同化の性格である。先に述べたように、1世は経済的な基盤をつくり、経済的な同化をなした。また、2世は国籍条項撤廃運動を通じて社会的同化の過程をたどった。定住化を目指す住民に対する各種差別は、社会的同化を妨害する障害物である。これを解消することによって、在日韓人は民生権を守り、定住化を進めることができた。社会的同化は主流社会が少数民族をどのくらい自分の社会に受け入れるかという構造的同化の一部であるが、構造的同化は民族間の結婚や帰化の現状でもっと明確に見ることができる。3世が導いた構造的同化は人類学者がいう婚姻の同化過程である。国際結婚を猛烈に反対する1世から遠ざかった3世はポスト社会構成員として婚姻の同化過程を望んだが、社会的同化のようにはうまくいかなかった。

第8章 民族教育

Ⅰ．民族教育の歴史

　在日韓人は学校の閉鎖令に対し、大阪府では1948年4月23日、兵庫県では4月24日、閉鎖令撤回を要求する大規模な抗議行動を展開し、米軍による「非常事態宣言」にまで至る事件があった。4月26日、10万人余りの在日韓人が大阪府庁前で閉鎖令撤回を求める抗議示威があり、これを「阪神教育事件」という。

　阪神教育事件のすぐ後の5月5日、在日韓人教育対策委員会の代表と文部大臣の間に覚書が交換された。この覚書は在日韓人の側が教育基本法および学校教育法に従うことと、一定の範囲内に置いて在日韓人独自の教育実施のために私立学校の認可を申請することを内容とするものであった。この覚書に従って、大阪では朝鮮人教育問題共同闘争委員会の代表と大阪府知事との間で、6月4日に覚書が交換された。

　この覚書に従って法人成立ならびに学校設置認可申請を行った結果、1949年2月28日付で「財団法人朝鮮学園」の設立が認可され、3月1日付で14校の設立認可、7校の条件付認可、そして6校は再申請することとされた。設立認可を受けた14校は財団法人朝連学園に属する学校で、この第1次措置の学

校教育法で私立学校として発足したのは朝連学園14校と白頭学院が設立した建国小・中・高等学校合わせて15校であった（朴鐘鳴1998：159）。

在日本朝鮮人連盟と在日本朝鮮民主青年同盟を、「暴力主義および反民主主義的団体に該当する」として、1949年9月8日に解散を命令した後、10月12日に閣議は「朝鮮人学校の処置方針」を発表した。これは朝連系の学校を整理し、義務教育を強化するものであった。閣議決定を具体的に実行する目的で作られた「措置要綱」では、旧朝連から学校を完全に分離させ、教科書以外に図書館に置く図書まで所定の認可を受けさせることにした。この措置細目は朝連系の学校だけでなく、民団系の学校にも適用するといった。

これにより旧朝連系学校92校が閉鎖され、245校は2週間以内に改組申請するように命じられた。財団法人朝連学校は急きょ新朝鮮学園に改組し、白頭学院も改組勧告に従って再申請を行った。しかし、文部省の目的は朝鮮人学校の閉鎖であったので、白頭学院以外はみな不許可となった（朴鐘鳴1998：165）。

朝鮮人学校の閉鎖のなかで変わった形で生き残ったものがある。東京では15校が「都立朝鮮人学校」として移管され、神奈川・愛知・大阪・兵庫などの19校は「公立分校」となり、兵庫と愛知の一部分校は無認可の自主学校として学校を守った。

1952年4月にサンフランシスコ講和条約が採決され、韓半島は日本から独立した。これと同時に日本にいた在日韓人は日本の国籍を喪失し、日本に住む外国人となった。これに従い文部省は在日韓人は日本国籍の喪失と共に日本の法令による義務教育を受ける権利も喪失したので就学の義務もないとした。そして入学の希望者に対しては次の4条項によって許可しても差し支えないといった。その4条項とは、①日本の法令に従って教育を受けることを承認したもの、②朝鮮語、地理、歴史などのいわゆる民族科目は教育しないことを承諾したもの、③学校設備に余裕があり、④かつまた学校の秩序を乱さないことを認定できるとき、入学を認めるというものであった（李月順1999：147）。

国籍を失った在日韓人の教育は、もう権利や義務ではなく、日本の恩恵となったのである。1953年2月11日、文部省初等中等局長の通達である「朝鮮

人の就学について」によれば、「在日朝鮮人の子どもは学令簿に記載する必要はないし、就学義務履行の督促という問題も生じない。なお外国人を好意的に公立の義務教育学校に入学させた場合には義務教育無償の原則は適用されないが、朝鮮人については特別な事情もあるので日本の法令を厳守することを条件として就学させるべき学校の意見を徹した上で入学を許可すること」と指示した。

このような条件でも、1951年1月に結成された在日朝鮮統一民主戦線（民戦）は、特に民族教育の再建に重点を置き、学校建設に力を注いだ。神奈川朝鮮中級学校、大阪中西初級学校、大阪福島初級学校、大阪朝鮮高級学校などが1951年に、そして1953年には布施初級学校、愛知中級学校高等部、そして中央師範専門学校らが創立された。これらは私立学校法により都道府県知事の認可を得た各種学校である。1953年に学校法人として最初に認可を得たのが京都朝鮮学園であった。

1955年5月に結成された朝鮮総連は、在日朝鮮人の権益のために組織されたが、特に朝鮮学校の設立と民族教育に重点を置いた。朝鮮総連の綱領第4項には「われわれは、在日朝鮮同胞の子弟に対して母国語で民主民族教育を実施し、一般成人の中に残っている植民地奴隷思想と封建的慣習を打破し、文盲を退治し、民族文化発展のために努力する」と書かれている。特に重要な朝鮮学校の特徴は、「朝鮮語」で教育し、北朝鮮に従う「公民教育」であった。

朝鮮総連の成立は、北朝鮮の公民権宣言により、初めから公民教育を行ったが、何よりも1957年4月に北朝鮮から送られてきた教育援助費と奨学金が民族教育を発展させた。当時1億2,000万円余りが送られ、これと朝鮮総連の人びとが教室を1つ設ける運動などを通して、募金などで多くの学校を設立した。1960年から1965年までに開設された学校は98校になった（朝鮮大学校民族教育研究所1987：29）。

1965年、日本と韓国の間に韓日条約が締結された。これに従って、12月、2通の文部次官の通達があり、その1つは「法的地位協定における教育関連事項の実施について」であり、もう1つは「朝鮮人のみを収容する教育施設の取り扱いについて」であった。前者では、日韓の協定により永住を許可された者

は公立の小・中学校・高等学校への入学を認めること、盲学校・ろう学校および養護学校では、永住許可以外の朝鮮人についても同様に取り扱うこととされた。しかし、日本の学校での民族教育の権利は否定した。後者では、朝鮮人学校は学校教育法第1条校として許可すべきでもなく、各種学校としても許可すべきでないとされた。すでに認可されている学校も、新しい制度で外国人学校の統一的扱いを図りたいとした。日本政府は、1966年「外国人学校法案」を、1967年には「学校教育法一部改正案」を国会に上程しようとした。これは外国人学校の設置、学校運営、教員の任命、教育内容など、すべてを文部大臣が統制するものであった。これに対し、在日韓人は反対運動を展開するため「在日朝鮮人の民主主義的民族教育を守る緊急中央代表者集会」を結成し、全国的運動を展開して要望書、抗議声明、決議文などを出した（李月順1999：151, 152）。

　日本人の教育者、文化人、法学者なども「外国人学校法案」に反対する意見を述べ、世界教員連盟などの国際団体もそれに反対した。そこで、1967年から1974年まで7回も国会に提出された同法案は結局廃案とされた（民族教育研究所1987：36）。

　このような運動とは反対に朝鮮総連側では朝鮮大学の認可を東京都知事に提出した。朝鮮学校の高等部を卒業しても、在日韓人の学校は各種学校であるので大学に入学することができず、大学に入学したい場合は大学入学資格検定を受けなければならない。

　大学校の認可申請を受理した美濃部都知事は、これを私立学校審議会に諮問した。日本の大学学長や前学長50人からなる諮問会は朝鮮大学校の認可は適法であるといった。また東京都議会、横浜、神戸、大阪、京都などの市議会もそれを支持した。特に当時の東京都知事は親北的性向の人で、朝鮮大学の設立を許可した。これにより朝鮮総連系は幼稚園から小・中・高校そして大学校まで教育体系を整えることができた（李月順1999：153）。

Ⅱ. 民団系韓国学校

　民団系に属する学校を韓国学校といい、全日本に4校の韓国学校がある。それは東京韓国学園、京都韓国学園、大阪の金剛学園と白頭学園である。そのなかで大阪の金剛学園と白頭学園は学校教育法による第1条校であり、ほかの2校は各種学校である。

　白頭学園は1946年4月に建立された最も古い学校で、大阪建国学校とも呼ばれる。1950年3月に設立された金剛学園は、金剛小学校、金剛中学校、金剛高等学校を含み、のちに大阪韓国学校に改称されて、各々韓国中学校、韓国高等学校と改名した。大阪建国学校と大阪韓国学校には幼稚園を置いた。東京韓国学校は1954年4月に、そして京都韓国学校は1954年9月に設立された。1990年度に民団中央本部で出版した教育白書によれば、韓国学校に在籍する生徒学生の数は表8-1のとおりである。

　韓国学校の教育目標として大阪韓国学校の金剛学園を見れば、韓国人としての自覚と民族的自負心を持つ人、健全なる生活能力を持つ人、共助と団結を実施することができる人を養成することである。このような人びとを通して同胞社会と母国の発展を伴い、世界の平和と人類共栄に寄与することを目的とする。

　この教育目標に従って成立した教育方針は、まず大韓民国の教育法と学校教育法、そして教育諸規則に従って教育課程を編成し、また日本の教育基本法、学校教育法、学習指導要領、教育委員会の諸規則を尊重して教育課程を編成

表8-1　韓国学校在学生数（1990年）

	幼稚園		小学校		中学校		高等学校		学生計
	学級	園児	学級	児童数	学級	生徒数	学級	生徒数	
東京韓国学校			8	369	3	149	6	227	745
白頭学院	3	66	9	220	6	148	9	282	716
金剛学園	4	47	6	99	3	57	4	99	302
京都韓国学校					3	93	3	63	156

し、また在日韓人社会とその学校の実情をも考慮に入れた教育課程を編成することであった。

　韓国学校の教科は必須教科と国民教科に２分できる。必須教科は日本語、算数、社会、自然、芸能など、日本の教育法が定めた内容を学習する教科である。従って必須教科の教科書は日本の文部省の検定教科書である。国民教科とは韓国人としての民族性を目覚めさせるための教科であり、韓国の教育部が指定した教科書を使う。必須教科と国民教科の比率は課程によって違うが、大体４対１の比率である。

　小学校の国民教科は、東京韓国学校の場合、国語が１年から６年まで週当たり６時間、道徳が１年から６年まで週当たり１時間、社会が４年から６年まで週当たり２時間になっている。大阪韓国学校の場合、１年では国語が週当たり３時間、２年と３年が週当たり４時間、４年から６年まで国語が週当たり４時間、社会が週当たり２時間となっている。これによると、東京韓国学校が大阪韓国学校より平均２時間以上を国民教科に割いていることがわかる。

　中学校課程で東京韓国学校は、１年から３年まで国語を週当たり５時間、道徳１時間を学ぶ。それ以外に、１年に韓国地理２時間、２年に韓国史３時間、３年に公民１時間がある。大阪韓国学校では、国語が４時間、地理と国史が２時間である。大阪韓国学校は東京韓国学校より、国民教科の時間が２時間少ない。

　高等学校の場合、東京韓国学校では、１年から３年まで国語が週当たり５時間、道徳を１時間学ぶ。そのほか１年に地理２時間、２年に国史２時間、３年に国史１時間がある。大阪韓国学校では、１年から３年まで国語４時間、１年に地理２時間、２年に国史２時間、そして３年には国史２時間と在日韓人社会が１時間ある。

　国民教科の場合、東京韓国学校と大阪韓国学校が違うように、学校により差異があった。これで民族教育が十分だということはできない。民族教育で最も多くの時間を割いたのは国語であるが、この時間以外では日本語を使い、家庭や社会でも日本語を使用するので、韓国語は外国語として学ぶだけで、高等学校を卒業しても韓国語を話すことも聴くこともできない。ここが朝鮮総連の民

族学校と違う点である。

　韓国学校は時間が経つにつれ、特に東京の場合、韓国学校の小、中学校の学生約80％以上が東京に派遣された韓国からの商社駐在員の子どもたちであるので、韓国の学校の延長のようになった。大阪の場合、東京より少ないといっても、白頭学園も幼稚園児の50％、そして小学校児童の30％が本国出身者である（李月順1999：156）。

　民団系の韓国学校の1つであるが、歴史が一番長く、在日韓人社会の教育的特性を歴史的に見せる学校が白頭学園である。学校法人白頭学園は、建国高等学校、建国中学校、建国小学校、建国幼稚園を持っている。

　大阪在住の在日韓人の子女の教育を憂慮した曺圭訓と李慶泰は、白頭同士会を組織し、学校設立に乗り出した。ちょうどその頃、旧日本通信学校が廃校されることを聞き、白頭同士会が中心になって設立資金を集め、購入したのが現在の白頭学園の敷地である。曺圭訓は初代理事長に、李廣泰は初代校長として協力し、政治的に左右に関係なく教育を行った。

　1946年4月に学校が始まったが、財団法人として認可を受けたのは1949年5月で、阪神教育事件の後、第1次閉鎖令が出たのちである。初め白頭学園は朝連系でもなく、民団系でもない中立系として出発し、朝連系と民団系の両方から経済的援助を受けた。韓国戦争のときや、南の韓国が海外同胞に関心を持つことができないとき、さらに韓国戦争の休戦後、白頭学園は北朝鮮と朝鮮総連の支援を受けたので、左傾化するしかなかった。それにより学校では北朝鮮の国旗を掲揚し、教室には金日成首相の写真を掲げ、教科内容は朝鮮総連に従い、運動会も朝鮮総連の学校と共に行った。

　白頭学園が変化し始めたのは、1965年の韓日条約成立以降のことであった。学生の数に置いて朝鮮総連系の学生より民団系の学生が多くなり、教科書も北朝鮮のものではなく、韓国からの国定教科書を採択し、韓国から派遣された教師を受け入れた。

　ところが、卒業生は北朝鮮支持者が圧倒的に多かったので、すぐ目に見える外的変化をすることはできず、校庭に掲げる国旗にしても、南韓の太極旗も北朝鮮の人共旗も掲揚することができなかった。このように複雑な雰囲気で、授

業に一貫性がなく、卒業の後にも進学の問題などがあり、学生の数が減少していった。1966年に1,234名であった学生の数が、10年後の1976年には464名に減った。学生数の減少は経済的混乱に直結し、学校自体の収入は学校の必用経費の3分の1にも及ばなかった。教職員の報酬はだんだん下がり、日本学校平均水準の60%にも達しない水準にまで下がってしまった。それに石油ショックが加わり、30年間成長を続けてきた白頭学園が破綻に直面した。北朝鮮からの支援がない朝鮮総連もどうすることもできなかった。それで白頭学園は韓国に援助を申請した。

韓国の教育部は、1976年1月、在外国民教育振興資金から100万ドルを白頭学園に出した。この資金により白頭学園は、まず教職員の待遇を大いに改善し、学校の施設を修理し、学校の外面を一新した。一方、評議員会と理事会を改選した。新しい理事長は朝鮮総連との関係を拒否し、教科の内容を韓国系に改編し、1977年8月15日の光復節に太極旗を掲揚した（白頭学園1979：9）。

白頭学園の歴史は在日韓人の教育の面を見せるものであり、もっと大きくいえば在日韓人の社会そのものを物語っている。新たに生まれ変わった白頭学園は、第1条校として日本全国でも中上位の学校となった。今日白頭学園の教育理念を見れば、在日韓人子女に教育基本法および学校教育法に基づいた小・中・高等教育を実施することにより、韓国人としての矜持を持たせ、模範的国際人として国際社会に貢献し、併せて祖国大韓民国の発展に寄与する人材を育成することである（民団中央本部1990：38）。

白頭学院は民族教育と進学教育を両立させるため、特進班（進学班）は早朝学習、放課後学習（7時30分まで）を義務づけ、民族教育は国語教育を中心に能力別に細分化した班編成をして授業を行う。高等学校は本国班と在日班（初級・中級・上級）に分け、中学校は本国班、在日班（初級・中級）、小学校は本国班、在日班に分けている。この結果、本国班は帰国して進学するときに国語に対するハンディが少なくなり、在日班も能力別に細分されているので無理なく授業に溶け込むことができる。小学校では国語の会話能力を高めるため、毎朝10分間、学校放送設備を利用して国語会話時間を設け、児童に交替でアナウンスを担当させて成果を上げている。

民団は正規の中・高等学校が少ない代わりに、各地に成人のための学園を設立した。在日韓人2、3世の青少年への民族教育を目標にする学園は一定の施設を持ち、一定の時間に教育を実施する。民団系の学校教育は、目標や内容そして方法などがそれなりに整ったというが、民団系の学校を卒業した若者が韓国語を自由に使用できないという弱点を持っている。在日韓人2世教育の弱点を補完して教育活動を活発にするため、韓国政府は日本に韓国教育院を設置した。1966年に始まったときには韓国教育文化センターとしたが、日本人学校での韓国教育の支援と一般人の韓国語教室の支援、韓国からの留学生の相談、そして日本社会への韓国文化の普及という目的を加え、韓国教育院と名づけた。韓国教育院では韓国語以外に韓国の音楽、舞踊なども教え、韓国に関する映画の上映とビデオの貸出もあり、学生には韓国への留学のための相談にも応じている。韓国教育院は日本社会への韓国文化の普及に大きく貢献をし、民団と祖国の交流にも一定の役割を果たしている。

　民団系には全日制学校が少ない代わり、母国修学の機会が多いのが特徴である。韓国で外国からの母国修学を引き受けるところが在外国民教育院である。在外国民教育院には10カ月の予備教育課程と3カ月の短期教育課程がある。予備教育課程には、高等学校予備教育課程と大学（大学院）予備教育課程がある。高等学校予備教育課程は毎月10名、大学（大学院）予備教育課程は150名を募集する。前期と後期の年2回ある短期教育課程では40名を募集する。

Ⅲ. 朝鮮総連系学校

　朝鮮総連学校は、幼稚園2校、初等学校75校、中学校49校、高校12校、大学1校を合わせて139校（1999年）がある。朝鮮総連ではこれらと幼稚園教育を合わせて正規教育体系といい、これに対して夜間学校などを非正規教育体系という。正規教育体系は保育所、幼稚園、初等教育、中等教育、高等教育に分け、初等教育は6年間の初級学校を、中等教育は3年間の中級学級と3年間の高級学級を含み、高等教育は2年ないし4年の大学校とその後2年間

の研究院を含む。

　就学前教育に保育園と幼稚園がある。保育園は満3歳の子どもから始まり、満3歳を保育班に、満4歳は低い班、そして満5歳は高い班として3年間預かる。保育園の後に幼稚園に入るが、ここは1年間で初等教育に入る準備をするところである（民族教育研究所1987：65）。

　初級学校は初等教育機関で6年間学ぶ。1986年には85校の初級学校があり、そのうち単設初級学校が36校、中級学校と併設が49校あった。初級学校では初等的知識を体系的に学ぶのであるが、母国語（朝鮮語）を1年生から学び、6年生までに二重言語使用者にならせる。初級学校4年生からは少年団に入り、組織的集団生活を学ぶ。

　中級学校は1986年には56校があり、単設が2校、初級学校との併設が46校、高級学校との併設が8校あった。中級学校では朝鮮語のほか日本語と英語を学び、少年団生活も活発になる。上級生になればなるほど朝鮮語を基本にする民族科目も多くなる。

　高級学校は3年間で普通高等学校という。1986年には12校の高級学校があり、その中で4校は単設である。高級学校2年生から文科系統と自然科学系統に分かれ、また東京、大阪、神戸にある高級学校には商業科がある。高級学校の特徴は、学校内の朝鮮総連の組織に加盟し、総連活動に参加することである。

　高等教育に属するのが朝鮮大学である。朝鮮大学には2年制の師範教育学部があり、4年制には19個の学部がある。学部卒業後には2年制の研究院があり、そこに専門別課程がある。朝鮮大学には社会科学、朝鮮語、そして民族教育の研究所がある。

　朝鮮総連の指導の下にある民族学校の教育の目標は、3つに要約することができる。その1は、北朝鮮共和国の海外公民として高い民族的矜持と自負心を持ち、朝鮮人として愛国偉業のそうそうたる継承者を養うことである。その2は、同胞の子女として自主的思想意識と同時に、日本にて愛国事業の発展に伴う生活をすることのできる能力を備える人材を養うことである。その3は、日本の人民をはじめ世界の各国の人民と共に友好親善に寄与する人材を育成する

ことである（民族教育研究所 1987：61）。

　朝鮮総連の民族学校といえば学生のチマ・チョゴリ校服と朝鮮語が良く知られて、母国語で考える主体性のある教育を行っている。民族学校は教育の目標のため民族科目を強化し、これに対する批判があった。朝鮮総連系の民族学校では 1977 年、1983 年、1993 年と、3 回のカリキュラム改編があった。現在行われている民族学校の教科課程を見れば、初級学校では朝鮮語時間が多いのが目につく。初級学校 1 年生から 10 時間を国語に与えている（民族教育研究所 1987：183）。

　東京の「朝鮮大学」は在日韓人が創立し、自主的に運営する点で特色があり、朝鮮総連の誇りであり、民族教育のシンボルでもある。朝鮮大学の教授は北朝鮮から任命される。朝鮮大学の学生は 7,000 人ほどであったが、1995 年からは 1,500 人を募集している。朝鮮大学には学部に 2 年制ないし 3 年制の師範教育学部と 4 年制の学部がある。学部の上に 2 年制の研究院があり、朝鮮大学には 4 つの研究所、図書館と記念館がある。

　朝鮮大学では、専門科目以外に共同科目として 1〜2 年生では北朝鮮の革命思想、歴史と朝鮮語を学習する。3 年生では主体思想と朝鮮総連を学び、金日成選集を読む。朝鮮大学では高級学校にはなかった自己批判、集団批判という時間がある。ここで自分が組織と祖国とそして首領に対して忠誠をつくすことを盟誓し、祖国訪問を行う（Sonia Ryang1997：39）。

　朝鮮総連系の民族学校は、4 回にわたる教育課程の修正があっても教育内容に基本的問題があった。それは民族学校の教育が日本に住む在日韓人には非現実的なことである。教育の内容に日本の社会に関する知識を加えたとしても、民族学校は初級学校から北朝鮮の社会、歴史、地理を学ぶので、高等学校を卒業しても日本の社会や歴史を知らない。特に、日本では多くの漢字を使うが、民族学校では北朝鮮の教育と同じく漢字を学ばないので、高等学校や大学を卒業しても日本の新聞が読めない。この事実を知る親は子どもを民族学校に通わせたくないのである。

　もう 1 つの問題点は民族学校の教育を受ければ反日感情を持つことになる点である。北朝鮮式愛国心は自然に反日感情を養い、親日派の南韓を支援する

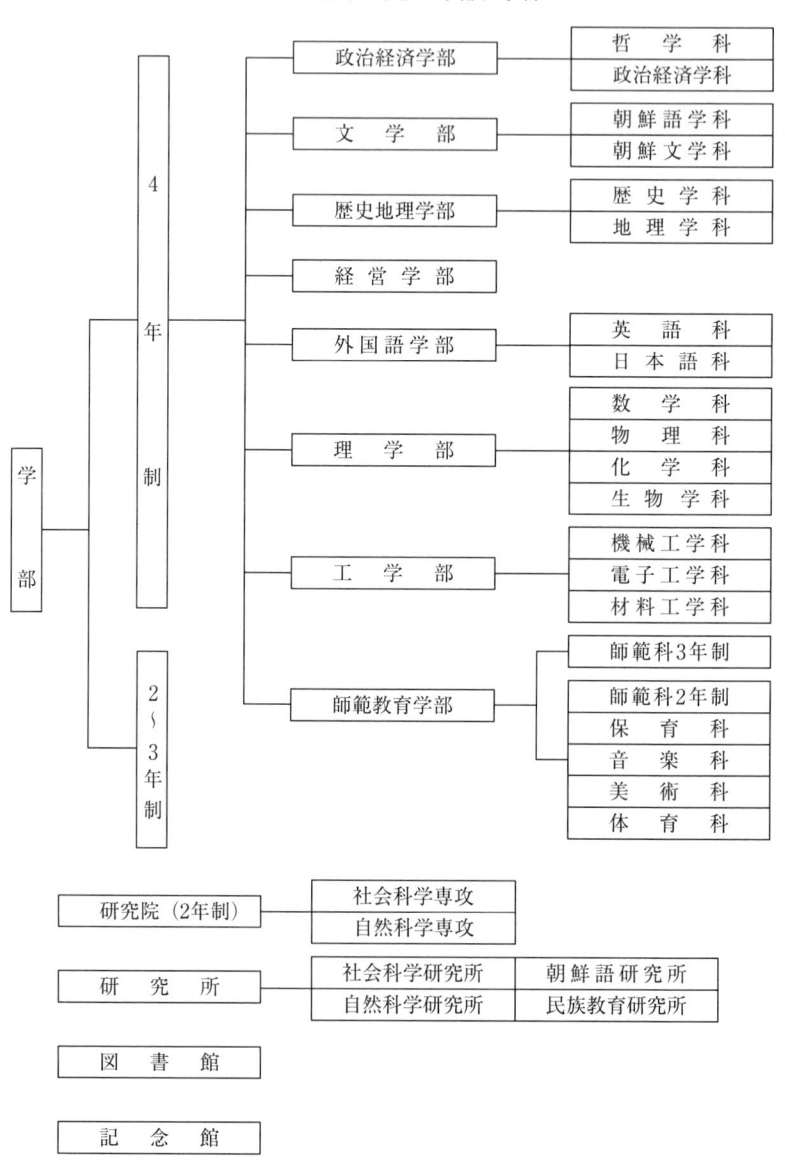

表8-2 朝鮮大学校の学部、学科

学部	4年制	政治経済学部	哲学科 / 政治経済学科
		文学部	朝鮮語学科 / 朝鮮文学科
		歴史地理学部	歴史学科 / 地理学科
		経営学部	
		外国語学部	英語科 / 日本語科
		理学部	数学科 / 物理科 / 化学科 / 生物学科
		工学部	機械工学科 / 電子工学科 / 材料工学科
	2〜3年制	師範教育学部	師範科3年制 / 師範科2年制 / 保育科 / 音楽科 / 美術科 / 体育科

研究院（2年制） ─ 社会科学専攻 / 自然科学専攻

研究所 ─ 社会科学研究所、朝鮮語研究所 / 自然科学研究所、民族教育研究所

図書館

記念館

（在日朝鮮人教育会編　1996：26）

アメリカも敵となるので、反日感情は反韓、反米感情に通じ、自由陣営をみな敵視する。英語を学びながら反米感情を持つ、南北の統一を叫びながら反韓感情を持つという矛盾的教育を実施しているのが民族学校である（Sonia Ryang 1997：79）。

　朝鮮総連系の民族学校教育が危機に直面したのは金日成首領の死後1993年と1994年であった。朝鮮総連系民族学校の全盛期は、北朝鮮で金日成首領がきちんとしていた時代であった。彼は、北朝鮮はもちろん朝鮮総連系の在日韓人にも忠誠心の的であったので、祖国への忠誠と金日成首領への忠誠が一致したのであった。彼の死後、忠誠の求心点を失った民族学校は、1994年以後、金正日指導者に対する学習を始めたが、これを学ぶ生徒たちは金日成首領も知らず、尊敬語を使わなくなった。

　朝鮮総連系民族学校の最も大きな問題は、日本文部省が認める第一条校ではなく各種学校であることから発生する。各種学校を卒業しても国立大学の試験を受ける資格がないので、大学試験を受けたいなら定時制・通信制高校に学籍を置き、大学入学資格検定試験を受けなければならない。各種学校を卒業した場合、看護士などの専門学校にも受験資格を認められない（李月順1999：160）。

　大学入学と関係して、1994年に金海永の京都大学入学の問題が起こった。金海永は朝鮮高級学校を卒業し、国立大学の受験を受ける資格がないので大学入学資格検定を受け、京都大学理学部に合格した。彼はジュネーブで開かれる国連人権委員会に差別撤廃を訴える一方、仲間に呼びかけ「民族学校出身者の京大への受験資格を求める連絡協議会」を結成し、1,500人の署名を集めて大学側とかけあった（在日本朝鮮人教育会1996：165）。

　朝鮮学校学生の高体連に参加する問題が起きたのは1990年6月のことであった。大阪の朝鮮高級学校の学生が、大阪府高体連が主催するバレーボール大会で一次予選に勝ったが、その後、第一条校でないという理由で大会に参加することができなくなった。これがテレビと新聞に大きく報道された。朝鮮学校では府水準の高体連ばかりでなく、全国中・高体連に対して加盟を強く要求した。

1993 年、3 次の教育改革を行った朝鮮総連はジュネーブで開かれた第 46 会期国連人権委員会の差別防止少数者保護小委員会に在日朝鮮人権協会の代表を派遣した。崔一洙会長は、植民地およびそのほか独立主権国家、地域を含むすべての国に置いての人種差別、民族分離、人種隔離政策を含む人権と基本的自由の侵害に関する問題について訴えた。彼は、「朝鮮人をはじめすべての外国人学校に通う児童は日本の国立大学への受験資格もなく、日本人と同じスポーツ大会すら正式に参加することができない。特に、日本の各地で少女が着ているチマ・チョゴリをナイフで切り裂くなどの暴行事件が最近 4 カ月間に 160 件以上も起こっている」と述べた（在日本朝鮮人教育会 1996：76）。

　これに対し日本政府代表は、「教育に関しては地方自治体の教育委員会に通達し、日本国民と同じように正規の学校における教育課程を修了した場合、大学などの高等教育機関に進学することを認める。以前から実施してきた朝鮮語と朝鮮文化についての課外カリキュラムは、さらに円滑に継続するようにする。朝鮮学校生を傷つけたことは人権侵害であるので犯罪者を逮捕しており、事件の起こった地方の自治体にポスターを貼り、外国人学生に対する差別を防止することを市民に強く呼びかけ、在日外国人の人権問題に対する適切な理解を促進する」と述べた。

　朝鮮総連は何より近くの日本人に理解を求めた。民族学校に地方自治体、地方議会議員など影響力のある日本人を招待し、学校の施設や教育内容などを紹介し、学校のさまざまな問題を訴えた。ときには全国の国・公・私立大学を対象に、朝鮮高等学校卒業生の受験資格を認めてもらうために、学校でアンケート調査を行った。その結果、朝鮮高級学校卒業生に入学試験の資格を認める公・私立大学がだんだん増加し、1996 年の集計によれば、受験資格を認める公立大学が 20 校、私立大学が 162 校で、これは全公・私立大学校の 40％になる。

　地方自治体や地方議会で民族学校に優遇措置をとったのは、神奈川県、北九州市、岐阜市、広島県などである。神奈川県では 1991 年度から朝鮮学校を各種学校の枠から外国人学校に入れ、学生 1 人当たり年額 6 万円の補助金を出している。県の私学課では、外国人学校は各種学校や専修学校の 1 ～ 3 年の教育

期間とは異なって、幼稚園から高校までの第一条校に類似した一貫教育を行っているとしている。特に、広島県では民族学校を学校教育法上の第1条校に準ずる学校として認知してきたことを強調し、日本人学校と民族学校間の転校、児童生徒間の交流、そして教師間の交流を行ってきたことを述べ、このような交流を通して国際化に向ける県民全体の考え方を改善していく道を示した。

朝鮮総連に大きな力となったのが、日本弁護士連合会であった。日弁連は1992年文部省に、朝鮮民族学校に対する日本の措置は重大な人権侵害であることを訴えた。朝鮮高等学校が高体連に参加することができるように求めた。日弁連は1997年に「朝鮮人学校の資格助成問題に関する人権救助申立事件調査報告書」を作成して、民族学校の問題を整理した。1993年には人権セミナ集会を開き、各級朝鮮学校の設立運営の経過、教育内容、日本政府の対応、各級朝鮮学校の関係者が受ける不利益などを詳しく指摘した。

このような労力にもかかわらず、民族学校が持っている内的矛盾と問題で、民族学校の生徒は毎年減少している。その結果、学校は財政難に追われ、神奈川県横須賀朝鮮初級学校のように廃校直前に置かれている学校が少なくない。東京第八初級学校、京都朝鮮学園、大阪近畿学園、大阪朝鮮教育文化会館、生野朝鮮幼稚園、生野朝鮮初級学校、神戸朝鮮高級学校など7校が211億円の負債を抱えている。

多くの受難を受け続けてきた朝鮮総連系の民族学校は、国連の「子どもの人権宣言」でようやくその行き先を見いだしたが、生徒の減少による財政難に加え、北朝鮮からの支援もなくなった。そして何よりも、教育の内容をどう定め、教育の目標をどう立て直すかという根本的な問題に直面している。

IV. 日本の学校の民族学級

1993年、在日韓人の学齢対象者数は2万9,141名であり、その中の86.2%に当たる2万5,943名が日本の学校に在学している。韓国系の学校には3.1%、朝鮮学校に10.6%の学生が通っている。日本学校、朝鮮学校、韓国学校の学生

の比率は、大体変わらず数十年間続いている（李月順 1995：55）。

　日本の社会を反映するように、日本の学校で学ぶ在日韓人の学生は民族的に「見えない」存在である。日本人の子どもたちにとって「見えない」ばかりでなく、在日韓人の子ども自身が自らを「見えない」存在にしている。日本で生まれ育った在日韓人の子どもは、外見的・意識的にも日本の子どもと区別ができない。在日韓人の子どもが日本の子どもと違う点があるとすれば、それは名前である。しかし、大部分の子どもが韓国の本名を使わず、日本式の通名を使っている。本名を名乗る生徒はもちろん、通名を使う生徒も自分が在日韓人であるということを知られると、日本の親友からいじめられるのではないかと思い、自己の出自を隠し、日本人のふりをし、特に民族的なものを嫌悪までする。

　いじめに耐えることができなくて自殺にまで及んだ事件が、1979 年 9 月、埼玉県上福岡市で起こった。彼は中学校 1 年生の林賢一である。彼の母は日本人で純粋な在日韓人 3 世でもなかった。彼は体が小さく、内向的で無口であったが、友達のいじめにより 12 階建てのマンションから飛び降りて自殺した。林健一の自殺事件のあと聞いたところによると、「林は朝鮮人だからいじめていい」と言われ、クラスや卓球部で数人の生徒たちに集団で暴行されたことが何度もあった。「5～6 人で林君の背中を押して、昇降口のところまで押していって、そこでみなでやっつけた。腹や背中を殴ったり、蹴ったりした」といじめた子は話している（在日本朝鮮人教育会 1996：110）。

　自分の子どもが通名を使い、朝鮮人であることが知られたら、いじめられるのを知りながらも、彼らの親は子どもを日本の学校に通わせた。なぜ日本の学校に子どもを通わせるのかという質問に答えたアンケート調査があった。1989 年 6 月、大阪、尼崎、豊中で実施された調査によると、全体の 74.5%が日本に住んでいるから日本の学校がよいと答え、39.1%が学校卒業の資格、または日本の大学進学のためで、32.1%が民族学校の教育内容などに満足できないからで、30.7%が将来の就職のためと答えた。これは 1 人が平均 2.3 個の答えを選んだため、合計が 100%を超えている（京都大学教育学部 1991：35）。

　この調査書もいっているように、日本の学校に通わせる理由は 10 年前の調

査とほとんど変わっていない。というのは、日本の学校に子どもを通わせる理由は、日本に住む以上はやはり日本の学校教育を受けさせるべきだと考えるし、その背景には進学や就職など子どもの将来を考えてのものがある。日本の学校に通う在日韓人生徒で一番問題になるのが、本名と通名の問題である。これには在日韓人が集中的に居住しているところかどうかという地域の問題もあるが、1980年の横浜市教育センター研究室が行った調査によると、市内の小学校では89.3％が、中学校では92.0％が通名を使っているという。1982年の神奈川県の学校基本調査によると、小学校と中学校の在日韓人生徒の90％が通名を名乗っているという。在日韓人の密集地域である大阪でも在日韓人生徒が最も多い大阪市立御幸盛小学校で、1984年に調査した資料によれば、通名を使っている児童は約4割ほどであった（在日本朝鮮人教育会1996：112）。

　以上の調査研究によれば、通名を多く使用する地域は在日韓人が少ない地域であり、本名を多く使用する地域は在日韓人の密集地域であることがわかった。通名を使用しながら在日韓人であることを知らないふりをしても、中学生や高校生になったら、自分が在日韓人であることを確認し、友達にいじめられるより、自分自身が民族的劣等意識を持つようになる。すなわち、日本の学校では、在日韓人の学生は健全なる民族意識を持つことができない環境に置かれている。

　在日韓人の生徒に対する教育上の問題を取り上げたのは、在日韓人生徒を抱えている教師たちで、それが最初に報告されたのが1953年日本教育職員組合の第2次教研大会であった。その後、日本教職員の教研会で、毎年在日韓人生徒の問題が提起された。そして1967年に政府が外国人学校法案を国会に上程したとき、民族教育を擁護する立場で同法案に反対した日本教職員組合から「日朝教育研究集会」が結成された（李月順1999：165）。

　日朝教育研究集会はつくられたものの、日本人教師として在日韓人の学生に対し何の対策も取ることができず、在日韓人の生徒は韓国人学校に行かざるをえなかった。このような立場を代弁したのが、1971年に大阪市立中学校校長会が大阪市外国人子弟教育問題研究協議会に出した「外国人子弟の実態と問題点」という報告書であった。この報告書は在日韓人生徒に対する民族差別に満

ちた内容であった。

　このような民族差別が学校内で行われていることに憤慨して立ち上がった日本人の小・中学校教師が、「日本の学校に在籍する朝鮮人児童・生徒の教育を考える会」を 1971 年に結成した。その目的は、「日本は敗戦後、民主社会を標榜しながらも戦争責任や戦後責任の問題を真正面から受け止めようとしてこなかった。そして在日韓人の民族的諸権利、市民的生活権利は抑圧されており、その子どもたちは民族教育を保障されていない。民族差別を克服する教育活動と実践を創造し、真の民主主義教育を確立すること」としている。

　この「考える会」は時間と共に拡大し、1983 年には「全国在日朝鮮人教育研究協議会」に発展する。日本学校の教師は学校教育を通して、在日韓人生徒に民族的自覚と矜持を持たせるように教育実践運動を展開していったのである。これにより成長したのが「民族学級」であった。考える会は稲富進を代表として 20 人の運営委員会を持ち、『むくげ』という雑誌を出版し、会員教員間の問題を話し合いながら教室内での情報を交換した。考える会の教師が始めたのが「本名を呼び・名乗る」運動であった。これは部落解放教育の中で部落の子どもが部落民宣言をしたのを在日韓人の生徒にも拡大したものである。この運動を支持した教育委員会は、教育長の名で通達を行った。原則として公簿には本名を記載し、そのふりがな表記は母国語の発音に近づけることとした（杉谷依子 1981：21）。

　在日韓人の場合は、差別部落民と違って本名を呼び、名乗るのに問題があった。生徒も自分が名乗ることを躊躇したが、親が反対するのであった。教師らは本名を名乗る運動に反対する父母を探し、家庭訪問を行ったが、それも容易な問題ではなかった。教室では日本人の子どもの理解が先解決されていなければならない問題であった。それと同時に、授業で韓国を正しく教える問題があった。

　考える会は、生徒を中心にする教室内での改革に労力する一方、教員採用に置ける国籍条項を撤廃する運動にも参加した。また、生徒のためには日本育英会や府・市からの奨学金貸与にも問題になる国籍条項を撤廃する運動を展開し、奨学金に置いては 1975 年に国籍条項を撤廃することとなった。

在日韓人が学ぶ日本の学校で、在日韓人生徒の民族教育のために設けられたのが「民族学級」である。韓国語や歴史を韓国・朝鮮人の先生から教わりたいとの要求で、大阪から始まった「民族学級」は東大阪に拡がり、覚書に基づく民族学級11校以外に大阪市内に37校、東大阪市内に20校の民族学級があり、ここで学ぶ生徒は大阪府内で約3,000人になる（李月順1999：168）。

　在日韓人生徒が在籍する日本学校にみな民族学級があるのではなく、民族学級がある学校でも、みなの在日韓人生徒が民族学級に出席するものでもない。民族学級のある学校の先生が家庭訪問をして父母に頼んでも、民族学級に子どもを行かせない親もいる。大阪府内の日本の学校に通う在日韓人生徒が約2万6,000人というのに比べて、民族学級に出席する生徒は3,000人に過ぎず、まだまだ少数であることがわかる。

　民族学級の目的は、①日本人の偏った韓国観を是正し、日本人に在日韓人が置かれた歴史や社会状況を知ってもらうこと、②在日韓人の子どもたちが自らの出自を隠すことなく自分たちの民族と国に誇りを持てるようにすること、③日本人と在日韓人がお互いの人権を尊重し合う環境を創り出すことである（朴一1995：49）。

　民族学級の例の1つとして長橋小学校を見れば、学年ごとに1学級があり、週に2回、放課後1時間、歌や遊びなどと共に韓国の歴史や風俗を学び学習する。これには無報酬で教える9人の民族講師が協力していた（杉谷依子1981：26）。

　考える会は大阪市教委に民族学級の拡大を迫った。一方、東住吉区の矢田小学校と矢田南中学校では学校内に朝鮮人子どもの会である「チョリン友の会」が結成され、大阪市内の30校にすぐ拡散していった。この子ども会には在日韓人の子どもと共に、日本国籍の混血の子ども、帰化した子どもも参加した。民族学級に子どもを通わせる父母が、民族学級の発展のために支援会を設けた。1つの学校に限った支援会の例は、天下茶屋小学校の民族学級保護者会である「ソンチャバ子ども会」である。ソンチャバとは手を組み合うという韓国語である。一方、府内の民族学級を支援するため結成されたのは、大阪の同胞保護者連絡会である。これは定期的に集会を持ち、民族学級の設置や活動の

支援をしている。

　1974年に衝撃的な問題発言があった。深江小学校校長吉田明弘の朝鮮人差別の発言である。彼は、「日韓併合は遅すぎたくらいだ」、「朝鮮人児童に教育的配慮はいらない」、「日本人の教育も十分でないのに、外国人教育のような余計なことをやる必要はない」と、学習会の席上で発言した。これに対し、「考える会」、大阪市外国人教育研究協議会（市外教）、大阪市同和教育研究協議会（市同教）などは、校長のみならず区小学校校長会、大阪市教育委員会に対して責任を追及した。そして在日朝鮮人の教育をもっと深め、広く拡散させることにした（市川正昭1981：45）。

　特に活発な活動を始めたのが市外教である。これは、1965年、大阪の生野区・東成区の小学校、中学校校長を中心に組織されたものだが、前身である「大阪市外国人子弟教育問題研究協議会」を改称したものである。市外教は市教委の研究委託団体だが、在日韓人の問題を日本人自らの課題として取り上げたことに大きな意義がある。市外教は市立の全小学校、中学校に各校1人の外国人教育担当者を置き、全教職員を会員とするものであった。市外教は定例的に講演会や韓国語講座、韓国歴史講座なども持ち、会員の教育に努める一方、実践交流会を持った。特に交流会は民族学校への進学説明会、民族学校への講師派遣、教育に関する助言、資料提供などを行うと同時に、民族学校の問題に協力し、民族学校との交流試合なども行った（杉谷依子1981：31）。

　市外教や考える会の最も主要な活動は、日本人生徒を含めて教室内で民族的偏見と差別をなくす副読本を作ることであった。市外教は、この目的に沿って、副読本として『サラム』（人間という意味）の編集を始めた。サラム・シリーズの第1巻は民話であった。1978年に総合的教材を完成して、韓半島の自然、文化、風俗、遊び、古代からの日本との関わりなどを述べた。また、生活編では、差別に負けないで生きようとする在日韓人の友達を本名で呼び、励ますことができる日本人の子どもを育てるための第一歩として出発する。この副読本の完成により、「韓国を正しく教える」ことができた。市教委は、研究目的の1つに「在日外国人の子どもが民族的自覚と誇りを高めることができるよう本名使用の徹底と進路差別の克服、日本人の子どもの民族的偏見と差別意

識の排除」などを含む、「在日外国人子女教育」という学習資料を各校に配布した。

　一方、1979年国際児童年を迎え、考える会は、在日韓人児童に対する運動を全国的にそして恒常的に展開させるため、「在日朝鮮人教育研究全国協議会」へと発展した。このときの変化のうちで重要なのは、在日韓人を常勤講師で教員に採用したことである。これまで、国公立学校の教員は日本の公権力の行使または国家意思の参画に携わる公務員なので、日本の国籍者でない在日韓人は教員になることができなかった。しかし、今までこの内容に従ってきた自治体が、これは法律で定められたものではないという意見を持ち初め、大阪府が在日韓人を常勤講師として採用した（李月順1999：169）。

　在日韓人の常勤講師採用の運動は1991年の覚書発表以前にさかのぼる。1980年代に外国人の差別撤廃運動が活発に展開されるとき、公立学校教員採用試験でも国籍撤廃運動が行われた。特に関西地域でその運動が盛り上がり、兵庫県では1981年に教員選考から国籍条項をなくした。これに対し文部省は、1982年から国公立大学では外国人教員の任用特別措置を取りながらも、小学校、中学校、高等学校の教諭では外国人の任用を認めなかった。

　1984年12月、長野県で教員採用試験に合格した在日韓人梁弘子の採用取消の事件があった。これに対し、全国の市民団体が長野県教育委員会に抗議した。1985年に入り、全国朝鮮人教育研究協議会と民団中央本部が文部大臣に要望書を出し、長野県では梁の採用を求める連絡会議が結成されたし、信州大学の教官も声明文を発表した。これに対し長野県教育委員会が出した妥協案は、梁弘子を教諭でなく常勤講師として採用した（朴一1999：49）。

　そのとき、民族学級を担当する講師らが1984年に結成したのが「民族教育促進協議会」（民促協）である。これは民族教育の制度的保障のために発足したものである。1991年の覚書を土台に、協議会は講師の身分保障と民族教育の制度的保障の確立を目指す運動を展開し、1997年、大阪市に「民族クラブ指導者招聘事業総括技術指導者制度」を設けることができた。この制度は市町村のレベルで雇用関係を超えた制度としての意味がある。

　民促協は、民族学級と地域社会での各種の多様な民族文化運動との関係を

深めていった。八尾市のトッカビ子ども会や大阪高槻市のムクゲの会もそうだが、特に川崎市では「ふれあい館」を中心にする子ども会、人権尊重学級、成人学級、家庭教育学級、民族文化講座、識字学級などの活動と組み合わさって、民族学級が地域社会の一環に組み込まれている。

　地域社会を国際社会にまで拡大し、人権を尊重する民族としての民族教育は、新しい運動として総合学習「総合的な学習の時間」を通して、全般的教育の改革まで目標とするようになった。「総合的な学習の時間」とは、子どもの興味や関心に基づき、子ども自らの自然体験、社会体験、視察、見学などを通して自らの課題を見つけ、自ら学び、自ら考え、主体的に判断し、よりよく問題を解決する資質や能力を持って国際理解、情報、環境、福祉、健康などの横断的・総合的な課題に向かうものである（宗英子 1999：46）。

　在日韓人の2世が日本の学校を卒業して、すでに40〜50歳になったが、今でも日本の学校の在日韓人に対する差別は変わっておらず、学校で学ぶときも、そして就職の際も差別は特に改善されていない。そこで、日本の学校に通う在日韓人の学生の民族教育を考える民族講師5名が、1984年民族教育連絡会をつくった。これが「民族教育促進協議会」（民促協）の母体である。

　1993年民族教育文化センターを併設した民促協は、日本の学校にある民族学級のための運動を展開していく。まず、民族学級を担当している民族講師を臨時職ではなく、覚書に基づく常勤講師にすること、それにふさわしい待遇をすることを主張した。民族学級がない日本の学校には民族学級を設置すること、民族学級を制度的に保障することなどを大阪府に対して要求する運動を展開してきた。最近、民促協は、「民族教育ネットワーク」に参加する一方、「すべての同胞に民族教育を」をモットーに、民族教育の対象を広げていく運動を展開している。民族教育文化センターは、学生や同胞を対象に韓国の文化を教える運動を展開している。センターは学校や地域社会、「マダン劇」公演を持ち、多くの学校で公演や支援などを行う。センターには舞踏教育もあり、韓国での現地講習会を持って、国際交流事業も開催している（民族教育文化センター 1998：3,38）。

　1998年4月、阪神教育事件50周年を記念する集会が大阪で開かれた。そこ

で「民族教育権利宣言」を発表し、民族教育の向上を図るため「民族教育ネットワーク」を発足させ、「共生社会と民族教育」と「教育改革と民族教育」を主題にシンポジウムを開いた。民族教育ネットワークは、韓国学校、民族学校、民族学級を総網羅した民族教育のネットワークである。民族教育ネットワークは、本名使用の推進、民族学校の法的・制度的差別の撤廃、日本の学校における民族学級の制度的保障、民族的マイノリティとの共生を目指す教育課題を最急務の課題とし、これを総合して「民族教育権利宣言」を具現化するものである。

　民族教育権利宣言は、民族教育をすべての民族が自決の権利に基づいて文化的発展を自由に追求する権利であり、自己の文化を享有し自己の言語を使用する権利であると宣言した。民族教育権利宣言は、いまなお存続している民族学校への法的・制度的差別の撤廃を主張し、さらに日本の学校における民族学級の制度的保障、および民族的マイノリティとの共生を視野に置いた教育課程改革を含む、日本の学校文化の変革を主張した。

　民族教育権利宣言は、民族的・文化的背景の異なるすべての人びとが差別されたり疎外されたりすることなく、各々のアイデンティティを豊かに育み尊重し合える多民族・多文化の共生社会を目標にするべきであることを主張した。民団系と朝鮮総連系の学校、日本学校の民族学級を総合し、在日韓人の真の民族教育を進めていく結成体である民族教育ネットワークを成立させるまで、在日韓人は50年を必要とした。

　最近、朝鮮総連の民族学校の地位がもっと悪化した。北朝鮮と日本は拉致の問題で関係が悪化し、日本は朝鮮総連に与えた免税特恵を撤回して経済的な圧迫を加えた。これがまた民族学校に影響をあたえ、学校は財政難に陥った。多いときには137校あった民族学校が今では70校になり、10万人以上であった学生もその数が1万1,000名しかいない。これとは反対に韓国系学校は、韓国からの父母に同伴した児童の数が増えた。また最近、日本にニューカマーという新韓国人が増え、就学児童が多くなった。韓国の商社が多く、またニューカマーが多く住んでいる新宿にある東京韓国学園には韓国からの支援も十分であり、入学志願者も多い。

第9章 共生社会

I. 新知識人社会

　「91年覚書」とは、日本の海部俊樹首相が訪韓の時に韓国政府との間で結んだ覚書である。この覚書の正式な名は「韓日法的地位協定にもとづく協議の結果に関する覚書」である。この覚書には5個の項目が含まれており、そのなかで特に強調されたのが民族教育の推進であった。これは公費講師による民族学級を認定するものであった。これにより40年前に廃止された民族学級が復活した。91年覚書は、いわゆる国籍や民族を超えた民族共生の社会をつくるため教育の国際化を実践するものであった。「在日韓人の教育基本方針」という教育基本方針が制定され、これにより新しい民族教育の活動が全国に拡散していった。

　1991年覚書により、民団でも民族教育を具体化する作業が始まった。大阪民団では、民族教育交流懇談会を結成すると共に、講座制「民族大学」を開設した。民族大学はすべての市民に公開された講座で、韓国の歴史や文化、韓国語を教え、これがいまや全国的に拡散している。日本の大学でも韓国語講座が開講されるようになった。1980年代まで、国公立大学140校のうち3校、私立大384校のなかで1校だけが韓国語学科を持っていた。ところが1993年に

は国公立大学43校、私立大学73校など計116校に韓国語学科ないし韓国語講座が開設されている。

　アーノルド・トインビーの文明史論以来、多くの文明史家が、今まで人類の生存の単位であった国家がもうすでに国家の連合体である地域共同体が重要だと主張した。それは全人類を対象とするが、実はヨーロッパの現象を基礎とする理論であった。従ってヨーロッパは数百年戦い続け、2度にわたって世界大戦を主導してきたフランスとドイツが中心になって、欧州共同体EUの結成を成し遂げた。これに引き続きアフリカでもAU共同体をつくり、北米大陸では経済共同体のNAFTAを結成した。これに刺激されたアジアや日本では地域共同体論が活発に展開され、「共生」という言葉が流行るようになった。各種学会やシンポジウムなどでよく聴く「共生」や「共同体」という言葉である。「地球時代とアジア」、「アジアにおける共生」、「アジア共同体」、「アジア・太平洋地域安全保障」、「経済的共生」、「企業活動共生」、「東北アジア共同の家を目指して」などがそれである。

　山口定教授は「共生」には2つの語源的ルーツと7つの社会的ルーツがあるという。2つの語源的ルーツとは、生物学からの説明と宗教学での解析があるという。生物学で用いられるsymbiosisを日本語で共生と解釈した。これは2つの生物が互いに利益を得ながら共に生活する状態をいい、さらに詳しく「片利共生」、「相利共生」、「相乗共生」などの区別があるという。宗教学では浄土宗の「ともいき仏教会」のように、特に仏教界では多く使用される用語である。

　7つの社会的ルーツとは①社会福祉論でいう障害者と高齢者の共生、②日本の庭園や建築などに体現されている「自然との共生」、③国際化時代に海外の諸国と経済的協力を伴う共生、④環境学者がいう「自然と人間の共生」、⑤女性論者がいう男女共生社会の共生、⑥国内の外国人労働者や定住外国人が主張する共生、⑦1つの国に住んでいる多くの民族が多文化主義で共に生きる共生などである。

　共生に関する語源的ルーツでいう生物学的共生は、山口定教授もいうように、「共棲」といった方がよく、「共生」は宗教を含む社会的意味の用語と定義

するのがよい。ここに自然の環境が含まれるが、共生は人間を中心にしたものといえる。人間の社会的概念である共生を山口定教授の定義に基づいて整理すると、「2つ以上の集団が1つの空間のなかで互いに相手の存在を尊重しながらお互いに利益を得ながら共に生きていくこと」である。

「共生」とは、少数民族の定住外国人がその居住する国で、当該国の人びとと同じく市民的権利を認められ、定住外国人固有の言語、歴史、文化などを享有し、自由権と生存権が保障されて、その居住する地域社会の発展にも寄与する生き方であろう（徐龍達2000：4）。

日本の知識人の多くが、21世紀に展開する多民族の国家としての日本を論じ、日本が多文化の社会を生み出すためのいろいろな意見を出している。日本のような1億人以上の人口を持つ国が単一民族国家であるというのは1つの夢である。日本も古代の騎馬民族征服説のようにいろいろな方面からの人びとがやってきて、しかも長い歴史の間、韓半島との交流しながら今日の日本をなしたのである。

日本の場合、2つの次元で共生を考えるべきである。その1つが対外問題であり、また1つが対内問題である。対外的共生とは日本の隣国との関係を指す。日本は「脱亜入欧」から脱却し、隣国との共生を摸索すべきである。最近の日本は驚くほど多くの人びとがアジアとの共生を唱えている。1998年の小杉尅次の『現代東アジア論の視座』をはじめ、2002年に元洋之介の『新東亜論』、2003年の徐勝、松野周治、夏剛の共著『東北アジア時代への提言』、古田博司の『東アジア・イデオロギーを超えて』、平和・安全保障研究所の『アジアの安全保障』、2004年の生活経済政策研究所の増田裕司の『21世紀東北アジア世界の展望』、2005年の小原雅博の『東アジア共同体』、伊藤成彦の『東北アジア平和共同体に向けて』、2007年に新藤榮一の『東アジア共同体をどうつくるか』などがある。あるものは経済を強調しながら、あるものは安保を強調しながら、アジアの共生の道を訴っている。

日本にとって最も重要なのは対内問題である。すなわち対内的に共生社会を成し遂げる条件を満たすのである。これには大きく分けて3つの領域がある。その1つが過去の清算としての戦後処理の問題であり、2つが国内の疎外集団

の問題であり、3つが国内の外国人の問題である。
　戦後処理の問題は日本が戦争を遂行しながら朝鮮や台湾から軍人や軍隊を増発して従軍させ、慰安婦まで動員したが、敗戦の後、恩給法を制定し適用しながら国籍を理由で朝鮮や台湾の軍人や軍属を除外したことで、アジア各国から非難を買うことになった。国内の疎外集団の問題とは、被差別部落民の問題や障害者の問題、アイヌ民族の問題、沖縄人の問題などである。これはみな国内の問題であるが、沖縄人などに対する人権侵害が続いたことを隠すことはできない。今は国内の問題でも透明性が要求され、国際的な批判の対象にならないわけがない。日本はこの問題にもっと注意を要する。最も注目される領域が外国人に関する問題である。日本に住む外国人には一時滞留者や臨時的労働者や定住外国人などいろいろな種類の人びとがいる。問題は共生を条件にしたときで、定住外国人を考えざるをえない。定住外国人は長い間、日本人とつき合い、日本人と共に生きてきた。そのために彼らの人権を尊重することは日本人のためでもある。

II. 参政権運動

　在日韓人で一番初めに参政権を要求した人は小倉教会の崔昌幸牧師であった。彼は1975年北九州市長の前に提出した公開質問書の中で、公営住宅入居、児童手当給付、金融公庫使用の要求と共に、市会議員の選挙権と被選挙権を内容とする参政権を要求した。これに対して北九州市当局は、「市営住宅入居と児童手当そして公庫融資に関しては、解決のため労力するけれども、選挙に関する参政権は国政に関する問題なので、自治体としての北九州市は答えることができない」と言った（崔昌華 1979：261）。
　北九州市に対する公開質問書の回答で拒否された参政権問題を今度は県に対して行った。崔昌華牧師は1976年9月、福岡県知事に対し、「地方自治体における（定住外国人の）参政権を認めよ」という要望書を提出した。これに対する知事からの反応も北九州市当局からのものと同じであった。崔昌華は

1978年9月1日、関東大震災の55周年に当たる日に、「在日韓人の人権獲得闘争連合会」を通して首相に公開質問書を提出した。その内容は市や県に提出した公開質問書と同じだが、この参政権に関しては国会議員の選挙権と被選挙権も含んでいた。

もう一度在日韓人の参政権が発言に上がったのは、1987年1月に開かれた民闘連の全国代表者会議であった。そこで「定住外国人に関する基本法」の制定を要求した時、定住外国人の参政権にも言及したのである。これを整理して翌年12月に発表した「在日旧植民地出身者に関する戦後補償および人権保障法」では、特別永住権者に地方参政権を与えるべきであることを明記した（朴一 1999：63）。

民団中央本部でも、1987年「第6次在日韓国人の権益に関する要望書」の中で、納税の義務が課されている在日韓人は、当然の権利として地方選挙に参与すべきことを言及した。在日韓人は、地方の参政権要求に言及したが、実に参政権獲得運動を展開したのは1990年代に入ってからである。それに先立って参政権で提訴をしたのは英国人アラン・ヒッグスであった。彼は、1989年11月、外国人が公職選挙に参加できないのは法の下の平等を定めた憲法に違反するとの理由で提訴した（アラン・ヒッグス、美並昌雄 1995：275）。

在日韓人が地方参政権の問題で裁判所に提訴した第1号は、1990年11月、大阪に住む金正圭など11名で、選挙人名簿に彼らが登録されていないことは憲法に違反するといい、これを大阪地方裁判所に提訴した。金正圭らは、日本国憲法が定めた参政権の帰属主体は形式的国籍用件でなく、一般意思の形成に参画すべき適格の有無によるべきであり、その適格が顕著である在日韓人は、参政権が認められるべきである。百歩譲って、「国民主権主義」の国民が「国籍法上の用件を充足している者」に限定されるものとしても、地方自治体の参政権は当該地方自治体における「住民」であり、「国民」でないから、これまで否定するのは日本国憲法で国際主義に言及する憲法第14条1項等に違反するという。これに対し大阪地方裁判所は、1993年6月29日、請求棄却の判決をした。それで原告などは最高裁判所に上告している（金正圭 1995：298）。

参議院選挙の時提訴したアラン・ヒッグスは、地方参政権裁判の第2号と

して、1991年4月22日、大阪地方裁判所に現行公職選挙法の違憲性と国家賠償請求の訴訟を起こした。これに対し大阪地裁は、1994年1月28日請求棄却の判決を下した。そこで彼は、損害賠償請求事件は大阪高裁に、そして選挙人名簿は不登録処分に対する意義の申出却下決定取り消し請求事件は最高裁判所に上告した（徐龍達1995：7）。

福井地方裁判所に1991年5月、李鎮哲、鄭慶讃、薛文昊、朴漠圭の4人が、選挙人名簿不登録は違憲であり、それによる国家賠償請求訴訟を提出した。この訴訟は1994年10月福井地裁で棄却の判決を受け、同月7日、李鎮哲らはこれを名古屋高等裁判所金沢支部に控訴した。これに対し名古屋高裁は、選挙人名簿不登録の違憲確認を求める請求は適法であり、定住外国人の地方参政権については諸外国の事例を列挙して、「憲法の許容するところであるとの見解が十分に成り立ち、実施可能である」と述べた。これは、金正圭などによる大阪裁判より一歩前進した判断ということがいえる（李鎮哲1995：317）。

1993年2月大阪地方裁判所には、「在日外国人参政権92」（在日党）の代表李英和による提訴があった。在日党とは「外国人の、外国人による、外国人のため」の政党であり、人種差別、民族差別に反対し、日本に定住する外国人の政治的自由と権利、参政権のためにつくられた政党である。李英和は参議院割合代表選挙立候補として届け出をしたが、受理されなかったことに対して提訴を行ったのである。これに対し大阪地裁は、1994年12月に控訴棄却の判決をし、彼はこれを大阪高裁に控訴した（徐龍達1995：8）。

同年9月、大阪府岸和田市では、白頭学院の理事長金重根と韓国大阪青年会議所特友会の会長金治雄が、市議会に「定住外国人に対する地方選挙への参政権など、人権保障の確立に関する要望」という決議要請書を提出した。岸和田市では1992年に結成された日韓友好親善議員連盟が、金氏らの努力でソウル市永登浦区議会と相互訪問するなどの交流が行われていた。これにより岸和田市議会では、上記の要望決議を採択した。

岸和田市議会の決議は、すぐにほかの市に広がり、1993年12月末までに京都府、京都市、岐阜市、八日市市、大牟田市、茨木市、泉南市、近江八幡市、御坊市、豊岡市など16の自治体に拡大し、1995年1月12日、188自治体が

可決するようになった。2000年2月には、1,439自治体議会が要望意見書を採択した。これは自治体総数の43.6%にあたり、採択自治体の人口比で見れば日本総人口の約74%に当たる。188の自治体が在日韓人の参政権に肯定的態度を見せたのは、多くは民団の活動によるものであった。もちろん民団以外でもさまざまな研究集会で、日本が共生社会になるため、また日本が国際化された国になるために、在日外国人の参政権が認められるべきことを力説する人びとが増えた。民団は初め参政権運動に消極的であった。ところが1994年5月から就任した辛容祥団長は、全組織を挙げて地方参政権獲得運動を推進した。そのため民団の参加団体ばかりでなく、全国民族差別と闘う連絡協議会、在日定住外国人地方参政権獲得促進協議会、定住外国人の地方選挙権を求める協議会、在日韓国青年商工人連合会、「KPI通信」などが積極的に参加し、このような結果を得たのである（徐龍達1995：10）。

参政権は、在日韓人が今まで展開してきた権益運動と違い、日本政治への組み入れという特性を持つので、在日韓人のなかでもさまざまな意見があり、参政権に積極的な人と、慎重論に立つ人、参政権に反対する人までいる。

在日韓人を含む外国人に、日本での参政権を与えることに対する世論調査を行った朝日新聞（1994年3月9日）によれば、在日韓人に「参政権を認めるべき」と答えたのが47%、「認めない」答えたのが41%であった。20代と30代の若い世代では、60%に近い人びとが肯定的に答え、世代が若くなるにつれて、定住外国人に参政権を与えるのに肯定的であった。

在日韓国青年会が1986年に18歳から31歳までの在日韓人青年を対象に行った調査によれば、「何らかのかたちで地方参政権を与えるべきである」が60%以上になり、「自治体行政に参加すべきでない」が0.7%で、在日韓人の若い世代では地方参政権獲得に肯定的である。在日韓人で参政権に積極的であり、参政権を国政参政権まで引き上げて考えているのは「在日党」の李英和で、「立候補の届け出を受理しないのは、選挙権・被選挙権を基本的人権として保障した憲法や国際人権規約に違反する」として、450万円の国家賠償を要求した。一方、1994年10月に京都で開かれた「共生社会のための地方参政権」というシンポジウムでは、「地方自治体の行政は、その地方に住む人びとが決定する

ものであり、その場合の住民は国籍によって決まるのでなく、住民権によるものである」という主張があった（徐龍達 1995：9）。

これに反して参政権要求は「時期尚早」と見る見解もある。民団中央本部の「91 年問題委員会」の委員長朴炳閏は、1987 年の「21 世紀に生きるための在日韓人の基本姿勢」で「地方自治体の選挙権の場合、憲法の理念からして要求しうると解されても、それが持つ政治的意味からして行政差別撤廃運動の一環に入れるのは時期尚早である」と述べている（朴炳閏 1986：69）。

彼の意見のように 1980 年代の民団は参政権の要求には消極的であった。民団中央が在日韓人の参政権問題に積極的に活動したのは 1994 年以後であった。民団中央の顧問弁護士の金敬得は、「日本での参政権要求は 50 年後、100 年後の達成を展望した、代をついでの次世代の課題と考えざるを得ない」というように、参政権問題は今日の課題ではないと述べた。彼は、在日韓国人は日本で地方参政権を求める前に、韓国での国政参政権を求めるべきだといった。ところが、最近彼は、「国政参政権は本国で、地方参政権は日本で」というように新しい主張をしている（朴一 1999：93）。

日本での参政権に否定的立場をとるのが国際法学者の金東勲である。彼は『外国人住民の参政権』で、「在日韓人が民族性を維持し、表現できる社会を築くことなくして参政権を獲得したとしても、その意義は半減してしまう。多数者である日本国民たる住民と外国人住民が差異を認め合って共生するという意識に支えられた地域社会づくりが、参政権運動の前に、もしくは同時並行的に行われなければならない」という。すなわち、彼は民族性を否定する日本社会での参政権獲得は危険なものと考えた（金東勲 1974：73）。

日本での参政権に最も否定的な立場をとるのは朝鮮総連である。日本への定住を否定する朝鮮総連は、参政権に対し、「参政権獲得運動は日本住民意識を植え付けるので、同化や帰化を促進し、参政権の獲得はどの政党を支持するかの問題で同胞を分裂させ、参政権の行使、超党派的に築いてきた朝日両国人民の友好親善に禍根を残す」という（在日本朝鮮人総連合会 1996：44）。

日本で画期的なことは金正圭の提訴に対する最高裁判所の判決であった。最高裁は 1995 年 2 月、定住外国人に「法律を持って地方公共団体の長、その議

会の議員などに対する選挙権を付与する措置を講ずることは、憲法上禁止されているものではない」とし、この問題は立法政策に委ねられた。このような司法部の意見に対し、自民党は相手国がその国に在住する日本人に参政権を認めない以上、日本も在日外国人に選挙権を与えることはできないという、「相互主義」の原則を取り上げ、もう1つは国交のない国を母国とする定住外国人に参政権を与えるのは問題といい、参政権付与に消極的であった。社会党の立場は自民党と違い、定住外国人の多数を占める在日韓人の歴史的経緯を考慮すれば、この問題に相互主義の原則を当てはめるのは妥当でないと反論した。そして相互主義の原則も世界的潮流でないことを言い、定住外国人への参政権付与に積極的であった。当時、野党第1党であった新進党でも慎重論が支配的であった。そして参政権付与に積極的だった政党らが解体した後、国会では定住外国人の参政権論議が終息した。

　1998年10月、日本を訪問した韓国の金大中大統領が国会演説で、「日本で税金を納め、大きな貢献をしている在日韓国人に地方参政権を与えて欲しい」と言った。これにより各政党では定住外国人に地方参政権を与えようとする気運が高まった。民主党、公明党、共産党は、地方参政権の法案をそれぞれ作成し、慎重論に傾いている自民党でも法制化に向かっている。とはいえ、自民党では相互主義の原則を守る慎重論が支配的であった（朴一 1999：69）。

　1990年以後に在日韓人が要求する参政権は、行政上の差別の撤廃運動が社会的な性格を持つのに対し、政治的な領域といえる。ところが在日韓人が要求するのは地方参政権であり、国政参政権でないので、国民的というより市民的な要求といえる。在日韓人のなかで地方参政権に反対するのは朝鮮総連である。朝鮮総連は参政権・行政差別撤廃運動などすべての市民運動に参加しないだけでなく、民団が参加する運動に反対したので、これを別とすれば在日韓人の立場は参政権に対し慎重論か積極論である。

Ⅲ．真の共生社会を目指すためには

　韓国人に対する日本の戦後補償問題が話されるたびに、日本政府は1965年、韓国と結んだ条約を取り上げる。1965年の韓日協定とは、「財産および請求権に関する問題の解決ならびに経済協力に関する日本国と大韓民国との間の協定」である。第2条1を見ると、「両締約国は、両締約国およびその国民（法人を含む）の財産、権利および利益ならびに両締約国およびその国民の間の請求権に関する問題が、1951年9月8日に、サンフランシスコ市で署名された日本国との平和条約第4条（a）に規定されるものも含めて、完全かつ最終的に解決されたこととなることを確認する」とある。
　この条文は、韓国が請求権を放棄する代わりに、日本は経済協力を行うという協定であった。協定第2条1には、韓日会談に置いて韓国側が提出した8項目について述べられている。「韓国の対日請求要綱」がみな含まれているので、対日請求要綱に関しては、いかなる主張もなしえないことが確認された。これにより韓国政府も日本政府も、「協定で補償問題は解決済み」と考えた（高崎宗司1992：4）。
　しかし、協定第2条2には、第2条1を補足する意味の内容がある。すなわち、「この条の規定は、次のもの（中略）に影響を及ぼすものではない」として、「一方の締約国の国民で、1947年8月15日からこの協定の署名の日までの間に、他方の締約国に居住したことがある者の財産、権利および利益」を挙げている。ここで「他方の締約国に居住したことがある者」とは、在日韓人を指す。つまりこの協定第2条の2は、在日韓人を対象から除外したことになる（高崎宗司1992：3）。
　特に注目されるのは、韓日条約締結当時の日本外務省条約局条約課の谷田正躬の解釈である。彼は協定の規定の意味を日本国民の対韓請求権に対して、「国が国際法上有する外交保護権を行使しないことを約束したのであって、その財産権の消滅は、この協定によって直ちになされるのではなく、相手国政府の行為としてなされる。これにより損害を受けた国民に対する政策上の配慮と

して、救済措置をいかにするかは別の問題である」と述べた。すなわち、それぞれの政府がそれぞれの国民の個人請求権を消滅させる場合には、それぞれの政府が救済措置を取る必要を日本政府は暗に認めたのである。

韓国政府は、1971年1月、「対日民間請求権申告に関する法律」を制定した。これは1945年8月15日以前に、日本国および日本国民に対して所有していた請求権、すなわち、預金、日本銀行券、有価証券、国債、寄託金、債権などの財産被害と、日本軍によって軍人、軍属あるいは労務者として召集あるいは徴用され、1945年8月15日以前に死亡した者について申告するように定めた。この法律は予め次のような人びとを申告の対象者の範囲から除外した。すなわち、在日韓人、1945年8月15日以降のB・C級戦犯者、長期強制労働による酷使が原因で帰国後死亡した者、戦傷者、強制労働で酷使されて体を壊した者、被爆者、サハリン残留者、元従軍慰安婦たちが除外された（丹羽雅雄 1995：203）。

国際的に人権の問題が高まり、女性運動が高まるなかで、1990年代に入り世論の注目を浴びた問題が従軍慰安婦の問題であった。1992年1月、日本の宮沢首相が訪韓したとき、首相は「衷心よりおわびと反省の気持ちを申し上げる」と謝罪の意を表明するに至った。しかし、補償については、韓日条約で解決すべきだとか、裁判の行方を見守るとなどの理由を述べ、消極的な姿勢を示した。これに対し、ワシントンポストなど国際的非難が起こるや、日本は国民が参加する「基金」を造成するのに必要な予算の措置を取った。この民間団体の「基金」から慰安婦に見舞金として一定の金額を支給し、国家の法的責任を回避した（金村達郎 1995：220）。

当時の韓国の金泳三大統領は、韓国と日本の「過去の歴史」問題について、「これまでの大統領は過去にこだわりすぎた。私はこれまでも言明したとおり、従軍慰安婦問題などで、政府レベルで金銭的な補償を求めない」といい、「日本に求めたいのは、過去の真実を正しく認識することだけだ」といった。これにより、過去の問題は事実上解決済みになった（植田剛彦 1995：217）。

韓国人の元軍人・軍属の問題を取り上げた田中宏は、「日本の戦争犠牲者援護のため毎年支出される予算は約2兆円である。（中略）戦争犠牲者援護立法

の国籍条項は、単に外国人を排除しているだけでなく、あたかも日本人だけが戦争犠牲者であるかのような歪んだ意識を生み出してはいないだろうか」と述べている（田中宏1992：46）。

韓国人B・C級戦犯者の問題を取り上げた内海愛子は、「考えられるあらゆる運動を30数年に渡ってやってきた。その歩みの上に、今、韓国人・朝鮮人戦犯たちは、日本政府に謝罪と1日5千円かける拘禁の日数の金額の補償を求める訴訟に踏み切った。高齢による死を前にした戦犯たちの最後の叫びともいえる裁判であるこれを座視することは、彼らを二重に殺すことになりはしないだろうか」と述べている（内海愛子1992：40）。

従軍慰安婦の問題を取り上げた高木健一は、「戦時に際して、一定の民族・集団に対する国家による組織的な迫害行為は、確立された国際法である人道に対する罪に該当する。朝鮮人など、他民族を従軍慰安婦にした日本軍の行為は、民族差別・女性差別を基盤とした、この罪の典型的事例であろう。ニュルンベルク裁判のように、関係者は戦後処罰されるべきであったし、被害者に対する補償もなされなければならなかった。日韓条約は、このような個人の補償請求権を消滅させるものではないことを政府も認めている。あまり遅すぎるが、今からでも日本政府と日本国民は、彼女たちの人生への償いがどのようにしたら少しでも回復できるか真剣に考えなければならないのではないだろうか」と述べている（高木健一1992：32）。

この3人がすべての日本人を代表する意見ではないが、各々の事項で日本が深く反省し、被害者に謝罪し、犠牲者に対し正当な補償をなすべきだというものである。実に日本の良心を代表する意見である。そしてさまざまな問題でも在日韓人の側に立って共に戦った良心を持つ多くの日本人がいたので、人権運動を続けることができた。それでも日本人の良心がまだ足らないと空野佳弘はこう言った。「日本人の良心は目覚めつつあるが、まだ大きな力とはなっていない。ここに被害を受けた諸民族の骨身にしみた憎悪と不信、これに対する加害民族の無自覚という深い溝が横たわっている。これが今日の日本政府の怠慢を支えている。こうした状況を変えなければならない。そうでなければ、政府の姿勢を変えさせることもできない。この歴史的時期を逃せば、日本はいつ

この不正義の清算をなすことができるのだろうか。日本人一人ひとりの自覚と責任が今日問われている」と述べている（空野佳弘1995：207）。

過去の不正義の清算に対して空野佳弘は具体的課題として、①過去を明らかにし、②過去から学び、③犠牲者となった人びとの名誉回復と慰謝の措置を取ることに要約できるという。過去から学ばなければならないのは、再び同じ過ちを繰り返さないためである。過去の教訓化を対内的に確認し、また対外的に示すため国会で朝鮮植民地支配とアジア侵略についての謝罪決議を取ることが不可欠である（空野佳弘1995：217）。

朝鮮植民地支配への反省が必要であるとの主張は、和田春樹や高崎宗司ら8人の知識人によって1982年8月になされた。1984年全斗煥大統領の訪日前夜、この反省を国会で決議し、南北全民族に対して伝えることを要求する知識人135人の声明発表があった。ところが国会はこれを問題にせず、天皇の言葉は「不幸な過去はまことに遺憾であり、再び繰り返されてはならない」という従来どおりのもので終わった。1988年韓国・朝鮮の分断と国家成立40年を迎え、植民地支配謝罪の国会決議を求める国民署名運動が展開されたが、結果は未完成である。（和田春樹1992：58）

日本が植民地支配を謝罪し、過去を清算するのは、在日韓人のためではない。これは共生の道をたどる日本社会の前提条件であり、日本人のための清算である。

IV. 市民団体運動

ふれあい会館は、在日韓人が多く住む川崎市川崎区の桜本町にある市民団体による総合施設である。今まで別べつにあった保育園や子ども文化センター、青丘社などが一緒に機能するために統合された。また、役所と市民が協力する公設民営のために総合施設で、ふれあい会館、桜本商店街、町長などの協力によって成された。ふれあい会館に対し、商店街や街の人は初め反対し、否定的であった。しかし、町に大型スーパーマーケットが入り、小さい商店らが大き

い打撃を受けた時、3千名を超える在日韓人の住民が顧客になって商店を助けたので、ふれあい会館、商店街、町長が一体となった。そして、ふれあい会館は町のために研究会や協議会などを開き、町は行政的支援をした。このように社会総合体としてのふれあい会館は、「日本人と韓国人を主とする在日外国人が、市民として子どもからお年寄りまで相互のふれ合いを進める」ことを目的として1988年に成立された。

　成立の経緯が物語るようにふれあい会館は育英事業、福祉事業、教育事業を共に行う社会団体である。その母体である社会福祉法人青丘社は、児童館の運営で保育園事業の実績があり、その上に子ども文化センターや教育の機能を加え、拡大した事業を推進している。具体的にいえば、児童館の運営、学生の支援事業、社会教育の事業、地域社会の支援事業などである。ちなみに青丘社をいうなら、初めは在日韓人が始めたが、現在は150人のうち100人が日本人であり、在日韓人はほかの外国人と含めても50人である。

　児童館の活動を「桜本子ども文化センター」という。地域の子どもに集団遊びや、伝承遊びなどをさせながら、子ども同士のふれ合いを深める。日々の活動は子どもらの遊びであるが、特定な季節の日には特別な行事を行う。これは前に紹介した「ロバの子ども会」を受け継いだものである。新しいもので「ワークワークプラザ」が加わった。これは留守家庭児童保護事業を学校に拡大したもので小学校の1年生から6年生までの児童で、父母がなくても放課後に学校で勉強をしたり遊んだりする。学校での児童の指導を「ワークワークプラザ」といい、ふれあい館内での児童の指導を「子どもの森クラブ」という。「子どもの森クラブ」は館の区内の4つの小学校の児童が放課後ふれあい会館に来て、遊んだり勉強したりするプログラムのことをいう。

　ふれあい会館が重点を置く学習指導を「子ども文化学習サークル」という。これは児童を相手に各種のクラブ活動や学習活動をするので、たとえば子どもに韓国の舞踊を教える「こども舞踊クラブ」、韓国の民族樂器を教える「子どもチャンゴ・クラブ」、在日韓人だけの「ケナリ・クラブ」、フィリピン人のための「サークル・ダガット」などがある。中学生や高校生のためのクラブ活動は別に指導する。ここで特に重点を置くのは、自我に目覚める中学生である。

川崎市立の桜本中学生の約20％が在日韓人である。この中学生の生活指導や学習指導のために、特に「川崎在日韓人教育を進める会」を設けた。この会では、生徒が本名を名乗る問題などアイデンティティの危機の問題を扱い、いろいろな学習指導も行う。

学生指導とも関係があり、外部との関係を持つ領域の1つが日本の学校の民族学級を担当する民族講師を送ることである。日本の学校には、韓国の文化を教える民族学級があり、そこに先生を送るのである。ふれあい会館では、民族学級の民族講師の選択から民族学級で教える内容なども手伝う。

ふれあい会館の社会教育のプログラムを「ふれあい講座」という。さまざまな講座があるが、韓国語講座には在日韓人だけでなく、多くの日本人も参加する。このような現象は、民団や韓国教育院が運営する韓国語講座や韓国語弁論大会でも見られ、それらの参加者は在日韓人より日本人が圧倒的多数を占めている。日本語講座は年配の在日韓人のための講座であるが、新たに来日したニューカマーや外国人もここで日本語を学ぶ。また、館外の人でも教育や福祉の会合が必要なときにはいつでも、館内の会議室や文化交流室などを借りることができ、また必要なときには民族楽器や衣裳も借りることができる。館内の図書室には在日韓人に関する文献資料が完備されている。

ふれあい会館は教育だけでなく障害者や老人をケアする福祉事業でも有名である。障害者の場合、国籍を問わず会館が生活と教育の面倒を見てくれる。ふれあい会館は、地域社会と緊密な関係で成立したのを受けて地域社会との共同の事業を重要な事業として推進している。ここで地域社会が老人、女性、子どもをはじめ、「誰でも安心して住める街、光あふれる街、国際性が豊かな街、快適な住宅が整備された街づくり」を目指す。何よりも重要なのが「春の祭り」である。川崎市の人口2万8,000人の2％くらいが外国人である。「春の祭り」には在日韓人以外の中国、フィリピン、ブラジル、ベトナムなど100カ国以上の人びとが集まって大きな祝祭を行う。

最も重要なのは「虹の会」という「ふれあい教育」である。これは神奈川県教育委員会が1984年にふれあい会館の青丘社に委託したもので、桜本中学校、東桜本中学校、桜本小学校の三校連絡協議会と共に推進委員会を構成し、差別

の撤廃や人権意識の生活化を教育するものであった。推進委員会には学生部と専門部がある。学生部では、学校で使う教材を選定したり、生徒が実践したのを記録したりする。専門部では、特活のために資料を研究したり、道徳や環境に関して調査を行ったり、展示や資料の紹介などをする。要するに学校の教育を通していじめを無くし、お互いの良さを認め、お互いを尊敬することのできる広い視野を持つ人間を育てるのであり、1人ひとりの人権を大切にする積極的な人権意識の教育を伴うのである。ふれあい会館は町の住民と学校が1つになって、または日本人と在日韓人、そして一般外国人が1つになって、共生を具体的に実践している現場といえる。

2004年に成立した「コリアNGOセンター」は、在日民主人権協議会、ワン・コリア・フェスティバル、民族教育文化センターの3団体が合体して成立したNGO団体である。3つの団体が1つの団体になったのは、今まで行った事業を助け合いながらシナジー効果を測るためであり、何よりNGOセンター以外に日本の市民社会と相互発展に寄与する事業、コリアン社会を豊饒な社会にする基盤を助成する事業、東アジアにおけるコリアン・ネットワークを構築する事業などを行うためである。

コリアNGOセンターはその背景と活動のため、共生社会部、教育部、国際連帯統一部を組織した。共生社会部は、日本との共生社会をつくる目的と在日韓人を取り巻く人権の問題を取り扱うために日本人の市民団体や弁護士などと協力し、時には法制のために国会議員と交渉したり、また市民活動の長期計画などの樹立に参加したりする。

コリアNGOセンターの共生社会部は、日本社会に韓国の文化を広く宣伝するためにコリア・タウンと緊密な関係を持っている。御堂筋通り朝鮮市場で開かれる「コリアン週間」などいろいろな文化行事に参加し、そこにある班家食工房とも緊密な関係を持つ。昨年「共生祭り」の名で行われた行事には、パレード、韓国式結婚式行列、四物ノリ、歌舞団行列などのほか、「バイマイ」という東南アジア人の協賛があった。タイやスリランカの人びとが彼らの民族音学や舞踊などを行った。

コリアNGOセンターの最も大きい行事はワン・コリア・フェスティバル

である。この大会はすでに1985年から開かれていたが、コリアNGOセンターの行事になってもっと大きくなった。大阪城公園の太陽の広場で開かれた2005年のワン・コリア・フェスティバルは、祖国解放60周年になるので特に盛大であった。カヤクム演奏、古典舞踊、農楽、音楽、ファッションショー、演劇などの舞台公演があり、外では美術展、バザーなどが行われた。

　2006年に「人権と民主主義、市民的自由のアジア確固たる平和の確立」をテーマとして開かれたワン・コリア・フェスティバルでは、毎年恒例の行事以外に「冬のソナタ」の権海考や朴賢淑、「大長今」の任虎などが参加して、舞台挨拶とサイン会などがあったので、大会はもっと華やかであり、5万人が集まった。この日は日本人以外にタイ、フィリピン、中国人など、外国人2万人以上も参加したので、実に国際的な行事になった。

　コリアNGOセンターの共生社会への具体的な行事、大阪の「まちづくり」に参加するものである。大阪市は大阪城と四天王寺駅を中心にするその一帯を上町台地といい、そこから四方に台地が低くなっている。その傾斜面にいろいろな民族が各々の街をつくっていく。この街づくりは市内の古くなった家を借り入れて、それをお茶屋とか文化空間にするのであり、その文化空間に自己民族の特色を表すのである。沖縄の街がそうであるように、在日韓人の街がつくられている。

　コリアNGOセンターが重要視する活動は、日本人の市民団体と共助することである。人権についての意識のある日本人と共に平和解放運動や労働運動に参加し、NGOやNPOと共に外国人の人権問題や移住労働者の人権事項や政策の提案に参加、協力する。コリアNGOセンターは、対外的には東北アジア・コリアン・ネットワーク国際会議などに参加し、国際親善などを行っている。

　班家食工房は、大阪にある生野区の鶴橋商店街の御堂筋通り朝鮮市場のやや中間に位置した、韓国の食料品を売る店である。これを徳山物産の洪呂杓氏が運営するので洪家食工房ともいう。有名なのは店の中にある班家食工房という文化空間である。班家食工房には約50名の人が座れるくらいの空間があり、その周りにいろいろな韓国の伝統的文化用品が置いてある。1階の文化空間で

はさまざまな文化活動が行われる。これを大きく分けて文化の学びと文化の体験がある。文化の学びには韓国語を学ぶハングル班、韓国の楽器や音楽、舞踊などを学ぶ音楽班、韓国料理を学ぶ食料班がある。食工房という名があるように、班家食工房で特に有名なのが食料班の料理教室の「韓国の味を習う」というコースである。「キムチ」、「トッポキ」、「チヂミ」、「プルコギ」など料理を教える。

　このようなに文化の学びは一般成人班、生徒班、研修班がある。一般の人びとは決まった時間に来て講座を受け、研修班は主に学校の先生らが来て学ぶ。班家食工房で有名なのが学生班である。学生は普通40名ないし50名の生徒が団体で来て、韓国文化に対する講座を聞き、韓国式の食事をするなどの文化体験をする。ここを訪ねる生徒は主に小学生である。文化を学び食事をするというのが文化体験であるが、時に展示されている韓国のチマ・チョゴリやバジ・チョゴリを着て見ることもできる。文化体験で普通は韓国の伝統的な茶を飲む。また、班家食工房では定期または不定期的に韓国の有名な映画を公演している。

　班家食工房の単独の行事ではないが、関係のある重要な行事が「コリア・ウィーク」、すなわち「韓国祭週間」である。御堂筋通り朝鮮市場で1週間のあいだ開かれるコリア・ウィークをコリア・タウン推進委員会、御幸森中央商店会、班家食工房が共同で主管する。コリアNGOセンターもこれに深く関係している。2006年には「コリア・ジャパン2006年共生祭り in 生野コリア・タウン」という名で行事を行った。1週間続いて講演会、座談会、映画上映、音学会、試飲会などがあり、人びとが商店街の御堂筋通りを埋めたのだが、最も多くの人びとが集まるのは市街行進のときである。農楽隊を先頭に、多くの学生や市民の参加する長いパレードがあり、時には2万〜3万人の人が集まった。

　以上3つの団体の活動を紹介した。各々異なった条件と環境で活動しながらも目標は日本人と共生社会をつくることであり、すべての民族を含む多民族・多文化社会をつくるために熱心に労力している。ふれあい会館とコリアNGOセンターは団体であるのに対し、班家食工房は純粋な個人の事業体でありなが

ら、日本社会に韓国の文化を伝え、拡げるのに熱心であった。特に班家食工房は食品店という条件を十分に利用し、文化体験を通して、また食文化を通して、日本人には韓国の文化を伝えている。時折流行る韓流ブームは、班家食工房にとって大きな支援軍になった。

コリアNGOセンターは2つの面で班家食工房との差異がある。1つは団体であり、また1つは若者の集まりであるということである。NGOセンターの若者はすでに長い経験を持っており、その活動もポスト社会に対してもっと積極的であった。またNGOセンター固有の行事として、ワン・コリア・フェスティバルがあり、日本だけでなく国際的に有名になった。共生社会づくりの観点から見れば、コリアNGOセンターは大阪の街づくりに参加しており、日本のNGOと共に平和運動・平等運動・解放運動・民主運動など日本の健全たる市民社会を建設するのに日本人の友人と共に尽力している。

川崎のふれあい会館は、コリアNGOセンターよりもっと日本の社会に融合され、地域社会に奉仕している。ふれあい会館の母体である青丘社は、市民団体でありながら川崎市から社会福祉の功績を認められ、役所の支援を受けて文化事業と福祉事業をするようになった。文化事業でも、ふれあい会館はすでに日本社会に韓国の文化を伝えるばかりではなく、東南アジアの人びとまで含めた国際的な活動をしており、国際的な活動の中でも目立つのが社会福祉の領域である。ふれあい会館は障害者や老人のための教育プログラムや奉仕プログラムがあり、在宅奉仕プログラムもある。これを国際的というのは、奉仕の対象に国籍の差別がなく、区内に住む人は誰でもケアの対象になれるからである。

共生社会の観点で見れば、ふれあい会館が何より進んでいるのが学校と関係がある教育の分野であった。同じ地域にある3つの学校と共同で進める「ふれあい教育」は、日本と韓国の両国の文化を紹介して理解させ、偏見をなくす教育より、もっと高い意味で人間をつくる人権教育を行っている。川崎の小さいふれあい会館の活動は日本全体の立場では目に見えないほど小さい存在であるが、将来日本がつくらざるを得ない共生社会のよいモデルの1つになると思う。

将来、日本が共生社会を目指すためのよいモデルとして注目されるのが「岡

山県高校生社会問題研究連絡協議会」（高社研）の活動である。高社研の果たした役割については難波達興が「民族問題のとりくみ―高校生とともに学んだこと―」（『水島のなりたちと亀島山地下工場』）で詳しく紹介している。以下、難波達興の報告にしたがって高校生たちが在日韓人との共生社会を如何に目指したか、活動の一部を年代順に紹介する。

　1982年の「教科書問題」を契機に水島工業高校が水島にある朝鮮初・中級学校との交流を始め、1983年に「私達にとって朝鮮人問題とは」という高校生たちによる在日韓人の認識を問うたレポートが行われた。水島工業高校は1985年以降の5年連続して、朝鮮学校と在日韓人の聞き取り調査を中心に「在日韓国・朝鮮人問題」を高社研の紹介で報告している。日本人の在日韓人の民族問題に先駆をつけた功績は大きい。

　特に在日韓人の民族問題に取り組んだ倉敷中央高校の活動は共生社会を目指す上で注目に値する。1986年に「水島空襲を考える」、1987年に「地域を掘る―亀島山地下工場―」、1988年に「亀島山地下工場―朝鮮人強制労働の実態―」、1989年・1990年に「私たち考える日本の戦争責任」、1991年に「2つの国に生きて―金原哲物語―」、1992年に「従軍慰安婦の証言」などをテーマにした報告が行われた。倉敷中央高校の高校生たちのこのような自発的なとりくみは、今後の日本の共生社会をつくる上でもっとも高く評価すべき活動の1つであった。「水島空襲から亀島山地下工場へ、それもたんなる戦争遺跡一般ではなく、だれが掘ったのか（掘らせたのか）という問いを設定して、朝鮮人労働者の実態を、直接体験した地域の在日の証言を聞き取ったのである。そのことがさらに日本の戦争責任を問うことにつながる。あるいは日本近代史を貫く日本人の朝鮮認識や朝鮮植民地支配、総じて歴史認識問題などの学習に発展していく。」（難波達興 2010：123）。

　倉敷中央高校の高校生たちの活動は日本国内だけにとどまるものではなく、韓国への遺骨返還のとりくみによって、国境を越えて韓国と日本の親善に大きく貢献した。長年にわたって縁故がない朝鮮人殉職者遺骨を供養した大隅実山師の願いを受け継いで、困難な遺族を経て韓国への遺骨返還を実現したのである。植民地時代に多くの在日韓人の血と涙で建設された水島の高校生たちの遺

骨返還は、多くの韓国人に反日感情を和らげるのに大きく貢献した。

　水島工業高校と倉敷中央高校の在日韓人問題のとりくみは、その後備南地区の高校生全体に拡がっていく。学習の主たる場は、毎年夏に行われる2泊3日の「地域交流学習」で、そこで学んだ成果は秋に開催される高社研の岡山集会・全国集会で報告と構成劇で発表された。

　1991年の構成劇「赤い鳳仙花」は、亀島山地下工場の出会いと調査、朝鮮人強制労働の実態、朝鮮人殉職者の遺族探しを演じ、在日韓人問題を提起した。1991年の「はじまりはアリランから」は、亀島山地下工場の強制労働をさせられた金原哲の証言、朝鮮学校との交流、指紋押捺を拒否した在日韓人3世などをテーマに演じたものである。1992年の「心で躍るサンモ・チュム」は、韓国の植民地時代を日本人と韓国人の両方の先生から授業を受け、植民地として支配された韓国との歴史認識の違いを演じたものである。「3つの構成劇に共通するのは、学びの射程が、単なる歴史学習にとどまっていないことである。それは地域の現在を見つめつつ、今を生きる高校生たちと、幼稚園児や小学生までを含むさまざまな世代の在日と交流することを、意識的に追求したまなびであった。そのことは、民族問題という視角からする、地域における未来をどう構成するかにかかわる学びであったといいうる。」(難波達興 2010：125)。

　このような岡山県の高校生たちの「在日韓人と共に生きる」というとりくみは2000年代にも引き継がれており、今後の「日本の多文化共生社会づくり」にすばらしい手本になると思われる。「異なる民族と共に生きる地域をつくることは、平和にとって欠かせない条件である。異なる民族を、隣り合わせに住む地域住民のひとりと考える。そのように共に生きる地域づくりは、民主的で平和な地域づくりとイーコルでなくではならない。」、「平和はまず、自ら生きる地域においてこそ実践すべき課題だということである。平和は、別に国際連合に任せておけばいいという問題としてあるのではない。平和はなによりも地域実践としてある。高校生たちのとりくみも、'地域を平和の拠点に'にあった。そうした認識を獲得して、備南地区の高校生たちは各地に散り、その芽を育ててくれればいい。」(難波達興 2010：127, 128)。

岡山県倉敷市亀島には、アジア・太平洋戦争の末期、米軍の空襲を避けるために、三菱重工業水島航空機製作所の疎開工場として、多くの在日朝鮮人が強制動員されてつくられた地下工場「亀島山地下工場」がある。「亀島山地下工場を語りつぐ会」が1988年に結成され、①戦争を知り、平和を考える、②水島のなりたちを考える、③平和な地域づくり、④民族共存（在日韓人との交流）というシンボルとして、保存・公開させるための活動を展開している（亀島地下工場を語りつぐ会　2010）。

V. 在日4世的世界

3世までは第3世の時代と表現したが「4世は第4世的世界」と命名した。これには2つの理由がある。その1つは2世や3世の時代のようにその時代を導く大きな問題とそれに対する運動がなかったことであり、もう1つは時代を導く年代がいないことである。時代を導く年代はいないけれど3世の時代とは違うものがある。それで時代ではなく、4世的世界と表記した。ところで30年代、40年代、50年代、60年代も4世的思想や意識構造を持てば、それが第4世的世界に属する人である。

1990年代を4世と名づけたのは、1980年代の3世と似ていながら、また異なる点があるからである。似ている面は家庭の生活や結婚観などの私的な領域での社会生活と個人主義的な性格などである。差があるのは祖国観である。3世の祖国観が祖国を愛する感情的な祖国観であるのに対し、4世の祖国観は祖国から離れた冷徹なもので、3世のものより中立的である。または理性的な祖国観といえる。4世的になって初めて完全な意味の祖国観を持つ。在日韓人が完全な意味の祖国観をもつというのは、在日韓人としてのアイデンティティを持つということである。すなわち4世にとって祖国は自分に直接影響を与える存在であり、また自分から独立した存在でもある。積極的でありながらも独立的である。これを鄭煥麒は在日コリアンといい、日本と韓国のなかで中立的な位置にある韓民族の在日共同体といった。姜尚中はこれを日本のなかでようや

く見つけた、世界の150か国に散らばっていながらも各々のアイデンティティを持っている、「在外同胞」の一員としての在日韓人をいった。

　日本に対しても4世的思考は2世や3世よりもっと自由であり、抵抗感を感じないから積極的である。たとえば帰化の問題でも、在日の4世は世界のほかの韓人のように韓国の姓を使って帰化している。移民して100年を超えて3世や4世になったロシアの韓人や現在30年になるアメリカの韓人の2世も韓国の姓を使い、その国の国籍を取り、自分の名は現地人が読みやすい名を持つ。日本の場合も、簡単に韓国式の姓で日本の国籍を取ってもよいと考えるのである。

　問題は在日韓人の意識である。金敬得がいうように「言葉ができなくても、歴史がわからなくても、コリアンという出自を隠さずに生きる堂々たる自尊心が在日韓人的といい、これが3世とまた違う意味で、これを4世的という」（金敬得・金鐵民對談 2004：188）。4世的思考の特性は、何よりも日本社会に対する意識である。新たな在日韓人の意識を鄭章淵は「市民」といった。これは「民族」に代わる在日社会の新たな統合理念としての「市民」であり、日本の市民社会の一員として公平な立場で共生の社会を築き上げることができる市民をいう。ここには2つの意味が含まれている。1つは日本の地域社会の問題であり、もう1つは日本人と共生の社会をつくり上げることである。先の問題は住民として地域社会に参加する地方参政権の問題であり、後の問題は共生の社会の建設である。これがまさに日本における4世的思考である。

　地域社会の問題とは、在日韓人が力強く要求している地方参政権の問題である。地方参政権の運動を姜尚中は日本の内側からの改革といった。すなわち、在日韓人の積極的な参加を結果として、日本の国家を内側から開いていくことになる。またこれは間接的に日本の民主化に貢献する（姜尚中・姜在彦 1996：71）。

　4世的世界の最も大きな特性は共生社会の建設である。日本において共生社会をつくるというのは、日本が経済力にふさわしい社会的・思想的な統合力を持つ国際化を成し遂げ、名実共に先進国になるようにするということである。ここに日本が必要とする在日韓人の存在理由がある。

第10章　新韓国人

Ⅰ．在日の新韓国人

　多くの韓国人が渡日するのは1965年韓日条約が結ばれた後であった。多くの韓国人が日本に流入したが、特に在日韓人と韓国人女性が結婚するいわば僑胞婚が流行り、多くの韓国女性が日本に来た。この僑胞婚の数を正確に把握することはできないが、少なくとも3〜4万人になり、この韓国からの女性の70%が離婚をしたという。

　1965年以降渡日した新韓国人は僑胞婚以外の人も女性が多く、彼女らは演芸人ビザで渡日し、東京や大阪のクラブなどでホステスとして働いた。彼女らは3カ月の演芸人ビザを延長しながら2〜3年働き、金を儲けて帰国する人もいるが、滞在中にクラブなどで日本人男性や在日韓人の男性と知り合い、彼らと結婚して引き続き日本に定住する人もいた。

　新韓国人の渡日に大きな転換点をなすのが、1989年の韓国での海外旅行の自由化であった。より多くの韓国人が自由に日本を訪ねて日本の労働市場を知ることができたため、多くの新韓国人が増加した。これにより新韓国人の渡日が女性中心から男性中心に移ったのであり、1989年以前に渡日した人は主に親戚を頼りにしていたが、それ以後は地域的ネットワークの形成に頼った。こ

の結果、1989年以前に渡日した新韓国人の職業は、在日韓人と同じく遊技業や焼肉店で従事したり、事務職などであったりしたのだが、1989年以後、新韓国人の職業は多様化する。その一方で、1989年以後、新韓国人の不法滞留者も急増していく（ニュースダイジェスト1999.10.10）。

　もう1つの新韓国人増加の時期が1997年前後である。日本ではバブル崩壊期を迎えた時期であるが、韓国でも経済金融危機の「IMF」の時代を迎えた。GNPが1万ドルから6,000ドルに急落し、国家も企業も緊縮政策と減員政策を実施する際、多くの若い労働者がアメリカや日本などに渡った。日本はバブル崩壊期でありながら肉体労働市場の雇用機会は多かった（高鮮徽1995：236）。

　駒井洋は、日本に住む新韓国人の総数は16万7,000人で、これはニューカマー外国人全体の14%であり、中国人、ブラジル人に続いて3位を占める。彼らの大部分は労働者であるが、そのうちには非正規オーバー・ステイが6万3,000人（37%）、日本人の配偶者が3万2,000人、永住者とその配偶者が2万9,000人、留学就学者が1万9,000人、家族滞在者が1万2,000人という。法務省出入国管理局の1999年度統計によれば、新来韓国人の在留資格別状況は

表10-1　新来韓国人在留資格別現況

在留資格	人数	在留資格	人数
教授	424	芸能、報道、法律会計、教育研修	419
宗教	666	光行	695
投資経営	571	文化活動	368
技術	1,070	留学	12,381
人文知識国際業務	2,067	就学	6,223
企業内転勤	1,154	家族滞在	11,435
技能	1,092	永住者	26,425
定住者	10,416	永住者の配偶者	4,190
日本人の配偶者	21,078	団体滞在	6,499
超過滞留者	62,577	計	169,750

（ニュースダイジェスト2000.1.10　p.6）

表 10-1 のとおりであった。

　日本の法務省出入国管理局の在留外国人集計によれば、1999 年には全国に 11 万 0,378 人の新韓国人がおり、その分布は表 10-2 のとおりである。これを地図に表示したのが図 10-1 である。表と図が見せるように、新韓国人は京浜・関東地方に 54.5％、京阪神・近畿地方に 26.7％、北陸・中部地方に 8.6％、北海道・東北地方に 3.9％、九州・沖縄地方に 3.7％、中国・四国地方に 2.6％である。この地域別分布もオールドタイマーとニューカマーに差異がある。オールドタイマーの在日韓人は京阪神・近畿地方に多く住んでいるが、ニューカマー新韓国人は京浜・関東地区に多く住んでいる。

　新韓国人の総数は、登録された 11 万 0,378 人以外に不法残留者を加えなければならない。法務省が把握している不法残留者の近年の国籍別の傾向を見れば、表 10-3 のとりである。不法残留者の数では韓国人が 1 位で、1998 年は 5 万 2,123 人であった。これを 11 万 0,378 人と合わせれば、日本の新韓国人の数は 16 万 2,501 人である。この集計は新来韓国人在留資格別状況で見た数より 7,249 人少ない数で、主に超過滞留者、不法残留者の差異からくるものと思われる。普通ニューカマーを 18 万人という。

　新韓国人が最も多く住んでいる地域は関東地方であるが、関東地方でも東京の新宿区の大久保、港区の赤坂、台東区の上野である。このなかでも新宿区の大久保通りと職安通りは日本の中のコリアン・タウンというように、韓国語だけ使用しても生きることができるという。

　大久保通りが有名になったのは 1990 年代の初め頃である。韓国人が住み始めて韓国系のビデオ・レンタル屋、食堂などができ、町の風景が変わったのを写真や週刊誌などが紹介した。1990 年末には大久保コリアン・タウン自体に関する雑誌や週刊誌が出て、大久保通りと職安通りがコリアン・タウンとして日本に広く知られた。

　新宿区の大久保通りと職安通りは日本第 1 の歓楽街である歌舞伎町の背後地で、歌舞伎町のクラブやスナックで働く韓国の女性を支える宿所、商店、美容院、事務所、食堂などが栄え、それに経営者やアルバイトで働く学生が住む。また、外部からの韓国人や外国人そして日本人顧客を迎え、大久保・職安通り

表10-2 新韓国人の居住分布

地方	都道府県	人数	地方	都道府県	人数
北海道・東北地方	北海道	1,181	京阪神・近畿地方	三重	452
	青森	205		滋賀	464
	岩手	144		京都	2,905
	宮城	1,347		大阪	20,025
	秋田	166		兵庫	4,536
	山形	841		奈良	616
	福島	433		和歌山	480
	小計	4,317 3.9%		小計	29,478 26.7%
京浜・関東地方	茨城	1,965	中国・四国地方	鳥取	146
	栃木	830		島根	108
	群馬	644		岡山	574
	埼玉	5,355		広島	1,057
	千葉	5,733		山口	474
	東京	37,570		徳島	128
	神奈川	8,068		香川	140
	小計	60,165 54.5%		愛媛	202
				高知	81
北陸・中部地方	新潟	726		小計	2,910 2.7%
	富山	237	九州・沖縄地方	福岡	2,599
	石川	246		佐賀	134
	福井	405		長崎	227
	山梨	1,145		熊本	273
	長野	797		大分	287
	岐阜	535		宮崎	132
	静岡	1,162		鹿児島	182
	愛知	4,216		沖縄	245
	小計	9,469 8.6%		小計	4,039 3.7%
総計					110,378

(ニュースダイジェスト 1999.10.10 p.6)

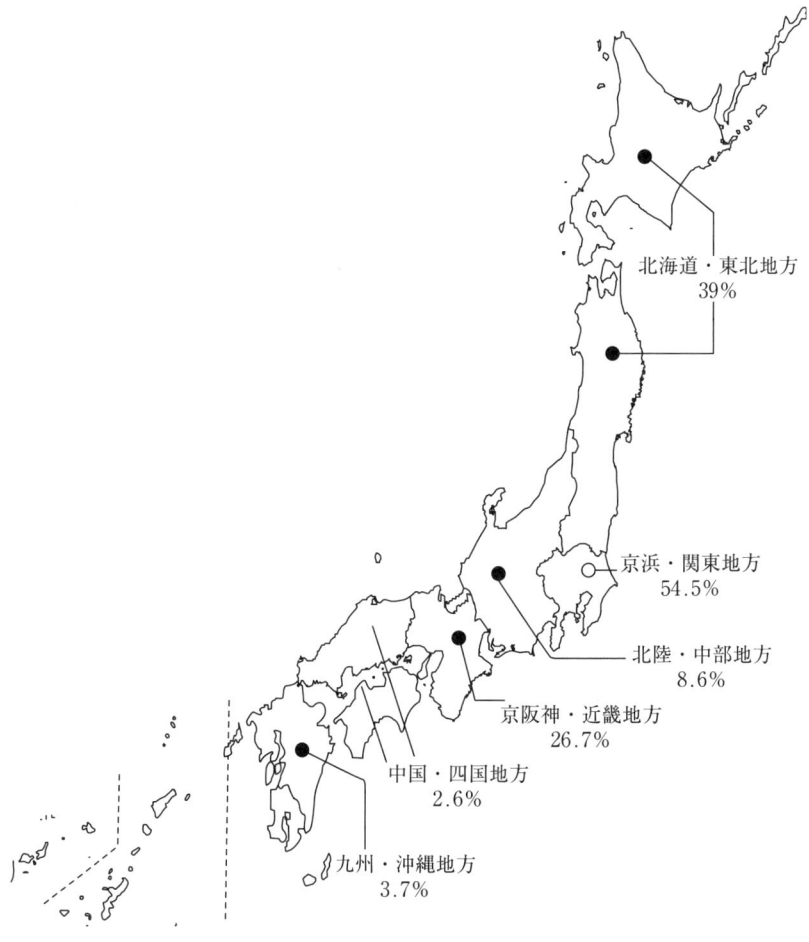

図10-1 新韓国人の居住分布図

- 北海道・東北地方 39%
- 京浜・関東地方 54.5%
- 北陸・中部地方 8.6%
- 京阪神・近畿地方 26.7%
- 中国・四国地方 2.6%
- 九州・沖縄地方 3.7%

表10-3 国籍(出身地)別不法残留者数

年月日 国籍 (出身地)	1992年 5月1日	11月1日	1993年 5月1日	11月1日	1994年 5月1日	11月1日	1995年 5月1日	11月1日	1996年 5月1日	11月1日	1997年 5月1日	7月1日	1998年 1月1日
総　数	278,892	292,791	298,645	296,751	293,800	288,092	286,704	284,744	284,500	282,986	281,157	276,810
韓　国	35,687	37,491	39,455	41,024	43,369	44,916	47,544	49,530	51,580	52,387	52,854	52,123
フィリピン	31,974	34,296	35,392	36,089	37,544	38,325	39,763	41,122	41,997	42,547	42,627	42,608
中　国	25,737	29,091	33,312	36,297	39,738	39,552	39,511	38,464	39,140	38,296	38,957	37,590
タ　イ	44,354	53,219	55,383	53,845	49,992	46,964	44,794	43,014	41,280	39,513	38,191	37,046
ペルー	2,783	6,241	9,038	11,659	12,918	14,312	15,301	14,693	13,836	12,942	12,073	11,606
マレイシア	38,529	34,529	30,840	25,653	20,313	17,240	14,511	13,460	11,525	10,390	10,296	10,141
中国(台湾)	6,729	7,283	7,457	7,677	7,871	7,906	7,974	8,210	8,502	9,409	9,403	9,430
イラン	40,001	32,994	28,437	23,867	20,757	18,009	16,252	14,638	13,241	11,303	10,153	9,186
ミャンマー	4,704	5,425	6,019	6,341	8,391	6,335	6,189	6,022	5,885	5,900	5,957	5,829
バングラデシュ	8,103	8,161	8,069	7,931	7,565	7,295	7,084	6,836	6,500	6,197	5,864	5,581
パキスタン	8,001	8,056	7,733	7,414	6,921	6,517	6,100	5,865	5,478	5,157	4,766	4,688
その他	32,290	36,005	37,511	38,954	40,421	40,721	41,681	42,890	45,536	48,945	50,016	50,982

のコリアン・タウンが形成されたのである。「リトル・ソウル」とも呼ばれるこの地域を町名でいえば、歌舞伎町1丁目、百人町、大久保1、2丁目、新宿7丁目、北新宿3、4丁目である。

表10-4によれば、新宿で一番多いのが食堂・焼肉店であり、次がクラブ・スナックであった。この集計で注目されるのが飲食業、旅行社、不動産業などが多いことである。美容院、衣裳、洋品店は女性と関係がある職業で、これも多かった。新韓国人の店舗で多いのがビデオ・レンタル屋である。

新宿以外の地域でも、新宿のようにクラブ・スナックと食堂が多かったが、赤坂、日暮里、錦糸町、小岩ではクラブ・スナックが多く、上野、横浜、千葉、川崎ではクラブ・スナックより食堂が多かった。職種でそのほかに属するのは、民宿、貿易、中古商、金融業、法律相談所、家具店、食品店、写真館、占い師、職業斡旋、餅屋などであった。

大久保通り・職安通り一帯のすべての店舗がここに記載されているのではない。「韓国人生活情報」の資料を補完する意味で、月刊アリラン3月号に載

表10-4 東京地域新韓国人分布

職種＼地区	新宿	赤坂	上野	日暮里	錦糸町	小岩	横浜	千葉	川崎
クラブ・スナック	57	54	21	24	22	16	14	27	14
いざかや	38	49	23	10	11	11	37	43	16
食堂・焼き肉	93								
病院	16								
移徒業	35								
美容室	23	7	9	4					
喫茶店	6								
旅行社	30	1							
ビデオレンタル	10	5	3	7					
衣裳、洋品、修繕	20	9							
不動産	13								
その他	90	14	33	19	7	24	52	34	18

韓国人生活情報　vol. 126
2000年8月　p.97～101

せられた広告を集計してみた。ここには、職業紹介26件、宗教・占い関連18件、日韓引っ越し11件、旅行代理店・航空券販売8件、エステ・サウナ8件などがあった。店の広告はクラブやスナック、食堂の広告はないが、少なくとも「韓国人生活情報」の電話番号簿とは大きな違いがあった。広告で注目されるのが宗教・占い関連である。教会や仏教寺院でなく、運を占う占術家がコリアン・タウンに相当いるので有名である。噂によれば新宿区に韓国の教会が100余り、韓国食堂が300店あるという。

新宿区に登録した外国人が2万1,000人の中、韓国人が8,700人で全体の40%である。しかし、夜になると歌舞伎町や大久保通り・職安通りに集まる韓国人の数はその倍であり、そこには留学生や就学生のアルバイトも多い。これも2000年の話であり、2006年では、特に韓流を専門にする店が約300軒増え、食堂やスーパーなども全体的にこの5～6年間で約2倍増えたという。特に2003年には急に人口が増加した。夜の景色も5～6年前とは比較にならないくらい変わっている。

大阪には、表10-2によれば2万人の新韓国人が登録しているが、不法残留者を合わせると5万人から10万人の新韓国人が住んでいるという。大阪では約3つの地域に集中的に居住している。その1つは生野区の新今里、南区の難波、我孫子地域である。我孫子は韓国系学校の白頭学院がある庶民住居地で、韓国からの商社駐在員、特派員の家族が集中しているところである。新今里と難波は、東京新宿の歌舞伎町のようにクラブやスナックが多いところで、韓国のホステスと関係がある美容院、服飾店、食堂などがある。大阪は東京と違って、今里と難波が対照的な様相を見せる。新今里は主に在日韓人を顧客とし、難波は若い日本人を顧客としている。

新今里で見られる新風景を杉原達はこう描いている。「韓国語で会話をしているファッショナブルな若い男女の姿が、新今里界隈で急速に増えてきた。新地のみならず大阪各地の韓国料理屋やスナックに勤めたり、あるいは各種のサービス業に従事したりする彼らは手軽で新しいマンションに共同で部屋を借り、夕方頃から活躍を始めるのである。彼らの増大に合わせるかのように、この地域でもワンルーム・マンションが林立した。韓国系ビデオショップやパー

マ屋が相次いで誕生し、さらには24時間営業をうたった韓国居酒屋もオープンしている」、「たとえば、昨夜の宴の跡を早朝より片付け洗い流したり、目新しいインテリジェント・ビルを清掃する作業をしたりしているのは、その服装と雰囲気から一目で「新々1世」とわかる中年の人びとである。また、人気の高いキムチ商店の作業場で賑やかに仕事に励む女性たちもいる。韓国式のおんぶの仕方をしたハルモニやオモニたちが、小さい子を背負って散歩している姿もよくみかけるようになった。かつては当然ながら見慣れた風景であったろうが、少なくとも10年前にはそうした子守姿をほとんどみかけることはなかった。それが明らかにぐっと増えている」と記している（杉原達1998：25）。

　難波と新今里を対比させて、月刊誌「ドングラミ」45号に載った店舗を見れば、表10-5のとおりであった。難波には新今里が比較にならないほどクラブ、食堂、ビデオ・レンタル屋、美容院、服飾店、喫茶店が多く、特に韓国の教会が多かった。この資料が示すように今里は難波とは比較にならないが、今里の現地を見ればそうでもない。新今里の市街を歩いてもすぐに50〜60店舗以上がクラブである。ところが、新韓国人に関する限り、大阪より東京が繁盛して、コリアン・タウンといったらそれは新宿の職安通りと大久保通りである。

表10-5　大阪地域

職種＼地区	南　区	今里	兵庫	和歌山	京　都
クラブ	48	13	41	21	48
食　堂	54	20	13		
ビデオレンタル	11	4	4	3	
美容室	13				
衣裳室	15				
喫茶店	5				
教　会	11				
その他		15	2	15	

ドングラミ　45号
2000年8月

II. 新韓国人と地域社会

　新宿のコリアン・タウンには韓国の商店が多いばかりでなく、多くの韓国人が住んでいる。しかし、ここを訪れる顧客は韓国人ばかりではなく、多くは日本人である。コリアン・タウンの韓国食堂では韓国人より日本人のお客さんが多い。1990年代から韓国食品、特にキムチ、焼酎、韓国産のりなどが日本に大流行し、日本の若い世代の国際化された飲食物になった。日本でのキムチの市場は1,800億円の市場になった。

　外国人が多く住むにつれ、一方では外国人の犯罪も増加している。全国的統計であるが、警察庁が発表した1999年の「外国人問題の現況と対策」によれば犯罪は3万8,398件で、これは1989年の6倍であるという。摘発された犯罪者1万3,436人のうち中国人が5,352名であり、韓国人が2,058人という。新宿でも売春、変造電話カード販売、暴力事件、殺人事件などが急増していく。これで大久保通りを中心とする商店経営者、賃貸住宅管理人など40余人が1991年に会合を持ち、「外国人と共に住む新宿区まちづくり懇談会」（共住懇）を発足させた。

　共住懇は新宿の歴史、文化、医療、教育、ビジネスなどを調査し、外国人の事業を紹介する意味で『おいしいまちガイド：大久保で味わうアジアの食文化』という大久保の民族飲食店を紹介する本を1994年に出した。共住懇は外国人の実態と問題を理解するため、共住懇会員2名を1組にし、食堂と店舗を訪問しながら聴取調査を行った。共住懇は地域住民と外国人の意見を聞くため、シンポジウムを開いたり、専門家を招待して講演会を聞いたりした。共住懇によれば、大久保地域の日本人店舗の顧客の70%が外国人であり、外国人店舗の顧客の50%以上が日本人だという。共住懇は「多文化共生型まちづくり」のために地域の情報誌を準備している（ニュースダイジェスト 1999.10.10：p.9）。

　大久保の新韓国人と日本人が共に生きる方法を模索し、実践する市民のグループとして結成されたのが「まち居住研究会」である。1990年に塩路安紀

子と稲葉佳子が中心になって始まった「まち居住研究会」は、大久保地域で外国人が留学生から定住生活者に、単身生活者から家族に、そして住民国籍が多様化する傾向に注目した。また、一方で外国人入住を拒否する日本人の意識などを問題にし、「まち居住研究会」を始めたのであった。「まち居住研究会」は主に住宅・居住問題を中心に、研究、調査活動を土台とした討論会を持ち、『まち居住通信』や『まようから大久保：日本人と外国人がともに暮らすためのガイド・ブック』を出版し、市民の啓蒙と当局への政策の提案をしている。

「まち居住研究会」は出版のほかに外国人共同体問題に関心を持ち、不動産業者、マンション管理人、留学生など20名からなる市民活動グループを結成し、月1回の集会で意見交換を行う以外に、ビデオ上映会、地域住民との対話などを持ち続けている。「まち居住研究会」で指摘される外国人の問題は、日本の家に入居時の賃貸借契約の問題である。外国人にとっては入居時の敷金、礼金、更新料などは理解し難い問題で、これに関する討論会や説明会などを行った。外国人の住居問題はほかにゴミの分類があり、大きな音を出すこと、持ち物の整理などであった。

日本人から、大久保の新韓国人の商店は経営者があまり早く変わり、店の「又貸し」が多いこと、韓国人には偽装結婚が多いこと、また、韓国人は性格がせっかちで、うるさくて、約束を守らないことなどが指摘されている。韓国人の長所としては、流行ファッションに敏感であり、教育熱が高いこと、親に対する尊敬心が強いなどの指摘がある。さらにほかの外国人と比較して、新韓国人の滞在時間が短く、日本に永住する意志がないなどの特性も指摘されている（ニュースダイジェスト 1999. 10.10：9）。

韓国人が日本人にもっと好印象を与えたのは2001年の李洙淵の事故死の後である。李は地下鉄駅のプラットホームで下に落ちた日本人を救うために降りて、電車にひかれて事故死した人である。命を投げて知らない他人を救うということは今のような世のなかでは見ることができない義なる行動であり、多くの日本人に感動を与えた。それ以降、日本人の韓国人に対する態度が大きく変わった。

新韓国人が渡日し始めた頃の初期移住者は大部分、在来の在日韓人に頼って

きた。それは親戚の関係や同郷人関係で、渡日の過程や渡日後の就職探し、生活の安定なども新来者はオールドタイマーに頼った。特に済州島からの新来者の3分の2が、在来者の親戚を頼って東京・横浜などに定着したという。在日韓人、オールドタイマーが新韓国人に生活面だけでなく職場の斡旋にも協力し、オールドタイマーが雇用主として新韓国人を雇用したので、新韓国人はほかの外国人より早く日本社会に適応した。

　ところが、在日韓人と新韓国人との間には渡日した時期の差異以外にさまざまな面で違いがあり、両者には文化的・心理的距離がある。両者の違いは出身地にある。在来の在日韓人は慶尚道、全羅道、済州島などの地方出身者が大部分であるのに対し、新来者はソウルを中心とする大都市出身者が多い。この差異は教育とも関係があり、在来の同胞は学歴が低いのに対し、新来者は学歴が高い。何よりも在日韓人は新韓国人に対し、「ちょっと感じが違う」というように感覚的・意識的な差異を感じる。この心理的差異は新韓国人の立場でも同じで、たとえば新韓国人は在来同胞、特に2世、3世との意思疎通に問題がある。日本で生まれ育った2世、3世は言語ばかりでなく、文化的にまったく異なる社会で暮らしてきたので、同じ「民族」といっても、新韓国人は在来同胞を日本人と見なしている。

　韓国も豊かな国になったというのに、日本に来てさまざまな問題を抱きながら苦しんでいる新韓国人を在日韓人は理解することができない。日本社会のルールを平気で無視する一部の新韓国人の生活は理解し難いところが多かった。特に新韓国人同士で発生する問題と事件で、新韓国人が新韓国人を騙し、詐欺にかけては行方不明になる事件が多発した。アルバイト留学生に賃金の遅延や未払いが多く、留学生を相手にした第3国への留学詐欺事件、不法送金業者の逃亡事件、高利金融業者の貸し金をめぐる殺人事件など、多くの事件をどうにか収拾する方法が必要であった。

　新韓国人が必要なのは民団のような民族団体である。新韓国人自身の問題を共に解決し信頼する社会をつくるにも、特に日本人や日本政府に対する権益を要求するとき、個人的に対応するより、集団的運動が必要である。ところが、在日韓人の代表的団体である民団は新韓国人に対し否定的である。新韓国人は

金だけ稼げば韓国に帰るので、共に行動する相手とは考えない。新韓国人は民団を近づきたくないところだと無視し、日本政府も在日韓人と新韓国人を別に待遇しているので、民団に受け入れることができないという（趙玉済 2000：11）。

　新韓国人の立場も民団と違う。民団は3世、4世の民団離れで衰退しているので、実の韓国人は新来韓国人であるという意識を持っている。民団は斬新な新韓国人を受け入れ、互いに教え学び、刺激を受け、新しい在日韓人の社会を打ち立てるべきである。お互いに持つ不信感と偏見を解消する必要がある。民団を政治的志向が強い「半日本人団体」（必要に応じて日本人になり、また韓国人になる）という印象を持っている新韓国人も少なくない。一方、一部のオールドタイマーは在日歴史の浅さ、韓国人独有の日本語の訛り、過去に乏しかった後進国出身という否定的なイメージを込めて新韓国人を「現地人」と呼ぶ。

　今、新韓国人の考えを代弁するのが大久保にある「在日本韓国食品協議会」である。ところが、これは韓国食品を扱う新韓国人の親睦団体である。この協議会より広い範囲で新韓国人のためになる集まりがキリスト教会である。ところが、教会にも限界があるので、新韓国人に必要なのはアメリカの在米韓人が持つような「韓人会」であると趙玉済は主張する。そこでニューカマーは2001年5月に在日本韓国人連合会（韓人会）を組織し、そこに相談役を置き医療、法律、生活、税務、教育などの全分野で相談を実施している。2001年には新韓国人の代表が集まって韓人会を組織した。

　民団でも2つの違った意見がある。その1人が東京新宿支部の事務部長申秀鉉で、もう1人が東京墨田支部事務部長の李栄変である。新韓国人に対し否定的な申秀鉉は、「新宿の職安通りや大久保通りにある韓国食堂の経営者はほとんど数年で入れ替わり、又貸しや名義貸しも多く、じっくり日本で腰を落ち着けて商売しようと考えている者は少ない。なかには日本の暴力団と提携した韓国のヤクザの息のかかった店もあり、店の営業権をめぐってニューカマー同士の暴力事件も少なくない。新宿のニューカマーの多くは流れ者みたいな存在だ。戦前から日本に住み、日本で生まれ育ち、日本に永住しようという在日

と、彼らとは根本的に相容れない」と言った。一方、自身がニューカマーである李栄変は、ニューカマーも民団の組織の中に組み入れる方法を考えるべきだと語った。しかも永住権を持っていない短期滞在者やオーバー・ステイの人びとはトラブルに巻き込まれやすい弱い立場と認識して、トラブル防止の面でも何らかの配慮が必要ではないかと語る（アプロ21特集1997：9）。

　新韓国人と民団の協力がよく行われているところが山梨民団である。山梨県は宝石と貴金属加工品で有名なところであり、ここに韓国からの貴金属加工技術者約500人が住み、「韓人山梨貴金属協会」という親睦団体を持っている。1998年、技術者たちのビザ延長ができないという問題が発生した。このとき、山梨民団の朴善国団長が自ら日本法務省に出向き、問題になった納税のことを解明するほか、日本の貴金属の40％以上を生産する山梨県への韓国人貴金属技術者の貢献を法務省はじめ各方面に訴えた。民団の信用力で、結局ビザ延長を勝ち取った。民団を信用した貴金属協会会員は領事業務まで民団に託している。民団の支援で貴金属協会は独自の会報も発行し、また民団の支援で運動会を開催した。工場など一カ所に集まって作業をする協会員に運動会は特別な意味があるので、協会員は積極的に民団に協力している。

　新韓国人の社会心理的不安と人権問題を扱ってくれるところがキリスト教会である。それで、全日本に新韓国人と共に数百余りのキリスト教会がある。新宿内にも50〜60の教会があるという。新宿内にはキリスト教会以外にも仏教寺院、巫女の家、占術家などもいる。新韓国人が増加すると既存教会は協力牧師を迎え、韓国語での礼拝を行って、新来信者を吸収するのに努力している。教会が大きくなれば、不満を持つ人びとができ、教会は分裂する。教会によっては、韓国から派遣された宣教師がアパートの一室から教会を始める開拓教会もある。従って、韓国のキリスト教会はさまざまな基準で分類することができる。信者の数により大教会、小教会がある。教会の成立過程により、開拓教会、母教会から平和的に分離した分枝教会、母教会から闘争により分裂した分裂教会がある。信者の性格によっても分類され、留学生や駐在員が多く出席する教会と歌舞伎町で働く女性が多く出席する教会などに分類される（田嶋淳子1998：131）。

マンションの一室を使う小教会でも、教会である以上毎週の日曜日の礼拝はもちろん、水曜日の聖書祈祷会、早朝祈祷会、地域聖書勉強会などを行う。大きい教会では日曜日4〜5回の礼拝があり、1回は韓国語で、1回は日本語で礼拝を行う。

教会にはさまざまな職責があり、日本社会で社会的地位を持てない韓国人にその職責は重要な意味を持つのである。教会には主任牧師以外に、大きい教会では副牧師、協力牧師、臨時牧師があり、信者では伝道師、長老、勧事、執事があり、教会職では会計、聖歌隊長、書記、接待委員、礼拝奉仕委員、宣教委員などがある。長老になるのも、難しい過程を経て選挙により牧師から任命されるので、とても名誉な地位である。

教会が栄えるのは、牧師や長老・執事などの労力も必要だけれど、教会が持つ社会心理的機能が重要であるからである。教会は信仰の場であり、奉仕の場、そして信者の交流の場である。他人の助力が必要な人は教会に行けばよい。たとえば、部屋を探し、アルバイトを探す留学生が、教会で信者を通して手やすくこれらを探すことができる。留学生や労働者のように1人暮らしで寂しい人が教会に来たら話し相手がおり、韓国の話や韓国人社会の話を聞くことができる。このように教会を通してエスニック・ネットワークが形成されて心理的慰安を受けるので、韓国では信仰を持たなかった人も教会を訪ねる。しかし、一部のキリスト教系の宗教団体が日本で社会問題を起こしたこともある。

Ⅲ. 新韓国人の生活世界

新来韓国人の滞留資格別現況（表10-1）によれば、新来韓国人女性は日本人の配偶者、永住者の配偶者を合わせて2万5,268人であり、観光を合わせれば2万5,963人である。女性が含まれていると見えるのが、芸能研修、文化活動、留学、就学、家族滞在、団体滞在などで、これらの数の半分を女性と見れば1万8,664人で、これを先の数と合わせれば4万3,932人であり、それに超過滞留者の半分を加えれば7万5,000人以上が女性である。

新来韓国人女性で最も多いのが日本人の配偶者である。この範疇の韓人女性は、韓国で日本人男性と知り合い、または見合いで結婚して日本に来た人びとである。その中には日本に来て2、3年の後に離婚した人もいるけれど、懸命に生活している人が多い。新聞に紹介された李英美の事例を見ると、彼女はソウルに派遣された日本商社の男と結婚し、日本に来てもう10年が経つのだが、2人の息子、夫の母と共に生活をしている。10年間の夫婦生活も円満に過ごし、夫は韓国をもっと理解するため毎週土曜日には2人の子どもと共に韓国語教室に通っている。日常生活では日本語の不便はないが、子どもの学校のPTAで活動することはできない。時々気分が重くなったら知人の韓国人女性を訪ねて時間をつぶしたり、時には韓国へ旅に出たりする（ニュースダイジェスト 2000：1.10：p.7）。
　多くの韓国人女性は日本人と結婚し、日本に来て間もなく離婚する。離婚の理由は、初め思ったのと現実のギャップ、夫の性格、夫の不能、夫の家族との関係、虐待、目に見えない差別意識などである。日本の男性と結婚の後に離婚した韓国人女性が問題になるのはビザの問題である。結婚後永住権をもらい3年が経つ前に離婚した場合、帰国しなければならない。ところがその女性が子どもを産んで親権がある場合、女性に経済的能力がある場合はビザの延長が可能である。経済的能力とは元の夫からの慰謝料と母子保健手当を合わせて月20万円以上になればよい。
　大部分のクラブやスナックで働くホステスは、金を儲けに渡日したが、できれば日本人男性や在日韓人男性と結婚して、きつい夜の仕事をやめようとする。彼らと結婚すればまずビザ問題がなくなる。これはクラブのホステスに限られたことではなく、一般の労働に来た韓国人女性も同じである。韓国人女性が日本人男性と知り合って、同居しながら結婚を申請すれば、数カ月以内に違反審査と口頭審査を通って滞留特別許可をもらえるのである。
　日本への入国のためまたは永住権のため、韓国人女性が偽装結婚をすることがある。入国のための偽装結婚は、日本人男性と日本に入国し、永住権をもらった後に離婚するという条件で結婚をする。このとき女性が日本人男性と同居する場合と、同居しなくてただ書類上の結婚の場合もある。後者の場合が前

者より多くの費用が必要だという。

　日本に住む韓国人女性がビザのため偽装結婚をすることもある。この場合も日本人男性と条件付きで同居する者もあり、日本人男性を見たこともなく、書類上の結婚する者もある。債務金を払えない男に戸籍を借りたブローカーが、女から金をもらい書類上の夫婦にした後に、また離婚の手続きをする。

　主婦でない韓国人女性が日本で働くのは、若い女性の場合はホステスが多く、年取った女性の場合は食堂で働くか、一般の工場で働くかである。

　16万9,750人の新韓国人のうち、女性を7万5,000人と計算したら男性は9万4,000人になる。確実に男性の職種と見られる在留資格は教授、宗教、投資経営、技術、技能などで、在留資格範疇にしても多様である。

　男性の場合、前述の金属加工技術者のように特定の技術を持ち、日本の社会の需要に応じて来た人びとが多く、その領域は電気、電子、鉄工、溶接、機械、土木など多様である。技術者以外では貿易、旅行社、旅館、商店などの小企業経営者があり、また多くが肉体労働者である。肉体労働でも金を多く稼げるのが3Kでの労働であり、ここでも技術が必要とされる。

　就学生、留学生は新来韓国人ではない。留学を終えた後、日本に在留して事業をするとき、そのときから新韓国人になる。その意味で留学生、就学生は新韓国人の予備軍である。しかし、留学生や就学生は生活しながら学費のためにアルバイトをするので、新韓国人社会で大きな労働力を提供するのである。新来韓国人在留資格別現況では、留学生が1万2,381人、就学生が6,223人であった。

　韓国から日本に留学する留学生の多くは、大学入学時に進学競争のため自身の適性を考えずに進学したので大学の途中で専攻を変えたい人が大学を中退したか、もしくは軍隊から除隊して復学せずに渡日した人びとである。日本では専門学校で実務を学ぶため、専門学校を希望する人が多い（高鮮徴 1995：242）。

　就学生は韓国で大学を卒業し、日本で同系列の専攻の大学院に進む人で、まず日本語学校で日本語を学び、大学や大学院の研究生あるいは正規生になる。就学生で計画どおり進学でき、勉学生活を続けるのは7割ぐらいだという。留

学生や就学生はどの職業の人より出入国が多く、奨学金をもらっても学費や生活費のためアルバイトをする人が多い。就学生を韓国からの仕送りで、全額仕送り、学費は仕送りで生活費はアルバイト、すべて自力で勉強する新聞奨学生と3分すれば、1番目が3割、2番目が4割、3番目が3割だという。どれにしてもアルバイトが多いのが留学生、就学生である。

留学生、就学生の特性で、東京・渋谷には留学生相談所がある。1986年に設立されたこの相談所は、福島みち子が代表で、月刊誌「交流ネットワーク」を刊行する。これによれば留学生・就学生の問題は、住居、就職、ビザが主なものであった。住居の問題は、寄宿舎からアパートやマンションに移ることと、敷金や礼金のない部屋を探すことであった。韓国の学生を含み、大部分の外国人留学生にとって、敷金で2カ月分、礼金で2カ月分、不動産紹介費で1カ月分、賃貸料先払いで1カ月分を払うのは理解し難いことである。

多くの就学生や留学生は、日本で専門学校を卒業し、日本で就職することを希望している。多くの就学生は大学に合格しても日本語学校の出席率がよくない場合、ビザの延長が難しい。大学の学費は返還ができないので、問題はもっと複雑になる。これで超過滞留者になりながら日本で働き続ける人も出てくる。

留学を終えて日本で企業を持って成功した代表者として、株式会社ニュークリエイティブを設立した趙玉済の例を見れば、彼は韓国で国会議員の秘書であったが、新しい飛躍のためにはもっと勉強が必要だと思って日本への留学を決心し、1985年10月に渡日した。彼は亜細亜大学で法律学を専攻しながら韓国留学生会の会長を務め、それ以外に「東京89会」という20校の留学生代表30人からなる親睦会を結成した。当時、中曽根首相の韓国からの10万人留学生誘致政策により、留学生らしくない留学生が多かった。これらを浄化するためにつくったのが「東京89会」である。

大部分の留学生が経験する苦悶の時期を趙玉済が迎えたのが、大学卒業1年前のことであった。在学時、学費のために危ないというビル清掃もし、最後には自分で食堂も経営してみた。彼の苦悶はアルバイトではなく卒業後の進路の問題である。彼が留学している間に相当変わった韓国で人生を出発するか、そ

れともすでに慣れた日本で社会生活を出発するかという苦悶であった。彼は日本で活動してみようと決心し、卒業と同時に入社した会社が日本企業のS.A.T株式会社である。この会社はコンピュータ・ソフト開発の会社で、法学部出身者が必要というわけではないはずだが、この会社には韓国の「現代」のような大企業との関係があり、韓国語と日本語の上手な者が必要であった。

ここで日本の会社の経営を学んだ趙社長は、1996年に株式会社ニュークリエイティブを創立した。これは国際電信電話株式会社（KDD）と特別契約を結んで、日本国内の韓国人を相手にする国際電話サービス業である。確実な基礎とされた移動通信など、通信分野に事業を広げた。現在、この会社には約30人の職員が働き、年間20億円の売り上げを出している。新韓国人留学生は、趙社長のように韓国と日本を結ぶさまざまな方面の企業を起こし、日本で学んだ知識を活用しながら、日本の社会で堂々と活動をしている。

IV. 新韓国人の意味

新韓国人は日本に住む韓国人という意味で在日韓人であり、70万人の在日韓人と同じ同胞であるから在日韓人の中に含まれるべきである。

もちろん、在日韓人オールドタイマーと違う点をニューカマー新韓国人は持っていることから、オールドタイマーが違和感を持つのも当然である。新韓国人はまず外的条件がオールドタイマーと違う。オールドタイマーは主に韓半島の慶尚道、全羅道、済州島の三南地方の出身であるが、新韓国人は中部地方、特にソウルや大邸、釜山の大都市出身者が多い。オールドタイマーは学歴が低いのに新韓国人は学歴が高い。何よりも新韓国人は韓国語が自由に話せるのにオールドタイマーは韓国語が自由でない。

新韓国人の特性は外的なものより内的な条件である。新韓国人はソウル・オリンピックを行った国から来たし、日本人からの差別の経験が少ないので劣等意識がない。彼らは強い民族意識と共に積極的な生活意志を持っている。それは彼らの多くが韓国で一度失敗した経験や夢があって新世界の日本を目指して

来たからである。
　韓国より多くの機会がある日本社会で再生の意志を燃やすから、オールドタイマーよりももっと多種の職業に携わり、東京の中心街に短い期間でエスニック・ビジネスを持つ独自のコリアン・タウンを形成したのである。ここには日常生活に必要なすべての商店があるほか、日本とつながる韓国の企業があり、経営情報に必要な情報誌が10余りもあり、言論、学校、教会の整った韓国人の世界があるので、ここは日本語ができない人も働いて生活することができる韓人の世界である。
　これはまさにアメリカのロスアンゼルスにあるコリア・タウンに似ており、1960年代に韓国人が世界の至るところでつくり上げている韓国人の集居地である。そこには韓国人が多く住んでいるいろいろな商店があり、共同生活に必要な言論や教会などがある。新宿のコリア・タウンもこの新韓国人の集居地の1つにほかならない。
　ニューカマーがオールドタイマーである在日韓人に与えた影響は大きい。まず韓国語が自由にできるし、何よりも在日韓人のような劣等意識がなく、あらゆる面で韓国に誇を持ち、韓国人としての主体性が強い。彼らは在日韓人が数十年持ち続けた帰化の問題や国籍問題、国際結婚などを知らない。ところが韓国人としての斬新性を持っている。特に民団と朝鮮総連の停滞化された在日韓人社会に新しい刺激を与えた。東京都の新来外国人を研究した田嶋淳子は、「この新韓国人の資源とその潜在力をオールド・マイノリティとしての在日韓人と結び合わせたとき、これはさらに大きな力を発揮し地域を変える可能性を秘めている」と指摘している（田嶋淳子1998：179）。
　新韓国人は最近渡日した人びとで、よく知らない日本社会でさまざまな試行錯誤を行う。新韓国人に似た新中国人の場合、オールドタイマーである華僑が新中国人と助け合い、日本社会での「起業」を早く発展させるのに助け合っている。新韓国人の場合、山梨民団との協力関係以外には、それほど民団と親密な交流関係を持たない。そこでニューカマーは彼らなりの組織である韓人会を結成し、彼らなりの民族団体を持とうとしている。
　日本社会で日本人との共生の道を模索する在日韓人は日本人以前にまず新

韓国人を快く受け入れて包容すべきである。同じ民族も包容できない民族がほかの民族と共生するというのは嘘である。在日韓人は新韓国人から新鮮な民族意識を輸血し、在日韓人社会を活性化すべきである。何よりも彼らの潜在力を活用して、日本人と共にみなが住みやすい街づくりに手を併せて努力すべきである。

第11章 在日韓人の主体性

Ⅰ. 通名・本名

　在日韓人に特有なものの1つに「通名」という日本式の姓名がある。日本の植民地時代、日本は朝鮮人を同化させるために1939年に創氏改名という特別な命令を下し、韓国式の名と姓を捨て日本式の姓名を持つようにさせた。韓国人は終戦後に解放されると同時に日本式の姓名を捨て本来の韓国式姓名を取り返したが、日本に住む在日韓人は日本式の姓名をそのまま使うことになった。在日韓人の日本人のような名前を通名というが、そのほとんどは韓国式の本名を持っている。ここに在日韓人特有の通名と本名がある。

　通名は在日韓人が日本社会の差別と偏見の苦境から逃れるための手段として使用されている。それで在日韓人が本名を名乗るということには特別な意味がある。すなわち、在日韓人が本名を名乗ることは韓国人としての自覚を意味し、差別意識のなかでも自信を持って生きるということであり、民族精神の表現であるといえる。

　ところが、普通在日韓人は自分の辛い経験によって「子どもには嫌な思いをさせたくない」という考えで通名を使用させ、出自を隠すのである。しかし、これは自我が目覚めていく子どもの心に不安感を覚えさせるのである。

大阪の日本人教員が結成した「日本の学校に在籍する在日朝鮮人児童・生徒の教育を考える会」が最初に始めたのが「本名を呼び名乗る運動」であった。これにより生徒が学友の前で本名を名乗る宣言を行った。これは日本人教員の手を借りながら、厳しい差別に対抗する自己改革の宣言である。

大阪市教育委員会は人間尊重の教育的配慮から、1973年冬、児童・生徒の本名を出席簿に記入し、それを母国語で発音するようにふりがなで表記し、西暦の生年月日を使用することを学校に通達した。大阪市でのこの運動はすぐ大阪府、高槻市、兵庫県、尼崎市、横浜市、東京都教育庁などに拡大し、特に東京都荒川区では在日韓人全体に本名の使用を呼びかけた。

1972年、韓国で7・4南北共同声明が発表された後、「本名を呼び名乗る運動」が活発になった。ところが、学校で本名を名乗ることができても、社会に出ると再び通名を使う。これは本名を名乗って国籍が知られたら失職や差別に直面する可能性が高いからである。ところが、1985年大阪で「民族名をとりもどす会」が結成された。これは帰化のとき通名で登録した人が本名にもどすことを促進するものである。たとえば音楽家朴実が「新井」という日本姓で帰化したが、のちにその姓を「朴」という姓にもどすよう戸籍記載事項の変更を求めた。

民族の一員としては本名を名乗るべきだというけれど、現実では通名を使用するしかない二重の意識の間で生活しなければならない在日韓人の現実を見せる資料があった。前述の1993年在日韓人青年意識調査で30歳以下の在日韓人青年の本名と通名の使用を調べたものがあった。

本名と通名の使用に関する質問で、「あなたは現在、本名と通名をどのように使っているか」という設問に対する答えは表11-1のとおりである

表11-1のように、「まったく通名だけ」が全体の35.3％であり、「ほとんど通名」が30.3％となっている。これに「通名の方が本名より多い」12.6％を通名使用と見れば78.2％になるので、本名の使用とは比較にならないほど多い。普通、同胞に対しては本名、日本人に対しては通名を使うけれど、在日韓人青年の大部分は通名を使用するということができる。本名を使うようになった時期に対する設問に答えたのが表11-2である。

表 11-1　通名と本名の使用度

内　容	実数 （%）
まったく通名だけ	281 （35.3）
ほとんど通名	241 （30.3）
通名の方が本名より多い	100 （12.6）
同じくらいに使い分けている	45 （ 5.7）
本名の方が通名より多い	30 （ 3.8）
ほとんど本名	48 （ 6.0）
まったく本名だけ	51 （ 6.4）
無回答	4　－
計	800 （100.0）

表 11-2　本名を使用しはじめた時期

内　容	実数 （%）
生まれたときから本名だけを使ってきた	66 （ 9.2）
小学校の頃から本名を使うようになった	73 （10.2）
中学校の頃から本名を使うようになった	38 （ 5.3）
高校の頃から本名を使うようになった	48 （ 6.7）
高校卒業後から本名を使うようになった	146 （20.3）
日本人に対して本名を使ったことはない	348 （48.4）
無回答	81　－
計	800 （100.0）

　本名を生まれたときから使ってきたのが9.2%で、これを除外すると小学生の頃から本名を使うようになったのが10.2%であった。その後中学校と高等学校の段階ではなかなか本名を使用しなかったが、高校を卒業してから本名を使うようになったのが20.3%であった。特に日本人に対しては本名を使ったことがない青年が48.4%で約半数に達するのを見れば、高校卒業後に本名を使うようになった者も、本名を日常的に使うのではないことがわかる。調査に応じた青年の両親の場合を見れば、表11-3のとおりであった。
　表11-3のように既成世代も青年と大体同じく、「まったく通名だけ」（21.5%）と「ほとんど通名」（35.4%）と「通名の方が本名より多い」（19.8%）を合わせたら76.7%になる。家庭内で本名をどの程度呼ばれることがあったかを尋ね

表 11-3　両親の通名と本名の使用度

内容	実数 (%)
まったく通名だけ	172 (21.5)
ほとんど通名	283 (35.4)
通名の方が本名より多い	158 (19.8)
同じくらいに使い分けている	114 (14.3)
本名の方が通名より多い	18 (2.3)
ほとんど本名	25 (3.6)
まったく本名だけ	29 (3.1)
無回答	1　−
計	800 (100.0)

表 11-4　家庭内で民族名を呼ばれた度合い

内容	実数 (%)
いつも母国語で呼ばれていた	41 (5.1)
ときどき母国語で呼ばれていた	67 (8.4)
あまり母国語で呼ばれることはなかった	111 (13.9)
まったく母国語で呼ばれることはなかった	579 (72.6)
無回答	2　−
計	800 (100.0)

たところ、表 11-4 のとおりであった。

　家庭内で、本名で呼ばれることはなかったのが 72.6%であり、あまり本名で呼ばれることはなかった 13.9%を合わせると 86.5%になる。青年の両親が通名だけ名乗るのと、家庭内での民族名で呼ばないのとは関係があるように見える。

　どのような環境や条件で育った人ほど「本名」を名乗るようになるのかを分析した福岡安則と金明秀は、受けた民族教育の程度、民族団体への参加経験、両親の民族意識の強さ、本人の達成学歴などの 4 つの変数を挙げている（福岡安則・金明秀 1998：80）。

　第 1 の変数である民族教育は、民族教育を多く受けた青年ほど本名を名乗ろうとする傾向が強い。民族教育を通して民族の誇りを持つので、これによって本名使用への抵抗感が軽減し、本名を名乗ることの意味を理解する。

2番目の変数である民族団体への参加経験は、参加経験が多ければ多いほど本名を名乗ろうとする傾向が強い。民族団体は民族運動の1つとして本名を名乗る運動をするし、民族団体は同胞の存在を認知するのが目的なので、民族団体への参加経験が本名の使用を促す理由になる。

3番目の変数である両親の民族意識の強さが本名使用と関係があるのは、前述の両親の本名使用と家庭内での民族名で呼ばれること、そして青年の通名使用とに密接な関係があるので、当然の結果ということができる。

4番目の変数である達成学歴と本名使用の関係にも、有意味なる関係があるのは、現在、文化人や学者など在日韓人が本名を名乗るのを見ても確実なことである。このほかにも、母国訪問の体験がある人が本名を名乗る傾向が強い。日常の交友対象に同胞青年が多い場合、次世代への民族教育継承の意志がある人が本名を名乗る傾向が強い。

1993年の在日韓国人青年意識調査は、多くの在日韓人青年が通名を使用する理由、そして少数である本名使用者の見解を4つの項目を挙げて設問した。

その1つが「本名で生きる方が本当の自分らしく生きることができるか」という設問であった。これに対し、「そう思う」と答えたのが10.4％、「どちらかといえばそう思う」と答えたのが10.2％であった。これを合わせれば20.6％になる。それに対し、「そう思わない」と答えたのが30.7％、そして「どちらかといえばそう思わない」と答えたのが15.5％で、これを合わせれば46.2％である。これを見れば「本名で生きること」と「本当の自分らしく生きること」とは無関係に見える（福岡安則、金明秀 1998：84）。

ところが、この設問の答えと帰化の願望や通名使用度を併せて分析すれば、帰化を考えて通名を使う青年は「本名で生きること」と「本当の自分らしく生きること」とを同じものと考えていない。しかし、帰化を願わず本名を名乗っている青年は、「本名で生きること」と「本当の自分らしく生きること」を同じと考える。

次の設問は「本名だと日本人に分かりにくくてわずらわしい思いをする」のに対し、「そう思う」と答えたのが13.3％、「どちらかといえばそう思う」と答えたのが19.8％であった。これを合わせれば33.1％であった。これとは反対に、

「そう思わない」が 23.5%、「どちらかといえばそう思わない」が 9.9% で、これを合わせれば 33.4% であった。そして、中間的立場である「どちらともいえない」と答えたのが 33.4% であった。これはほかの要素との相関関係が不明である。

本名を名乗らない理由として「差別されないためには通名を使わざるを得ない」という設問をした。これに対し、「そう思う」と答えたのが 10.2%、「どちらかといえばそう思う」と答えたのが 16.0% で、これを合わせれば 26.2% であった。これに対し、「そう思わない」が 30.9%、「どちらかといえばそう思わない」が 12.3% で、これを合わせれば 43.2% であった。

差別されるから本名を名乗らないのではない人が多かったように、帰化を希望する者との関係をここに見れば、3 割の支持しかなかった。すなわち、在日韓人青年が通名を使用するのは差別回避が原因ではなかったことを示唆する。

次は、「本名であれ、通名であれ自分になじんだ名前で生きることが自然な生き方だ」という設問に答えてもらった。これに対し、「そう思う」と答えたのが 48.0%、「どちらかといえばそう思う」と答えたのが 23.2% であった。これを合わせれば 71.2% であり、その反対は 9.5% に過ぎなかった。

この 4 つの設問の相関関係を見ると、「本名はわずらわしい」という意見と、「差別回避のための通名使用」という意見の間に一定の相関関係があった。そして、「本名の方が自分らしく生きられる」という意見と「なじんだ名前で生きるのが自然」という意見の間には逆相関が見られた。

最後に 1993 年の在日韓国人青年意識調査は、本名を使っていることで差別を受けた経験がないかという設問をした。これに対し、「まったくない」と答えたのが 80.8% であり、差別を一度でも受けたと答えたのが 20.2% であった。また、通名を使用して差別を受けたことがあるかという設問に、「まったくない」と答えたのが 82.4% であり、一度でも差別されたと答えたのが 17.6% であった。本名使用者が通名使用者より差別を受ける蓋然性が高いが、設問の結果はそうではなかった。

この調査で見られるのは、通名使用の動機が差別の回避ではなかったことであり、ただなじんだ名前で生きることが自然な生き方だという感覚で通名を使

用していることであった。そして、本名の方が通名より差別をもっと受けると思ったのが、そうではないということであった。

　上記の1993年の調査は4世に該当する青年を対象にしたものなので在日韓人の統計ではないが、それなりに重要な意味を持つ。それは日本がすでに変化したにもかかわらず社会的惰性は長く続くからである。

II. 意識調査

　任栄哲は、1986年に大阪府に住む在日韓人289人と、1988年ニューヨーク、シカゴ、ヒューストンなどに住む在米韓人401人からの質問調査の結果を分析した。家族生活や言語能力など多くの調査のうち、特に主体性を取り扱ったものを見れば次のようである。

　民族意識を見る項目で、「あなたは、スポーツの好き嫌いは別として、オリンピック競技で祖国チームと日本（アメリカ）チームとが対戦した場合、どちらのチームに声援を送りたいと思いますか」という質問に答えを求めた結果、祖国チームを応援すると答えたのが在米韓人は75.8%、在日韓人は41.0%であった。「どちらかといえば祖国チーム」と答えたのが在米韓人は12.9%、在日韓人は22.2%であった。この2つを合わせると、在米韓人は88.7%、在日韓人は63.2%であった。

　これを男女別で分析した結果、在日・在米韓人ともに男性の方が女性より祖国のチームを声援する割合が高かった。年齢別では年が上にいくほど、学歴では高い人ほど、祖国チームを声援する傾向があった。世代別に分けて見れば、2、3世より1世の方が在日・在米両方ともっと高かった（任栄哲1993：50）。

　在日韓人はすでに2・3世主導の社会であるが、在米韓人は数的にしろ、経済力にしろ1世が主導している社会である。また、韓国から移住した時期、彼らの生活環境は多くの差異がある。それで、運動競技で祖国チームを声援するのに在日韓人と在米韓人に差異があるのは世代の違いを反映する。祖国チー

ムを声援すると答えた在日韓人1世は73.5%であるが、2世は32.1%であった。ところが在米韓人の場合、1世が84.3%、そして2世が67.3%、祖国チームを応援すると答えた。この逆の「どちらかといえば日本（アメリカ）チームを声援する」と答えた在日韓人1世は5.9%、2世は22.2%、在米韓人1世は4.6%、2世は7.9%であった。

　もっと直接的な質問で、「あなた自身のことを考えた場合、どの程度韓国人だと思うか」と訊ねた。これに対し、「完全な韓国人だと思う」と答えた在日韓人は17.8%であったが、在米韓人は64.6%であった。「かなり完全に近い韓国人だと思う」と答えた在日韓人は12.5%であり、在米韓人は18.3%であった。この2つの答えを合わせれば、在日韓人は30.3%が韓国人としての意識を持ち、在米韓人は82.9%が韓国人と意識している。また、「半分程度は韓国人だと思う」と答えた在日韓人は36.1%であり、在米韓人は11.7%である。「少しは韓国人だと思う」と答えた在日韓人は22.0%、在米韓人は3.5%であった。すなわち、在米韓人は韓国人と意識するのが強いのに対し、在日韓人はそれが弱い。

　民族的意識を知る1つの質問として結婚の問題を取り上げた。その質問では「あなたは若い世代の同胞の結婚のあり方についてどのような考えですか」と聞いた。これに対し、「同胞と結婚するのがよい」と答えた在日韓人は22.5%であり、在米韓人は35.4%であった。中間的な立場をとる「同胞との結婚が望ましいが、同胞以外の人との結婚もやむを得ない」と答えた在日韓人が35.4%、在米韓人が33.6%であった。民族的意識が弱い「相手次第でどちらでもよい」と答えた在日韓人は37.3%、在米韓人は23.0%であった。ここでも在日韓人と在米韓人の意識が目立った差異を見せている。ところが、先の質問の答えよりは同胞と結婚の主張が弱かった。

　民族への帰属意識として、「あなたはご自身の今後のことについてどのように考えていますか」という質問に対し、「祖国に帰りたい」と答えた在日韓人は2.3%であり、在米韓人は32.4%であった。これとは反対に、「日本（アメリカ）に住み続けたい」と答えた在日韓人は80.1%、在米韓人は40.4%であった。そして、「どちらともいえない」と答えた在日韓人は17.1%、在米韓人は

26.8％であった。

　この意識調査を行った任栄哲は、在日韓人と在米韓人の意識を区別する意味で、韓国的志向を民族意識派といい、居住国志向を同化意識派と名づけた。「どこのチームを声援するか」と「どの程度韓国人だと思うか」のような民族志向の分野では、在米韓人が在日韓人とは比較にならないほど民族意識派であった。これとは反対に、自分の今後のことについては在日韓人が比較にならないほど同化意識派であった。その中間が結婚の相手のあり方で、在日韓人も在米韓人も民族意識派に傾いたが、それは特に強いものではなかった。在日韓人と在米韓人の生活環境や移民条件など、意識を達成する条件の差異は別として、在日韓人の民族意識と同化意識をはっきりと見ることができた。

　任栄哲の調査・研究・分析はアメリカと日本を比較したので、大体の傾向を把握することができた。在日韓人の世代の差異を調査したのではないが、それなりに在日韓人社会における世代間の格差を読むことができた。

　1979年にハワイの東西文化センターで、在日韓人を中心に感情距離検定を行ったものがあった。これは人の心理に関する項目20個を並べ、これに答えるものである。20項目はみな、心と感情に関する質問で、これに○を中心に左右に1、2、3を置き、その1つに○を書くのである。1人の対象者に同じ質問紙5枚を渡し、一枚は自分の友人、一枚は在日韓人、一枚は韓国人、一枚は日本人、一枚はアメリカ人を思い出して答えるのであった。調査表は韓国に住む韓国人20人、東京に住む日本人18人、東京に住む在日韓人31人に答えを求めた。その調査表の答えをコンピュータが集計した感情距離表示図は図表のとおりである。図11-1は、韓国に住む韓国人が、韓国人、友人、日本人、在日韓人、アメリカ人をどう思い、どう感じたのかを示したものである。図11-2は、在日韓人が自分の友人、韓国人、日本人、アメリカ人、自分自身をどう感じるかの図表である。在日韓人は自分と友人を同じ範疇に置くけれど、その間の距離が相当遠い。在日韓人は自身と友人をアメリカ人と同じ範疇に置き、それに対立する範疇に韓国人と日本人を置いている。すなわち、在日韓人は日本人と韓国人をアメリカ人より遠いところにいる人びとと感じている。

　図11-3は、韓国人、在日韓人、日本人の3集団をみな併せて分析したもの

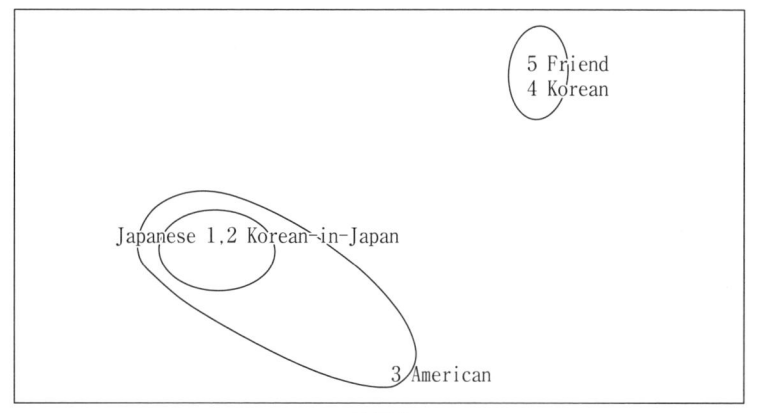

第11章 在日韓人の主体性　211

韓国人

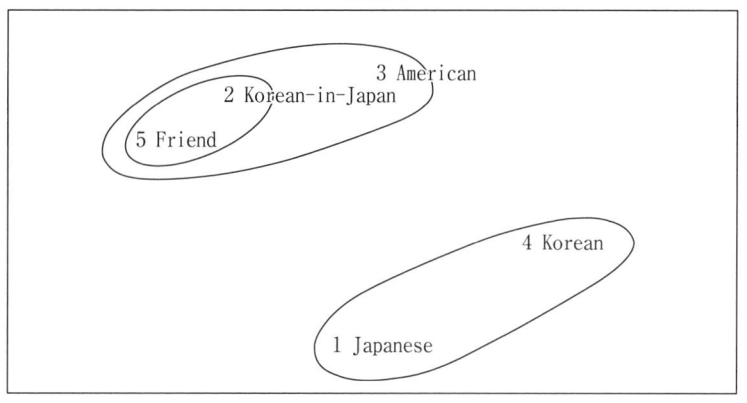

在日韓人

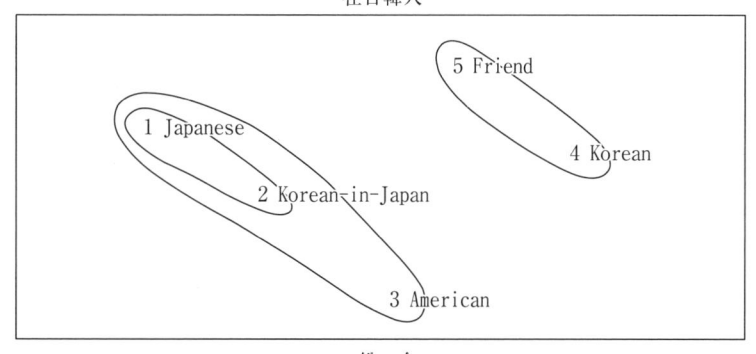

総合

図11-1　在日韓人の心理

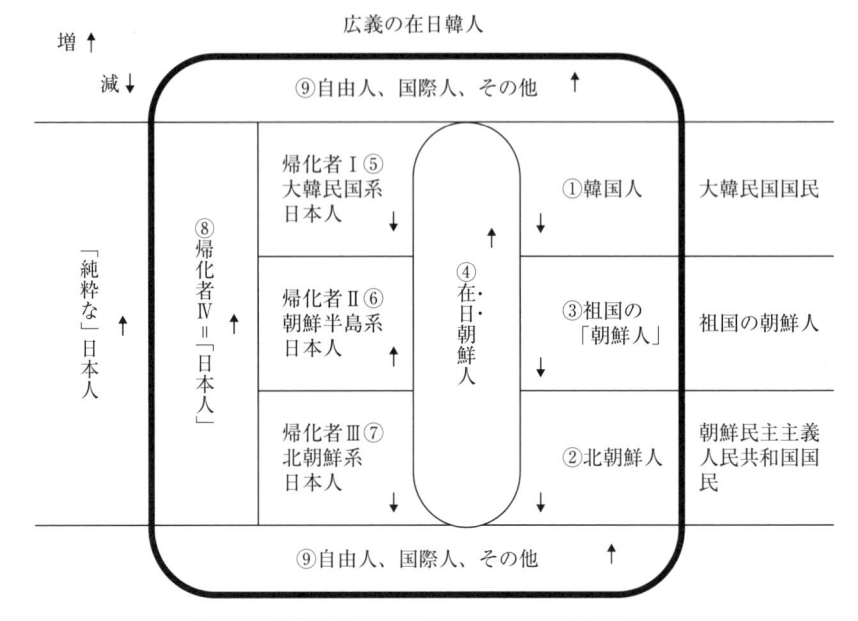

```
             広義の在日韓人
   増↑   ┌─────────────────────────────┐
         │  ⑨自由人、国際人、その他  ↑    │
   減↓   │  ┌────────┬──────┬──────┐   │
         │  │帰化者Ⅰ⑤ │      │①韓国人│   大韓民国国民
         │  │大韓民国系│      │      │
         │  │日本人 ↓ │ ④   │  ↑   │
   ┌─┐⑧ │  ├────────┤在・ ├──────┤
   │「│帰 │  │帰化者Ⅱ⑥│日  │③祖国の│   祖国の朝鮮人
   │純│化 │  │朝鮮半島系│本朝│「朝鮮人」│
   │粋│者 │  │日本人   │ 鮮 │      │
   │な│Ⅳ↑│  ├────────┤ 人 ├──────┤
   │」│＝ │  │帰化者Ⅲ⑦│    │②北朝鮮人│  朝鮮民主主義
   │日│「│  │北朝鮮系  │    │      │   人民共和国国
   │本│日 │  │日本人   │    │      │   民
   │人│本 │  └────────┴──────┴──────┘
   │ │人」│  ⑨自由人、国際人、その他  ↑
   └─┘   └─────────────────────────────┘
```

図11-2　在日韓人のアイデンティティのバウンダリー

である。これを見れば、日本人と在日韓人は距離があっても同じ範疇の人と感じるし、日本人も在日韓人も韓国人をアメリカ人より遠くにいる人びとと感じるのであった。この感情距離表示図によれば、日本人と在日韓人の間は親しくて心理的に近いから意図的に差別するのではないかと考えることができる。すなわち、差別と偏見を意図的なものとしたら、ここで見る感情距離表示図の範疇は感情的なものである。意図的に遠ざけようとするのは感情的に近いものにより強く作用するということがいえる。

　1988年以後、若い在日韓人を相手に150名を超える人びととの生涯史を通して、民族的主体性を調査した福岡安則は、日本への同質化を同化志向といい、これに反する非同質化を異化志向と名づけた。これによって造成された民族的主体性を彼は5つの類型に分け、各々共生志向型、祖国志向型、個人志向型、帰化志向型、同胞志向型と分類した。

　共生志向型とは、在日韓国人2世らのうちが日本の社会で生きる方法とし

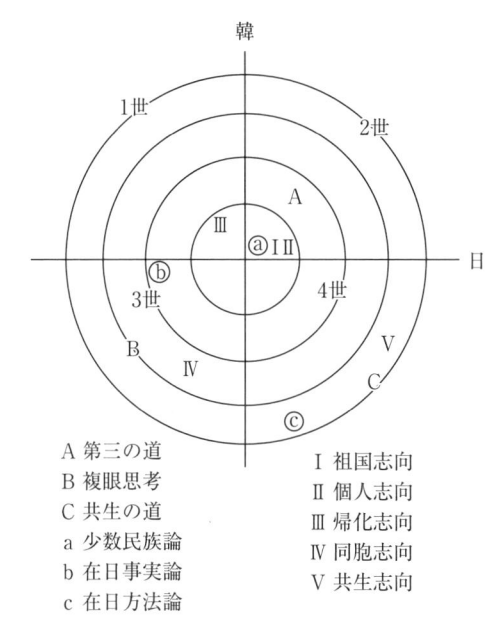

第11章　在日韓人の主体性　213

```
                    韓
                    │
         1世        │        2世
              ╱─────┼─────╲
           ╱    A   │         ╲
         │    Ⅲ    │            │
         │      ⓐⅠⅡ           │
─────────┼──ⓑ─────┼────────────┼── 日
         │  3世    │  4世       │
         │    B    │    Ⅴ      │
           ╲   Ⅳ  │   C     ╱
              ╲────┼──ⓒ──╱
                    │
```

A 第三の道　　　　Ⅰ 祖国志向
B 複眼思考　　　　Ⅱ 個人志向
C 共生の道　　　　Ⅲ 帰化志向
a 少数民族論　　　Ⅳ 同胞志向
b 在日事実論　　　Ⅴ 共生志向
c 在日方法論

図11-3　立体性　両国の文化、中間社、仲介者

て日本人と共に生きる人をいう。彼らは自分の生まれ育った地域に根を下ろし、社会的差別に対して社会変革の方向で問題の解決を目指すのである。この類型に属する人びとは、母国語を知らなくても恥ずかしいとは思わない。本名を使用しながら、相手が在日韓人でも日本人でも誰でも民族差別に対し闘う。この類型の人びとで、福岡安則は民闘連の会員を思い出している（福岡安則 1993：90）。

　祖国志向型では、福岡安則は朝鮮総連の若い会員を模型化した。この類型の人びとは、祖国の発展と祖国の統一に寄与するのを第1の目的とする人びとで、民族に対する誇りが強く、日本社会での民族差別に対しては「自力救済」を図る人びとである。彼らは民族学校の教育を通じて、民族の誇りを内面化した人びとで、朝鮮語が話せない人は朝鮮人ではないという意識を持っている。彼らは学校にしろ、その後の活動にしろ、彼らの生活空間が在日朝鮮人の世界に限定される傾向がある。

個人志向型は、個人主義的な意味で「自己の確立」を達成する人びとをいう。彼らは祖国にも日本にも愛着心が薄く、民族や国籍などにとらわれずに個人の業績を評価するので個人主義という。彼らは日本の一流大学を卒業し、アメリカに留学もし、日本の一流企業への就職を目指す若者である。彼らは日本社会での違和感や葛藤の体験にも自身のマイナスのイメージを抱くのではなく、自分の置かれた状況が問題だと思える人びとである。

　帰化志向型とは、日本人に一体化することで民族差別を受けないですむ存在になりたいと願う人びとである。彼らは、家族以外は日本人ばかりの環境に住み、民族的出自を隠して育ったので、自分が「日本人ではない」ことを知らずに成長した。自分が在日韓人だと知った時点で悩み、そこで選択する生き方が日本社会に適応することである。彼らにとっては祖国とは祖父母が生まれたところであり、自分の国は日本で、日本国籍を取るのが当たり前である。

　民団の傘下団体の在日大韓民国青年会で活動する若者を福岡安則は同胞志向型と名づけた。これは共生志向と祖国志向の中間に位置する類型で、権益擁護や処遇改善の運動を通して民族的なものを内在化し、運動の目的を「在日韓人のために」という。彼らは、母国は韓国、居住国は日本という意識で、韓国も日本も愛するという双方愛着を特徴としている。

　5つの類型に在日韓人を分類した福岡安則は、1993年に在日韓国人青年意識調査を行いながら5つの類型にさらに2つを加えた。これは葛藤回避型と葛藤型である。これは5つのどの類型にも属することのできない若者である。

①祖国志向型：祖国の発展・祖国の統一のために尽力すること
②同胞志向型：在日韓人が安心して生きていける条件をつくっていくこと
③共生志向型：日本人と共に生きられる社会を実現すること
④個人志向型：自分自身が社会的に認められるように自己実現を成し遂げること
⑤帰化志向型：日本で生まれ育った者として、日本人と同じようになっていくこと
⑥葛藤回避型：くよくよ考えずに気楽に生きていくこと
⑦葛藤型：どのように生きていけばよいか迷ってわからない

この設問に対し、複数選択、単一選択そして再選択を行った結果が表11-5 であった。祖国志向型は複数選択で6.3%、単一選択で2%と少数である。これに属する青年は朝鮮学校を卒業し、朝鮮総連への帰属意識が強く、北朝鮮の在外公民として日本に生活している人である。韓国籍の青年にもこの祖国志向型が少数ではあるが存在する。彼らは特に韓国民主化闘争に関心が強い青年である。彼らが国内問題というときには、日本国内でなく韓国の国内問題をいう（福岡安則、金明秀1998：131）。

同胞志向型は表11-1によれば複数選択で37.4%、単一選択で13.4%、大体4番目に近いパーセントを占めている。これに属する人びとは在日韓国青年会の幹部および活動者であった。この類に属する青年は民族としての内実と共にもっと生きやすい条件をつくり出すにはどうしたらよいかを考える人びとであった。

共生志向型は複数選択で51.5%、単一選択で19%を占め、複数選択で1番高かった類型である。彼らは民闘連の人びとで、日本社会で民族差別をなくす闘争を続け、日本人と在日韓国人との違いを認め合って共に生きる社会をつくることを目的としている青年であった。

個人志向型は複数選択で44.5%、単一選択で22.8%と、単一選択で2番目に高いパーセントを示している。この類型に属するのは、個人的に努力し、能力を発揮して社会的に認められたいという思いを持った人びとである。

帰化志向型は複数選択で25.6%、単一選択で13.4%と、各4番目に高いパーセントを見せて低い傾向に属する。この類に属する青年は、まだ帰化していないが、一定の状況になったら帰化する可能性が高い青年であった。

葛藤回避型は複数選択で46.1%、単一選択で23.1%と、複数選択では2番目に、そして単一選択では1番高い指数を見せている。これに属する青年は現実に気楽に生きていこうとする人びとである。ところが、この類に属する人も話を進めれば心の奥の悩みや葛藤を話すので、無葛藤ではなく葛藤を回避する人びとであった。

葛藤型は複数選択で4.9%、単一選択で2.6%と、最も低い指数を見せている。この類の青年は日本人でもなく韓国人とも言い切れず、葛藤を経験して自分自

身の生き方が明確でない人びとである。このような価値観の葛藤は10代の思春期に多く体験するが、青年期に達するとそれを克服していくのである（福岡安則、金明秀1998：134）。

　福岡安則と金明秀の研究が本書の「4つの世代論」と一致するものではないが大抵の傾向は似ている。共生志向と帰化志向は2世的であり、個人志向と同胞志向は3世的な性格を見せる。祖国志向型を福岡安則は朝鮮総連の青年と決めつけているが、4つの世代論に合わせばやはり1世的といえるだろう。葛藤回避型と葛藤型はどの世代にも見ることができる。福岡安則と金明秀の研究でおもしろいのは、祖国志向で朝鮮総連の青年の行動類型を説明した点である。在日韓人の置かれた条件を法制上、政治的動機、世代的要素に分類した原尻秀樹は、バースのエスニック・バウンダリー理論を導入し、在日韓人の民族境界に従って次のような9つの範疇を設定した（原尻英樹1988：92）。

① 民族団体である民団の組織に積極的に参加し、自己を大韓民国の一員と思う人。
② 朝鮮総連の組織に積極的に参加し、自己は北朝鮮の一員と思う人。
③ 民族的自覚と祖国の統一が有機的につながっていることを強調し、母国語を愛することが祖国を愛することであるという意識が強い人。
④ 韓半島の政治的影響は抜きに、自分はただ朝鮮人であるという人で、民団や朝鮮総連で積極的活動をしない1世をいう。
⑤ 在日の朝鮮人であるという主体性を持っている人びとで、③と違って主に2世、3世の世代が多い。
⑥ 帰化したものの大韓民国に対する帰属感が強い人。
⑦ 国籍は日本であるが出自が朝鮮であり、自己が朝鮮系であると自覚している人びと。
⑧ 帰化しても北朝鮮に対する帰属感が強い人。日本国籍取得後、今までの朝鮮人との付き合いを断ち切り、日本人になりきって生きる人びとで、大部分の在日朝鮮人帰化者がこれに属する。
⑨ ①〜⑧までのいずれにも属さない人びと。韓半島の影響による政治に無関心であり、帰化人としての自覚もない混血児などがこの行動をとりや

すい。

　在日韓人に対する外からの圧力によって、民族境界に動態が見られる。外からの動態要因は、日本政府、韓国、北朝鮮の政策である。

　日本政府は帰化者⑧の増加を助長し、そのため在日韓人に対する偏見をなくし、受容的態度の同化を進める同化行政を促進する。韓国は①の韓国人の増加より、⑤の韓国系帰化者や⑧の日本人、⑨の自由人などの増加を好んでいる。北朝鮮は在外公民としての在日朝鮮人を存続させようとしているので、②の北朝鮮人の増加を助長している。ところが、在日韓人の社会では民族団体離れが進んでいるので、①の韓国人と②の北朝鮮人は減少する傾向があり、それとは反対に混血者や帰化者が増加するので、⑧および⑨の自由人、国際人が増加している。

　原尻英樹の9分類を世代的に大分すると、1世の範疇に属する①、②、③、⑤、⑥、⑦、⑧と2世、3世に属する④、⑨とに分けることができる。1世的範疇に属する7つの範疇は、帰化しなかった①、②、③と帰化した⑤、⑥、⑦、⑧に分けることができる。帰化しなかった①、②、③を、民団や朝鮮総連に属する人、そして両方に属さない人に分けた。帰化した人も、民団や朝鮮総連の意識が強い人と弱い人に分けた。結局、原尻英樹の範疇論は世代より帰化した者と帰化しなかった者とに分けたものであり、それに加えて民団や朝鮮総連かという民族団体の帰属に重点を置いた分析である。

Ⅲ. 在日韓人の思想

　在日韓人としての生き方を真剣に論じ始めたのは、在日韓人の社会が1世から2世、3世に移った1980年以後のことである。2世、3世が多数を占める在日の生き方として提起されたのが、あの有名な「第3の道」である。これが表面化されたのが坂中英徳の帰化に関する論文があった後の1979年8月に出た「朝鮮人」17号であり、後にこれは単行本として飯沼二郎編著『在日韓国、朝鮮人』の名で出版された。これは「朝鮮人」の発行人である飯沼二郎と金東

明との対談の形式で書かれている。

　金東明との対談で、日本で生まれ育った在日韓人2世、3世は、1世のような「仮の在日」ではなく、日本に定住するほかはない、また、祖国の言葉も文化や風習も知らない、南北いずれの祖国にも帰れない「在日世代」であると述べられている。

　日本に置いても、帰化を勧める民団は別としても、民族を主張する朝鮮総連の場合、正しい歴史的視点や社会科学的見方を十分に消化していないので感情論に傾き、朝鮮総連が日本人から不信の敵になる。そうはいっても、一部の日本人は在日韓人の立場を理解し、韓国の民主化にも在日韓人と共に闘ってくれた。しかし、日本政府は日本国籍を持つ韓民族ということを絶対に認めないし、帰化によって民族差別が解決されるわけでもない。それに、帰化して民族性を喪失するのは人間としてのプライドを放棄することになるので、帰化しないで在日韓人の存在を守るべきであるという意見もある。

　このような立場を飯沼二郎の言葉を借りれば、「総連も困る、民団も困る、あるいは朝鮮半島を見た場合に共和国ももう希望の星ではない。南の朴正煕政権、これはもちろん誰が見ても札付きのファシズムで困る。しかし、帰化をせずに朝鮮民族としての民族的な自覚と誇りを持って、日本にこれから長く住んでいくという、一代だけでなく子々孫々で住んでいこうという第3の道があってもいいと思う」と話した（飯沼二郎 1988：68）。

　飯沼二郎と金東明がいう「第3の道」は2つの次元を含んでいる。すなわち、韓半島の南と北のどちらにも自分を位置づけることのできない意味での第3の道であり、日本内に問題を絞ったとき、民団でも朝鮮総連でもない意味での第3の道である。第3の道の具体的内容として、彼らは民族教育を取り上げている。これを民団の教育でもなく、朝鮮総連の教育でもない、新しい民族教育と言った（飯沼二郎 1988：81）。

　飯沼二郎と金東明の第3の道に対し金時鐘は、祖国から離れた在日韓人は民族性の喪失につながると主張した。すなわち、「祖国のありようとか、民族団体に参与を考えない人たちにとって民族性が保持されるものなのか」というのである

李恢成の場合、第3の道を「逃避の道」と批判した。すなわち、金東明が前提とする日本生まれの2世、3世にも日本への定住志向者だけでなく祖国志向の人びともあり、第3の道とは日本への定住化であり、これは民族的主体性の欠如からくるものであるという。特に在日韓人の基本的矛盾は日本社会にあるのではなく、祖国の分断という政治的状況がその生存をおびやかす基本的な矛盾だといった。問題の根源を祖国に持つ在日韓人が祖国を遠ざけるのは「逃避の道」にほかならないのであり、祖国志向の喪失は民族性の喪失につながり、これは結局同化につながるのであるという（李恢成1988：132）。

しかし、若い世代の朴一は金時鐘や李恢成とは違う意見である。すなわち、金東明が提起した「第3の道」は、日本に住みながら帰化をせずに韓民族としての自覚と誇りを持って生きるのであり、特に新しい世代には一定の方向性を与えた（朴一1999：78）。

「第3の道」はその前提が坂中の論文である。そして1970年代の事項的条件の産物で、韓国でもなく日本でもないのであるから、日本に住みながら帰化しても在日として生きろというのである。

金賛汀によって主張されている在日の生き方を「共生の道」という。彼によれば、共生の道とは、「ある国家内での定住諸民族がその定住国で民族的諸権利を平等に受け、定住国の文化、社会、経済、政治の発展に寄与する義務をともに負い、その権利を主張できる生き方という意味」である（金賛汀1994：50）。

彼によれば、祖国への帰属意識が強い在日韓人の1世や2世は、日本との共生を信じることができず、日本社会で生まれ育ち、日本社会で人間関係を築き上げ、日本社会に溶け込んでいる3世・4世が共生の道を歩む背景を整えている（金賛汀1994：51）。

共生の道は1990年以後多くの知識人たちが主張した思想であり、社会運動の展開の方向であった。ところが真の共生の道は、日本社会に溶け込んでも在日韓人としてのアイデンティティが確実に持っていなければならない。

祖国が統一されれば祖国に引揚げするという「統一引揚げ論」に対する反対意見をごく慎重に述べた作家金石範は、在日韓人に対し日本への定住を主張した

り勧めたりするのではないが、帰国できる人はともかく、何十万人にも及ぶ在日韓人の住むところが日本以外にどこにあるのかといい、結果として在日韓人は日本に定住するしかないことを述べた（金石範 1985：161）。

　在日が日本に定住するのは日本国内の異民族集団としての少数民族化である。現在の在日は、入管当局の規制の対象である限り日本の少数民族ではない。日本のなかの少数民族とは、日本に定住する外国人としての権利、義務を持って日本に個人的に帰属するものである。ところが在日の場合、植民地時代に韓民族としての人格が破壊されたまま、2世、3世はその結果として非韓族的な人格を形成してきたので、その人間回復なしに日本人になるのは主体的存在としての自分を拒否すること、いわば主体性を失うことになる。在日の立場は、差別の克服と告発を超えることを己のものとする自立性を持つことである。そして在日と日本人との関係は、差別・被差別の視点ではなく平等な関係でなければならない。その関係をつくるのは差別された者からの告発であり、相手の意識を共に解放し、共に自由に至る立場でなければならない（金石範 1985：45）。

　在日韓人は祖国の住民と違って両義性を持っており、それゆえに必然的に祖国の場合とは違う立地的条件を担うことになる。両義性とは祖国への帰属性と共に「在日」の位置からして日本社会への帰属性である。この場合の帰属は国や民族ではない。一般に日本に定住する外国人としての権利、義務を持つという意味である（金石範 1985：40）。

　金石範の少数民族論は、在日韓人が日本社会にあるべき少数民族としての存在を確認するという在日の存在論である。在日の存在論が確立するには、自己の権利、義務を主張することのできる主体としての在日韓人とそれを認める日本社会の雅量（寛容な心）が必要である。

　少数民族としての定住化が進む在日韓人の生き方を在日の方法論としてとらえた人が姜尚中である。彼によれば、独自の意義を感じない在日韓人2世や3世が定住化を進めるのは、既成の民族組織が彼らを吸引する力を失ったからだという。彼は、民族組織から離れた2世、3世が、日本社会が要求する「異質的なもの」を持つことができないことに問題があるという。

姜尚中が最も問題にしたのが在日韓人を受け入れる日本社会である。日本が敗戦によって旧憲法体制が瓦解したといっても、一民族一国家の律令国家的体制の基層定型は変わるところがなく、未だに続いていると述べた。これは数百年間日本がアイヌ民族や沖縄人を扱ったやり方で明らかである。このような日本社会で「朝鮮系日本人」になることは「賤民化」にほかならないと主張した。在日韓人が日本社会における階級序列の外側ないし最下位にあっても、祖国に向かい祖国とのつながりを持てば賤民化を避けることができる。そこで在日とは目的にではなく「方法として」生きるべきだといった（姜尚中 1988：260）。

　姜尚中は、在日韓人が日本の社会で少数民族として生きるために祖国とのつながりを重要視した。まず、日本が長い歴史を通じて形成した社会構造の骨組みを立て直すのは、少数民族の力では不可能である。その条件では、アイデンティティが弱い在日韓人2世や3世は日本の最下位の賤民にしかなれない。それを避ける道は確固たるアイデンティティを持つことであり、それを祖国からもらうことである。そして、祖国を背景としてのみ堂々たる少数民族となりうる。姜尚中が「在日」を方法論と規定したのに対し、梁泰昊は「在日」を事実として取り上げて姜尚中を批判した。梁泰昊理論の大前提は、在日の意識が変化するのであり、その背景には日本社会の変化があるという（梁泰昊 1988：265）。

　姜尚中は、在日が少数民族として定住化するのにはいくつかの問題があり、その問題とは「異質なるもの」としての自己覚醒の困難さだと指摘した。これに対し、梁泰昊は「在日として生まれたことを大切に思いながら生きていこうとする流れは、そんなに弱いものではないと思う。この十年の民族差別との闘いの歩みは、マイノリティとしての自己を見失うまいとする自身との闘いであったということである」と述べた。在日を受け入れる日本の社会に対しても、姜尚中は「基礎定型」が変わらないと見たのに対し、梁泰昊は、日本は単一民族社会であると固執する側とそうであっては困るという側が綱引きをしていると見た。戦後40年間、特にこの10年間、確かに日本社会は変化してきたという（梁泰昊 1988：268）。

人権運動家の梁泰昊は、特に姜尚中が在日の差別撤廃と人権・市民権獲得運動を否定的に見たのに反し、市民的権利を獲得するために闘う過程で、自分の意思を確かめ、人間的解放を達成すると共に、人間としての正義を求める人びとが手と手を結び合うとき、国籍の壁を乗り越え、同化を克服することができるといった。姜尚中が「在日」を方法と見たのに対し、梁泰昊は「在日」が昇華されるべき仮の姿であることを意味すると見て、これはマイノリティとしての自己を否定し、マジョリティの地位に伍して並ぼうとするものであるといった。それは結局、マジョリティによるマイノリティへの差別を承諾するのであるから、「在日」を方法ではなく「事実」としてを考えるべきだといった（梁泰昊 1988：273）。

梁泰昊の事実論の理論の基本は、2つの面で姜尚中の方法論と違いがあった。1つは日本社会に対する見方であり、もう1つは在日韓人自体に関する見方である。梁泰昊は日本社会も変化するのであり、すでに変化していると見た最も重要なのは在日韓人に対する見方であり、主体性を持つものとして肯定的に見たのである。

梁泰昊の反論に対し、姜尚中は長い論文を通して自分の考えを述べ、梁泰昊に反論した。まず在日韓人を受け入れる日本社会に変化があるとの梁泰昊の主張に対し、姜尚中も、たとえば指紋押捺問題に多くの日本人支援者があり、「仕方なく民主主義」であっても、日本のうちに生活民主主義が台頭しているのを認めた（姜尚中 1988：277）。

姜尚中が梁泰昊と違う点は、在日が求める「定住外国人」の「外国人」に力点を置くか、「定住」にウエイトを置くかである。姜尚中は「外国人」を強調し、梁泰昊の考え方は「われわれがあくまでも外国人であり、祖国を持っているという自明の理をないがしろにしかねないように思われる」といった。そして、「在日」を祖国から切り離し、日本国内の差別問題だけに解消してしまう論法は、表面的には生活の実体から発する自然な傾向のように見えるが、実際には国境を跨って生活空間と意識を保ち続けたいと願う人びとのリアリティーからも遊離しているという。

人権・市民権獲得の運動も、姜尚中は祖国の分断時代に終止符を打つよう

な民族的歴史意識の変革が進みつつある祖国の動向を直視し、それに対応する「在日史」の再検討と歴史意識の想像が不可欠であるといった。ここに両氏の決定的なズレがある（姜尚中 1988：280）。

「方法としての在日」について姜尚中は、「南北」と日本、そして在日の関係の総体を視野に入れつつ、「定住外国人」としての生を民族的価値の再生と統一されるべき民族国家へと方向づけていくことを意味するといった（姜尚中 1988：284）。

もう一度、姜尚中の反駁縛論を整理すれば、日本の変化論に対しては譲歩したけれど、在日韓人に対する意見はもっと確固に整理したのである。すなわち、在日韓人はあくまで日本に住む外国人であり、しかも祖国を持っている韓国の「在外同胞」としての外国人であることを見逃してはならないという。

姜尚中の反論に対し、梁泰昊もまた反論をした。梁泰昊は在日を「定住外国人」と見なすことに対し、なぜ在日が外国人であるのかと基本的疑問を取り上げた。国籍が日本ではないから外国人というなら、帰化または混血などの日本国籍を持つ韓人はどうするのかということである（梁泰昊 1988：293）。

在日が定住化を始めたのは、日本が難民条約に加盟した1982年以後のことである。日本の社会条件が、定住した在日は祖国に直結するのでもなければ外国人として管理されるのでもないという自我の主張として、外国人であることの象徴としての指紋押捺を拒否するに至ったのである。外国人でなければ、日本人だと短絡すべきではないといった（梁泰昊 1988：300）。

姜尚中が「われわれが韓人であることの本源は祖国にある」というのに対し、梁泰昊は強く反対している。それは60年にわたる在日の歴史はもちろん祖国の歴史と無関係ではないが、その歴史は在日特有のものであるという。そこで祖国と「在日」の二重性を持って、姜尚中は外国人であることを方法化しようとし、梁泰昊は外国人とは言い切れないことを事実として押さえようとした（梁泰昊 1988：291）。

梁泰昊の反駁論は在日韓人を強調し、祖国とは無関係なものとして完全な意味で独立体的な在日韓人と見たのである。これは特有な条件で成長した存在であり、そう存在すべきであるというものである。梁泰昊が在日韓人自体を高く

評価したのはよいけれど、祖国との関係を軽視したのには問題がある。

　出自の祖国と生活の場としての日本という2つの文化圏に属する国際人としての在日の肯定的意識を、金両基と李起南は複眼的だと名づけ、これに基づいた物事の是非を客観的視点から正しく判断できるという能力を複眼思考といった。彼によれば、在日で韓国人でもない、日本人でもない私たちにとって唯一の共通点となるのは「私たちは人間である」ということである。私たちはつまり、4つの目と2つの文化を共有する新しい型の人間なのである、2つの文化を共有する国際人であるという（金両基 1986：1、李起南 1989：73）。

　彼は在日の過去を振り返り、「被害者意識から加害者である日本に反抗するという形で、暴力的で自滅的な思考・行動をとる場合もある。そしてまたその悲観的思考パターンから私たち在日韓人の存在自体を否定的に眺めてしまい、その悲観的思考パターンから出られない場合も多かった」と述べた（李起南 1989：147）。

　ところが、在日が日本と韓国という2つの世界を持つ長所として「在日として日本に生まれ育ったがゆえに、私たちは自然と日本人と韓国人の国民性の違いを知るようになり、その長所も短所も同時に知るようになった。そんな私たちの複眼思考が、そして存在が、今日の日本にとって世界のなかの日本という大きなテーマを考えるときに非常に重要になってくるのは当然だ」という（李起南 1989：147）。

　日本で在日が民団と朝鮮総連に分かれた不利な条件も金両基と李起南は肯定的に評価し、「不幸にも祖国に置いての思想の対立は、在日でも韓国籍を持つもの、朝鮮籍を持つもの、民団と総連という組織に分断されている。その環境がまた私たちに物事の是非を客観的に見て判断しようとする目を育ててくれたのではないか」という（李起南 1989：148）。

　分断された祖国は在日に辛い思いをもたらすが、祖国を遠くするとき在日は在日になれないということを彼は、「在日韓人が日本社会にすっかり溶け込み、本国である韓国・北朝鮮のことを忘れ、韓民族として生きることを忘れたとき、きっと私たちは自己の存在、アイデンティティを失い、中途半端な日本人にならざるを得ない」と述べた（李起南 1987：172）。

民団と総連、日本人と在日韓人、韓国と日本、韓国と北朝鮮の架け橋の役割を果たすことができるのは、在日が正しい民族教育を受けることだと彼は言った。「在日韓国人としてでも、在日朝鮮人としてでもない、正しい民族教育が施され、国際人として立派に生きていくことのできる教育が必要である。内なる国際化、自己発見、日本人発見のための貴重な知恵袋としての民族教育」を主張した（李起南1987：171）。
　これによって在日は南北の両国にある共産主義、資本主義思想の是非を問い、北と南のパイプ役になれたなら、そのときこそ統一という韓民族の長年の夢を実現できるのである（李起南1987：173）。
　金両基と李起南の複眼思考とは、韓国と日本の2つの社会を理解する特別な条件を持つ在日韓人の立場を明らかにした。その条件は韓国と日本の中間者であり、また仲介者であるという。このような中間者としての役割をなしうる主体は、正しい教育によってのみでき上がるという。

Ⅳ. 在日韓人意識の範疇

　在日韓人が民族的主体性を表明するとき、いつも問題になるのが本名の使用と国籍の問題である。本名の使用は個人的な領域で、自分の由来による主体性の表示である。国籍は行政差別に対応する名分となるが、特に帰化問題の公的領域で民族自体を象徴する。
　民族的主体性を表す本名の使用は、やはり民族教育経験、民族団体への参加経験など、教育と社会環境が重要な影響を与えた。そして個人的次元では個人の学歴と家族環境が重要な要因であった。
　本名の使用は祖国志向型に生きる外的表現であり、実際生活ではあまり意識していないのが普通であった。たとえば、普通の日常生活では真剣に考えることなく、ただ通名を使用しているし、通名の使用は差別回避のために意図的にするのではなかった。特に重要なのは、本名で生きることと本当の自分らしく生きることとは無関係であるという事実であった。すなわち、本名の使用は外

的形式的象徴に過ぎないのである。

　在日韓人の意識は三次元で説明できる。その1つが無意識に近い感情的・心理的次元であり、1つが行動や言語で表現する意識的次元である。最後の1つが思想的次元で、これは在日韓人の精神的指導者が表明する。

　ところで、日本人が在日韓人を差別するのは意図的なものであり、在日韓人が祖国志向であるのは理想的である。在日韓人は、日本という現実と祖国という理想の2つの軸の間に存在する人びとである。その現実が非友好的であり、その理想が楽観的であることに問題があり、そこでさまざまな意識の類型が生じ得る。

　在日韓人の意識類型を福岡安則と金明秀は7つの類型に分けている。この7つの類型は在日韓人の志向の目標と方法を混合したもので、目標的志向型は結局、祖国志向型、帰化志向型、そして同胞志向型または現実志向型の3つに分けることができ、彼らがいう個人志向型、共生志向型、葛藤回避型、葛藤型はみな現実志向型に属する。個人志向型は現実的問題を個人的に解決しようとする人びとである。そして葛藤回避型と葛藤型は差別に対する対応の方法で、方向性とは違う。結局、3つの志向で最も多いのが現実志向型であり、その次が帰化志向型、そして祖国志向型は一番少なかった。すなわち、在日韓人の意識は帰化に反対しながら日本で少数民族として生きたいという意識が強いのである。

　福岡安則と金明秀の研究に比較すれば、原尻英樹の分類は民族団体と帰化という2つの軸を基準にして在日韓人を意図的に分類した。帰化しない人を民団系、朝鮮総連系、そして中立系に分類し、これに帰化した人を分類したので、帰化した人をあまりに多く細分してしまった。現在、帰化した人は17万人といわれ、在日韓人70万人の中に入れない。その数からしても、17万人の帰化者を細分するのは、在日韓人社会を理解するのに有効ではない。

　本章で取り上げた6つの思想は、福岡安則と金明秀の3つの分類で現実志向に相当する人びとの思想を代弁し、もしくは思想的方向性を示したものである。これを大きくに2つの領域に分けることができる。1つは志向すべき「場」であり、もう1つは主体としての在日韓人である。志向すべき場とは金東明が

いう第3の道、金賛汀がいう共生の道、そして金両基と李起南の複眼思考である。在日韓人を取り上げたのが、金石範の少数民族論、姜尚中に在日方法論、そして梁泰昊の在日事実論である。

　4つの世代論に合わせれば、第3の道は2世時代の場であるし、複眼思考は3世時代の場であり、共生の道は4世時代の場であるといえる。在日韓人自体に関する理論を4つの世代論に当てはめてみると少数民族論は2世時代に適する理論であり、在日事実論は3世時代のものであり、在日方法論は4世時代の話になる。

結　論

　終戦から60余年、在日韓人が住んでいる日本も大きな変化をし、実に重要な時期を迎えている。民族主義を基盤とする民族国家の建設と拡大は敗戦で終わった。民族国家がもたらそうとした夢は破壊と失望しかなかった。敗戦の5年後、韓半島で起こった韓国戦争は、日本の運命に大きな変化をもたらした。これを週刊文春はこう書いている。「奇跡の繁栄と呼ばれる日本の繁栄は韓国戦争なしにはありえなかった。他人の不幸がこれほど極端に一方の幸福になった例は歴史上あったためしがない」（文道平 1998：136）。

　韓国戦争で、破壊された軍需施設と産業構造を回復した日本は、1960年代の高度成長期を迎え、戦勝国と同じ産業化技術革新を行い、交易の増大、交通通信技術の発展を通して経済大国に成長したのである。日本を含む先進国は、経済規模の拡大で多国籍企業、世界資本主義になり、通信手段の発達で情報とニュースの国境がなくなり、交通手段の発展は多くの人口移動を容易にし、特に労働者の移動が活発になった。

　経済の発展と共に国々は福祉国家を名乗り、国民に対する福祉政策を実施し、人間尊重の人権思想が高揚し、先進国はすべての国民がよりよく生きる国づくりに尽力している。アメリカは黒人を含む少数民族に対し、積極的差別解消策（affamative action）で「機会の平等」を越えて「結果の平等」に移行している。国民国家の模範国であったドイツやフランスも多くの移民を受け入れ

多民族国家になり、受け入れた民族と共にお互いの人権と文化を守る多極共存型（consoiational）民主主義国家を発展させる努力をしている。

　福祉先進国でありながらも人権後進国と名づけられた日本は、1976年国際人権規約を批准したのをはじめ、1981年に難民条約、児童権利条約、人種差別撤廃条約を批准し、国際社会からの要求と圧力によって共生社会の人権先進国に向かっている。

　日本が共生社会をつくるというのは、日本に住む外国人と共につくり上げるということである。日本に住む外国人といっても、不法滞留者や犯罪者と共生の社会をつくるのではない。日本人が手をつないで共生社会を建設する人びとは、ほかならぬ在日韓人である。共生社会の建設の相手が在日韓人であることを発見するのに、日本には50年の長い歳月が必要であった。

　この50年は在日韓人の受難の歴史であり、日本民族の苦悶の歴史であった。日本民族の苦悶と韓民族の受難は時期的条件により多くの波を越えてきた。在日韓人を最も明確に見るために、社会生活からとらえた在日韓人の歴史を、1945年から1960年代を第1世の時代、1970年代を第2世の時代、1980年代を第3世の時代、1990年代以降を第4世的世界の時代と4つに分けた。

　日本の終戦後の第1世の時代は、混乱の社会条件の下で韓国に帰国する機会を失った在日韓人の生きる道は、自ら団結し、自求的組織をつくることであった。在日韓人が結成した民族団体は帰国する同胞を援助し、帰国できなかった同胞の生活の安定を求めて、母国語と文化の回復運動を起こした。

　民族団体は、日本の差別に対抗するためには強い民族意識を強調する必要があった。民族団体の成立初期にあった、財産税問題、外国人登録問題、阪神教育事件は、日本の中の少数民族の存在を否認する日本の代表的事件であった。在日韓人は民族的自尊心を守るため、日本に強く抵抗した。日本の圧力が強ければ強いほど抵抗も強かった。在日韓人の民族団体は日本社会の根強い民族差別の所産である。

　解放された祖国に2つの政権が樹立されたため、不幸にも在日韓人の社会にも2つの民族団体が存在するようになった。1つは韓国を支持する民団であり、1つは北朝鮮を支持する朝鮮総連である。民団は韓国との関係で日本での

居留民意識を持ち、朝鮮総連の人びとは北朝鮮の海外公民意識を持つようになった。すなわち民団と朝鮮総連を結成した在日韓人１世には、祖国に対する民族意識は強かったが、居住地日本での国民意識はまったくなかった。

民族意識の象徴物である民団と朝鮮総連は、構成員の祖国志向性により、相互対立と競争へと導かれた。その対立と競争は、祖国の代理戦を日本で行った。北朝鮮への帰国運動の時、韓日条約締結の時、朝鮮大学許可の時、韓国省墓団の時、全斗煥大統領就任の時、ラングーン事件の時など、民団と朝鮮総連は激しい代理戦を行った。

民族団体の競争は祖国への忠誠心の競争であった。南ではソウル・オリンピック、大田世界博覧会、セマウル運動誠金、防衛誠金などの名目で、在日に経済的な援助をもらった。また北でも、世界青年学生祭典、毎年の金日成・金政日親子の誕生日に贈り物をするのが恒例化している。民団や朝鮮総連は祖国に対する忠誠心競争を展開するばかりでなく、日本に置いての生存競争の単位と化した。「境界理論」によれば民団や朝鮮総連は在日韓人の下位集団として機能する。朝鮮総連で最もはっきり見える民族団体は、民族団体で経営する学校で学び、大学校を卒業すると民族学校、朝鮮総連の組織、朝鮮総連が経営する金融機関や朝鮮総連系の企業に務めるので、朝鮮総連自体が生活共同体である。同時に朝鮮総連構成員の間で結婚をする内婚制の機能もしている。

民団や朝鮮総連は在日韓人１世の政治集団であり、社会集団であった。社会集団としての民団や朝鮮総連は日本の同化政策に抵抗する機関として作用した。最も熱心な構成員は、私的生活、家庭生活を犠牲にしながら全力で民族団体に務めた。在日１世は社会生活での不満を家族に注ぎ、在日韓人１世の家長には独裁的性格を持った人が多かった。

在日韓人１世は民族団体で望郷の痛みを慰め、家族での伝統的生活を通して、民族的主体性を確認していた。日常的家庭生活の衣食住が彼らにとって文化的象徴物であり、特に韓国人特有の族譜とチェサ（祭祀）は重要な象徴であった。多くの在日韓人１世は、夜中に家族員だけで行うチェサを最も重要な民族的象徴としていた。

多くの在日韓人１世は学歴もなく、特別な技術もない単純な肉体労働者で

あった。彼らに対する日本人の態度は差別や偏見だけでなく、軽蔑的であった。これから逃れる道は在日韓人なりの集居地を形成することであった。彼らが住む地域は軽蔑の対象になるが、彼らは自分の部落に入ったら、民族の解放感を味わうことができた。彼らは時には共食生活を通して、隣人と情を分け合い、時には高い声で喧嘩をしながら被害意識から逃れることができた。

日本の経済成長に従って在日韓人の集居地は開発され、在日韓人は分居を余儀なくされた。日本の経済成長に乗り込んで、在日韓人１世も経済的発展を成遂げた。経済分野は政治分野と違って日本人と直接競争する領域であり、日本人が最も差別する領域であった。特に在日韓人に対する就職の差別は大変酷いものであった。それにもかかわらず、経済領域は在日１世が日本社会で生き残るには最も重要な領域である。

社会的保障や制度的保護も受けられず、産業分野に捨てられた在日韓人１世らは、ゴミ撤去、汚物処理、養豚などの一番底の賤業から出発し、製造業、建設業、サービス業、運輸業など各方面で労力を重ね、ついに三大民族産業を立ち上げた。在日韓人の日本での三大産業とは、パチンコ、焼肉、サンダルもしくはサラ金である。在日韓人の三大産業は、日本社会の産業構造上では周辺的産業ということができるが、機能面ではとても重要な位置を占める。焼肉は魚を主に食べる日本人に食文化の多様化をもたらした。パチンコは近代産業の一大企業として、特に後期産業社会の日本ではなくてはならない遊興産業となった。遊技業の売上が17兆8,000億円であり、在日韓人業者がその70％である12兆円を担当するのは日本のGDPの3％を占めている。

在日韓人１世が祖国志向的な特性を具体的に表すのが、祖国に対する送金や経済的援助であった。故国への支援を通じて愛国心を表し、日本から差別が強ければ強いほど補償心理として故国に目を向けた。民団と朝鮮総連は激しい愛国心の競争を続けてきた。時間が経つにつれ、在日韓人の１世、もしくは２世の教育熱によって、高等教育を受け、その知識を土台にする多様な経済分野に進出し、多くの在日韓人が中流階級意識を持つようになった。それに加え、遊技業、衣類業、食品業、不動産業、運輸業、貿易業、金融業などで60余りの大財閥があり、世界的大財閥があることは在日韓人が誇りとするべきことで

ある。在日韓人は「被害意識」、「劣等意識」から脱出すべきだと思う。とりわけ在日韓人の経済的基盤の構築や経済的発展は、在日韓人1世の貢献といえる。

池東旭は、在日韓人2世を彷徨の世代と名づけた（池東旭1997：122）。1世が祖国志向であり、日本社会での同化も拒否した一次元的生活や意識を持ったのに比べれば、在日韓人2世は生まれが日本という出発点から1世とは違う条件で生活しなければならないから、その生活や意識が複雑になるしかない。

在日韓人2世は祖国には帰れないので、差別に満ちた日本社会でそれなりに生きる道を開拓しなければならないのであり、社会の入口である就職の差別と闘った。2世の若者が差別に反対する運動を始めたとき民団や朝鮮総連の民族団体はそれを無視したので、1970年から展開し始めた民族運動の主体は1世から2世に移り、民族団体から市民団体に運動の中心が移り、在日韓人単独の運動から日本人有志が参加する社会運動に転換した。

1970年の日立事件以後10年間、在日韓人が展開したさまざまな民族運動は壮々たるものであった、これはアメリカの黒人が主導した民権運動と似ているが、アメリカでの運動は社会的運動であるのに対し、在日韓人の運動はもっと意味の深い民生運動であった。日立問題、電電公社問題、司法修習生採用問題などの就職差別に反対する運動は、定住化を目指す民権運動、民生運動であった。国籍を問題とした公営住居入居、児童手当、国民保険、老人福祉年金などを要求する、行政的差別を撤廃する運動も民生権運動である。申京煥事件は在留権を守るという意味で市民権にも属するが、同時に民生権にも属する。玉姫殿の民族衣装問題だけが市民的権利を要求するのではなく、民族的文化を守るという意味で民族文化守護権に属する。1970年代の民族運動は、国籍による行政的差別に対し、民生権を主張する市民的要求を象徴する運動であった。

民生権を主張する2世の民族運動は社会的同化の過程ながら、結局国籍による問題であった。国籍の問題はすぐ帰化の問題になる。帰化して日本の国籍を取れば問題にならないのを帰化しないで解決しようとするのには問題がある。1世にも帰化の問題はあった。1世にとって帰化の問題は明確である。すなわち1世は帰化を絶対反対する。ところが2世は経済活動のため、やむを得ず帰

化するのである。1世の帰化の動機は経済の問題である。しかし、2世の帰化問題は社会問題である。2世自身が帰化に向いているうえに、日本政府の帰化政策も緩和し、帰化者は増加していた。すなわち、2世の時代に社会的同化が活発に行われた。

　1970年代以後、社会市民運動を主導した在日韓人の2世とは物理的2世だけではなく、1世でも2世的意識を持って社会市民運動に参加した人は2世だということがわかる。これは逆に、物理的2世で強い祖国志向的性格を持ち、日本での市民権や民生権を要求しない人は1世的な人だということができる。

　在日韓人2世は、1世と基本的に違う2つの要素を持っている。2世は出生して思い出の多い幼年期を過ごした場が日本であり、故郷が祖国にある1世とは違うのである。2世が持つ祖国志向性は、1世によって架空的に描かれた祖国であり、望郷的情緒がない。すなわち、祖国と故郷が一致する1世に対し、2世は祖国と故郷が一致しない。従って2世は人工的民族意識と実際的市民意識を持つようになり、日本に置いて社会市民運動を展開していく。

　在日韓人2世は日本の社会で受ける差別と偏見の不満を1世に向けて表現する。もちろん、在日韓人2世が1世に表す不満の方法は、アメリカの若い世代が上の世代に表現するのとは違う消極的・内省的反抗である。反抗をしながらも無意識的に1世から学ぶこともある。在日韓人2世が1世に対して最も不満なのは、祖国に対する無条件的忠誠心である。1世の祖国志向性は理解できるが、それを受け入れることはできないのである。1世によって形成された民団と朝鮮総連の範囲を単位として造成された生存圏が2世には生活の障害となることもある。2世が持つ不満は社会生活だけでなく家庭生活でも多かった。1世にとって重要な民族的象徴を2世は理解し難く、父母に対する不満の表れとして父母と違う自分なりの象徴体系を形成する。たとえば、民族の最も重要な象徴である韓国語を話そうとしないばかりか母国語を失い、1世が大切にするチェサも行わず、チマ・チョゴリ人形を持って民族文化の象徴とする。

　在日韓人2世が構造的に1世と違って1世に反抗する世代でありながらも、2世家族の生活実態調査や意識調査に表示されるのは意外に民族意識が強い。1世との違う象徴体系を持ちながらも心の深層には1世から受け継がれる強い

民族意識を読むことができるのである。在日韓人2世が持つ民族意識は、たとえそれが推想化されたものとしても、教育によって洗練され、生活によって具現されたもので、1世の持つ民族意識よりは高次元的性質を持つのである。これを表すのが金東明の「第3の道」であり、金石範の「少数民族論」である。このような民族意識があってこそ、内外人平等などの市民意識を持つことができ、差別を宿命的に受け入れた1世とは違って、堂々と市民権要求運動を展開してきた。

1980年代に入って展開された最も象徴的な民族運動が、指紋押捺拒否運動である。これはまず外形的に長く続いた運動であり、多くの日本人が参加した日立事件以後に展開した行政差別撤廃運動との差異がある。日本人が参加したので、日本人の人権意識の成長に一助となるという意味で日本人の市民運動になり、在日韓人の人権運動になったのである。

もっと重要なのはその内容である。1980年代も1970年代に展開した民族運動と同じく差別に対する反抗運動であり、民生権、民族権運動であった。ところが1980年代の在日韓人の社会運動を第3世時代の運動として1970年代と区別するのは、まず指紋押捺を始める年令に到達した3世が拒否運動を主導したように、運動の主体が変わったのである。社会運動も1970年代の行政差別に対する反対運動は社会的な保障を要求する運動であった。ところが1980年代の運動は個人的な問題に反する運動のように内容が変わった。

1980年代の第3世時代に展開された運動の1つが子ども会である。これはトッカビ子ども会やロバの子ども会、ウサギ子ども会、高槻ムクゲの会のような、若い青年が子どもを相手に結成した市民団体の活動である。これは差別撤廃運動や権利を要求する運動と違った運動で、自分の失われた文化を探し求める文化運動であった。

2世が担った権益運動、行政差別撤廃運動から見れば、この文化運動は子どもだましのような運動らしくない運動である。ところで、3世が文化運動に向けたのは、内面的には、日本人と対等になったので自分自身に対して自信が持てるようになり、自分のルーツである文化を回復させようとしたのである。また、外面的には、言語や生活習慣が日本化したから非日本的なものを民族文化

に求めたのである。すなわち、日本人と同様になって日本人と共に生きるために文化という象徴が必要になったのである。

　3世の民族文化への復帰は2世に対する反抗心に由来する。2世が自身の環境的不満を1世に投射して民族文化から遠ざかったように、3世は2世に反抗して民族文化を求めるのである。このような現象を文化人類学では「時計の針子の原理」という。1世が右に立ったら2世は左に、そして3世はまた右に戻るのである。戻った3世の民族文化に対する意識は、もちろん1世的愛情とは違う。ところが、民族文化で自分の主体性を求めるのは3世も1世も同じなのである。

　ここでも3世は、物理的3世に限るのではない。高齢の1世でも3世的精神を持てば彼は3世である。3世が文化に民族的主体性の意味を求めるのは、日本社会で共生しなければならないからである。すなわち、民族文化の再生は共生の道である。経済的地位が向上し、精神的余裕がある3世が多数民族と共に生きるのは、自分の異質を認識して初めて可能になる。

　3世的民族文化の再生運動が2世に反抗する方法で成り立つといったけれど、これはまた2世の基盤がなかったら立ち得ないということでもある。すなわち、3世の民族文化再生運動は、外的には社会で学ぶ民族教育を通して、そして内的には家庭では無言で伝わる民族文化の継承を通して造成されたものである。

　このようなつながりと関係は次元的に説明が可能である。1世は居住国を否定した祖国一方的志向で、これは一次元的志向ないし一次元的意識といえる。これに対し、居住国日本での定住を目指す2世は、祖国と居住国、民族と国民の2つを考えるという意味で二次元的意識ないし思想の所有者といえよう。これに対し3世は、祖国と居住国、それに文化を加えたので三次元的思想と価値観を持っている。

　3世の持つ思想と価値観が真実の第3の道である。これは祖国志向でも在日志向でもない在日的意識の上に、在日韓人独特の道を模索するという意味で第3の道である。これは梁泰昊がいう「事実論的在日論」、李起南がいう「複眼思考」と一脈相通ずるのである。共生の道をたどる3世の前に展開される生活

の世界は、1世の生活の世界とはまったく違う生活の世界で、一言でいえば真に複雑なる生の世界である。

　3世が直面する問題はまず結婚の問題である。1世は同族婚一方で徹底的であったが、2世より自由になった3世の前には同族婚と異族婚が同じ重さで近づく。同族婚でも同胞間の結婚、本国人との同族婚、帰化した同族、他民族集団に属する同族など、異族婚より複雑である。異族婚を考えたら、恋愛と結婚の不一致、国籍問題、「ハーフ」、「ダブル」などの名で苦悶するであろう子女教育問題、そして忍耐すべき民族感情の問題などが山積である。

　3世の家庭も、1世の家族のように家父長制家族ではなく、構造的に家族員の人権を尊重し、愛情を基盤とする民主的家族でなければならない。それに中産層的生活を維持しなければならないし、民族文化的象徴体系も持たなければならない。3世になっても食生活や祭祀がなくならないのはこのためである。

　3世が伴う社会生活も複雑である。少数民族の生命は自尊心にある。これを民族的主体性といってもよい。本名の使用問題、帰化の問題、民族教育の問題はみな民族的自尊心である主体性と関係がある。本名の使用は社会的実用性の問題と関係し、帰化の問題は社会的実用性、経済的利便性という実利的問題と、自尊心を捨てる象徴的意味があるので、3世でも思ったより帰化には慎重である。彼らも帰化者と非帰化者の価値と役割を知っている。民族教育はいうまでもなく民族的自尊心をどのように次世代に伝えるかという問題である。

　第3の世代になってもっと深刻に思われるのが教育の問題である。在日韓人に置いて民族教育は失った韓民族の文化と魂を回復する意味があった。特に朝鮮総連は第一条校でない民族学校の教育を守り、民団系の在日韓人が差別撤廃などの権益運動を展開しているのに関係なく、ただ民族教育に全力を傾注し、教育差別に反対する運動を展開してきた。ところがその教育が日本社会とあまりにも違うので社会問題となり、また北朝鮮の問題と朝鮮総連の問題が重なり、在日韓人の社会に大きな波紋を起こした。

　91年覚書から始まる1990年代以降の時期を第4世的世界と名付けた。これは第4世の時代でなく第4世的時代である。4世的というのは年令に関係がないという意味である。どの年代に属しても、4世的な意識と行動様式を持てば

よいのである。つまり三次元的な民族意識を持つけれど、祖国の行方にしろ、居住国の日本にしろ、もっと積極的な性格を持つのである。たとえば祖国の未来像として統一の問題を真剣に考える。

1990年代以後の在日韓人の社会の主な現象ないし、メイン・テーマは共生社会である。日本人との共生社会の先決問題が戦後補償である。日本の戦後補償問題の解決なしに共生の道はありえないという声がまだある。共生の道を共に進む日本人のために日本の戦後補償問題を解決すべきである。

共生社会の具体的な実践が参政権の要求である。要求という運動の形態では、参政権運動は民権運動や民生権運動と似ているが、在日韓人の立場では参政権は積極的要求であり、政治的要求である。ところが内容が政治に関するので、日本社会が在日韓人に積極的民主権を与えるのに躊躇する。しかし、在日のほとんどは、あらゆる面で日本が困難な状態に陥ることを望まないだろう。

文化運動や社会運動でも在日韓人はかなり進んでおり、成熟な社会を構成している。ふれあい会館は文化運動や社会福祉運動で地域社会を含み、地域内に住んでいる100以上の民族と共に生きる場をつくってきた。大阪のコリアNGOセンターの活動も市民団体との協力だけではなく、役所との関係も緊密であり、ワン・コリア・フェスティバルは国際的な祭りとなっている。在日4世の文化運動をその以前の文化運動より格上している。

在日韓人が主唱する共生の道には、まず日本に住むすべての同胞が含まれなければならない。たとえば民団の立場で朝鮮総連の人、日本に帰化した韓人、新しく移住した新韓国人を含むべきである。これを含まずに日本人と共生し国際化を進めるというのは理論的に成り立たない。共生の思想はまず日本に住むすべての同胞を基礎にして、他民族である日本人との共生の道を模索するのである。それに日本社会にも国際的な感覚に立脚して、日本を国際化し、日本の共生社会を構築しようとする思想が生まれ、名実共に共生社会をつくる運動が展開されてきた。

日本の立場でも川崎の例のように、すでに100以上の民族が住む多民族国家になりつつある。食糧にしろ、エネルギーにしろ、ほかの国に依存する日本が国際化し、内外の民族と共生社会をつくるには、日本人と共に長く生きてき

た、そして定住外国人と名づけられた在日韓人と共に摸索すべきである。

日本人が在日韓人と共に共生の道を進める際に一助となるのが新韓国人と韓流ブームである。新韓国人は韓国で生まれ、韓半島で生活をしてきた人びとで、彼らがどのような意識構造や生活様式を持っているかを知るのが重要である。これは日本人だけでなく、在日韓人にも当てはまる。日本で流行している韓流は、日本人と韓国人の心の交流が可能であることを証明するものであり、共生を促進させるよい媒介物である。

共生の道を進める第4世の時代に浮上した社会現象の1つは、国際結婚が増加し、帰化が増加したことであった。これは一般的同化理論でいう夫婦的同化であり、同一視同化で、実は構造的同化の最後の段階の同化であった。

ところが、この文化人類学的一般論が通用しないのが日本である。文化的に完全に日本化し、構造的に完全に日本社会に没入されて帰化をしたが、日本人がそれを偏見なく受け入れないという指摘がある。日本語しか話せない在日韓人が日本人と結婚したとしても、すなわち夫婦的同化を成し遂げたとき、日本人が日本人として受け入れないのが問題である。すなわち日本での同化の道は、帰化者の数が問題ではなく、日本人の心にある。これを心理的受容という。日本にいくらよい同化政策があっても、同化させる心理的雅量がないと無意味である。日本の曖昧な少数民族である在日韓人は、自分の民族文化に誇りを持ちながら共生の道をたどるのに50年がかかり、在日3世代と良識ある多くの日本人の力が必要であった。

在日韓人が日本社会で共生の道をもっと確実なものにする力になるのが日本をよりよくしたいと思う日本人であろう。また、韓国に住む韓国人だけでなく、在日韓人と同じ境遇である「在外同胞」である。世界150か国に約700万人の「在外同胞」が住んでいる。彼らも居住国の少数民族であるため、日本とは違う環境や条件でありながら、それなりの差別や偏見と闘っている。しかし、在日韓人のように苦難の道を歩んできた在外同胞はいないだろう。しかし、在日韓人が民族的に苦しめれば、苦しむほど、そのしっぺ返しは日本人に帰ってくることを認識する必要がある。少なくとも、一人でも在日韓人が日本で、韓国籍で生きようとするのであれば、祖国はそれに応える必要がある。長

い移民の歴史を持っている在日韓人、日本の植民地出身の在日韓人、民族の分断の悲劇を骨深く経験した在日韓人に、少なくとも韓国政府、韓国人は敬意を払うべきで、彼らの生き方を最大限尊重すべきである。在日韓人のすべての問題はよその火事ではなく、日本・日本人の問題でもある。また、韓国人、韓国政府は、祖国の発展に最も貢献した在日韓人に、今後何をお返しできるかを真剣に考える時期が来ている。

参考文献

(韓国語)

강덕상 정진성『근현대 한일관계와 재일동포』서울대출판부　1999
강영권『끌려간 사람들、빼앗긴 사람들』해와달　2000
　　　『강제 징병자와 종군위안부의 증언』해와달　2000
高承濟『韓国移民史研究』章文閣　1973
김인덕『재일조전인사와 식민지문화』경인문화사　2005
姜在彦「재일 한인의 거류사」『세계속의 한국문화』63-69. 1991
金敬得「재일 한인의 민족의식과 모국관」『세계속의 한국문화』415-423. 1991
金重煥『抗日勞鬢鬪争史』集賢社　1978
金相賢『재일한국인―재일동포 100 년사』한민족　1988
김성호『토오쿄오에서 보내는 편지』솔내음　2004
金両基「일본 한인사회에서의 전통문화의 계승과 보존」『세계속의 한국문화』301-317. 1991
金應烈「재일한국인의 사회적 기회」『재외한인연구』창간호 35-58. 1990
김주희「재일한인의 친족생활」『재외한인연구』4. 85-108. 1994
김태영저 강석진역『저항과 극복의 갈림길에서』지식산업사　2005
김 환「재일 한국인 자녀교육의 현황과 문제점」『세계속의 한국문화』709-755. 1991
다나가히로시 (田中宏)「日本에서의 한국인 영주자들과 신입국자늘」『재외한인연구』3. 307-318. 1993
閔寛植『在日本韓国人』亜細亜政策研究院　1990
朴炳閏『91 年 問題를 어떻게 対応할 것인가』国民文化研究所　1989
신숙옥『재일조선인의 가슴속』도서출판　2003
서경식『소년의 눈물』돌베개　2004
오청달 이월순「재일동포의 활약상」『세계속의 한국문화』608-625. 1991
이건우『우리도 대한민국 국민입니다』재일국민의 조국참정권회북을 위한 시민연대　2002
李光奎『재일한국인』일조각　1983
　　　「국제인권규약과 재일한국인의 주체성문제」『재외한인연구』창간호 1-16. 1990
李求弘『오늘의 在日韓国人社会』人文出版社　1974
이남호『在日僑胞立志傳』三寳文化社　1981
李文雄『세계의 한민족―일본』통일원　1996
정구종「일본의 재일한국인정책에 관한 연구」(석사논문 연세대학교 행정대학원) 1988
鄭印燮「재일한국인 법적지위협정」『재외한인연구』창간호 17-34. 1990
　　　「재일교포의 섭외가족법상의 지위에 관한 연구」『재외한인연구』4. 109-144. 1994

『재일교포의 법적 지위』 서울대출판부　1996
정찬원『재일한국인과 일본인의 인식차이』재외동포재단　2004
정혜원『일제시대 재일조선인 민족운동 연구』국학자료원　2001
조영환「일계 미국인과 재일교포의 전후 보상에 따른 비교연구」『재외한인연구』창간호 125
　-136. 1990
　　　　「재일동포의 현황」『歷史・社會・哲学』5. 9-38. 1991
조선대학교 민족문화연구소『재일동포의 민족교육』동경 학우서방　1987
崔昌華「재일 한인의 인권현황과 과제」『세계속의 한국문화』584-598. 1991
한일민족문제학회 2003『재일조선인 그들은 누구인가』삼익
韓宗碩『지문날인 거부자가 재판하는 日本』三人行　1990
洪承稷　韓培浩「在日韓人의 実態調査」『亜細亜研究』20.1. 1-52. 1977

(韓国人・朝鮮人)
姜徳相『関東大震災』中央公論社、1975
姜徳相・琴秉洞『関東大震災と朝鮮人』みすず書房、1978
姜東鎭『日本の朝鮮支配政策史研究―1920代を中心として』東京大学出版会、1979
姜尚中『日朝関係の克服』集英社、2003
　　　　『在日　姜尚中』講談社、2004
姜尚中・内田雅敏「在日からの手紙」太田出版、2003
姜誠「パチンコ産業を救え」『ホルモン文化』5. 133-138、1995
　　　　「パチンコと武器とチマ・チョゴリ」学陽書房、1995
姜信子『ごく普通の在日韓国人』朝日新聞社、1990
　　　　『棄郷ノート』作品社、2000
姜魏堂『ある帰化朝鮮人の記録帰化』同成社、1973
姜在彦『在日朝鮮人の日本渡航史』宝塚市申京煥君を支える会、1976
　　　　『近代における日本と朝鮮』すくらむ社、1981
姜在彦・金東勲『在日韓国朝鮮人　歴史と展望』労働経済社、1989
姜在彦 他『在日はいま』青丘文化社、1996
姜徹『在日朝鮮人史年表』雄山閣、1983
　　　　『在日朝鮮人の人権と日本の法律』雄山閣、1994
郭基煥『差別と抵抗の現象学』新泉社、2006
高鮮徽『在日済州島出身者の生活過程』新幹社、1996
高演義『民族であること―第3世界としての在日朝鮮人』社会評論社、1994
高史明『生きることの意味』筑摩書房、1974
高峻石『朝鮮人・私の記録―体験的日本植民史』同成社、1972

『戦後朝日関係史』田畑書店、1974
　　　　『在日朝鮮人革命運動史』拓植書房、1985
高賛侑『異郷暮らし』毎日新聞社、2003
京都大学比較教育学研究室『在日韓国・朝鮮人の民族教育意識』明石書店、1990
郭早苗『父 KOREA』長征社、1986
権　逸『祖国への念願』松澤書店、1959
金敬得『在日韓人の現状と将来』在日韓国人問題研究所、1989
　　　　『在日コリアンのアイデンティティ』明石書店、1995
　　　　『わが家の民族教育』新幹社、2006
金敬得、金英達、『韓国・北朝鮮の法制度と在日韓国人・朝鮮人』日本加除出版、1994
金慶海『在日朝鮮人民族教育の原点』田畑書店、1979
金慶海編『在日朝鮮人民族教育擁護闘争資料集』1、2　明石書店、1988
金慶海　染永厚　洪祥進『在日朝鮮人の民族教育』神戸学生青年センター出版部、1982
金慶海　堀内捻編著『在日朝鮮人・生活擁護の戦い：神戸1950年11・27闘争』神戸学生青年
　　センター出版部、1991
金達壽『日本の中の朝鮮文化』講談社、1970～1991
　　　　『わがアリランの歌』中央公論社、1977
金達壽、姜在彦、李進熙『教科書に書かれた朝鮮』講談社、1898
金達壽、姜在彦共編「在日朝鮮人の形成史」『手記在日朝鮮人』225-301、1981
　　　　　　　　『手記在日朝鮮人』龍渓書舎、1981
金鳳錫 監修『大阪韓国商工会30年史』大阪韓国商工会、1985
金府煥『在日韓国人社会小史』共同出版社、1977
金石範『在日の思想』筑摩書房、1981
金昭夫『東京慶尙南道道民会30年史』東京慶尙南道道民会、2006
金時鐘　『クレメンタインの歌』文化書房、1980
　　　　『在日のはざまで』立風書房、1986
　　　　『草むらの時』海風社、1997
金両基『韓国人か日本人か』サイマル出版会、1986
　　　　『いま日本と韓国を考える』大和出版、1992
金　纓　『チマ・チョゴリの日本人』草風館、1985
金英達『在日朝鮮人の帰化』共同出版社、1980
　　　　『数字が語る在日韓国朝鮮人の歴史、報償、解説と統計の補足』明石書店、1996
　　　　『創氏改名の研究』未来社、1997
　　　　『朝鮮人強制連行の研究』明石書店、2003
　　　　『在日朝鮮人の研究』明石書店、2003

　　　　『在日朝鮮人の歴史』明石書店、2003
金容権　李宗良編『在日韓国・朝鮮人、若者からみた意見と考え』三一書房、1985
金一勉『朴烈』合同出版、1973
　　　　『日本人と朝鮮人』三一書房、1975
　　　　『天皇の軍隊と朝鮮人慰安婦』三一書房、1976
　　　　『軍隊慰安婦』現代史出版会、1977
　　　　『朝鮮人がなぜ日本名を名乗るのか』三一書房、1978
　　　　『雨の慟哭―在日朝鮮人土工の生活史』田畑書店、1979
　　　　『火の慟哭―在日朝鮮人土工の生活史』田畑書店、1980
金正根、園田恭一、辛基秀『在日韓国・朝鮮人の健康生活、意識』明石書店、1995
金正柱『朝鮮統治資料　第十巻　在外韓人』韓国史料研究所、1971
金鐘在・玉城素『渡日韓国人一代記』円書出版部、1978
金昌烈『朝鮮総連の大罪』実島社、2003
金賛汀『祖国を知らない世代』田畑書店、1977
　　　　『雨の慟哭―在日朝鮮人土工の生活史』田畑書店、1979
　　　　『ぼくもう我慢できないよ』一光社、1980
　　　　『続 ぼくもう我慢できないよ』一光社、1980
　　　　『遺書のない自殺』一光社、1981
　　　　『朝鮮人女工のうた』岩波新書、1982
　　　　『故国からの距離』田畑書店、1983
　　　　『甲子園の異邦人』講談社、1985
　　　　『異邦人は君ヶ代丸に乗って』岩波文庫、1985
　　　　『関釜連絡船』毎日新聞社、1988
　　　　『在日という感動』三五館、1994
　　　　『在日コリアン百年史』三五館、1997
　　　　『朝鮮総連』新潮社、2004
　　　　『在日、激動の百年』朝日新聞社、2004
　　　　『在日義勇兵帰還せず』岩波文庫、2006
金賛汀編著『證言 朝鮮人強制連行』新人物往来社、1975
金賛汀、方鮮姫『風の慟哭―在日朝鮮人女工の生活と歴史』田畑書店、1981
金太基『戦後日本政治と在日朝鮮人問題』勁草書房、1997
金泰生『私の日本地図』未来社、1978
金泰泳『アイデンティティ・ポリティクスを越えて』世界思想社、1999
金亨燦『證言・朝鮮人のみた戦前期出版界』ニュース出版社、1992
金嬉老『われ生きたり』新潮社、1999

南日龍『また逢う日には』理論社、1961
尾崎陞『朝鮮人強制連行・強制労働の記録』東京　現代史出版会、1976
閔寛植『在日韓国人の現況と未来』白帝社、1994
文道平編『在日本朝鮮人の歴望と展望』大阪経済法科大学出版部、1998
文泰福　洪鐘黙『死刑臺から見えた2つの国』梨の木舎、1992
朴ユミ『パパをかえして』風媒社、1978
朴康来、度邊博史『在日韓国人社会の総合調査研究』民族文化研究所、1963
朴慶植『朝鮮人強制連行の記録』未来社、1965
　　　　『在日朝鮮人関係資料集成』(全5巻) 三一書房、1976
　　　　『天皇制国家と在日朝鮮人』社会社、1978
　　　　『在日朝鮮人運動史 8.15 解放前』三一書房、1979
　　　　『在日朝鮮人―私の青春』三一書房、1981
　　　　『朝鮮人強制連行の記録』未来社、1983
　　　　『解放後在日朝鮮人運動史』三一書房、1989
　　　　『在日朝鮮人強制連行・民族問題』三一書房、1992
朴慶植、山田昭次、染秦昊『朝鮮人強制連行論文集成』明石書店、1993
朴慶植、張錠壽、染永厚、姜在彦『体験で語る解放後の在日朝鮮人運動』神戸学生青年センター、1989
朴君を囲む会『民族差別―日立就職差別糾弾』亜紀書房、1974
朴三石『海外コリアン』中公新書、2002
朴尙得『在日朝鮮人の民族教育』ありえす書房、1980
朴仙容『親韓親日派宣言』亜紀書房、1997
朴壽南『罪と死と愛と』三一書房、1963
　　　　『朝鮮、ヒロシマ、半日本人』三省堂、1973
朴秀馥、郭貴勳、辛泳珠『被爆韓国人』朝日新聞社、1999
朴　一『在日という生き方』講談社、1999
　　　　『在日コレアンてなんでんねん』講談社、2005
朴日粉、金潤順 編『生涯現役』同時代社、2003
朴在一『在日朝鮮人に関する総合調査研究』新世紀出版部、1957
朴鐘鳴編『在日朝鮮人・歴史・現狀・展望』明石書店、1999
朴鐵民『在日を生きる思想』東方出版、2004
朴憲行『在日韓国人1世・戦後50年の思い』新幹社、1995
徐京植『長くきびしい道のり―徐兄弟・獄中の生』影書房、1980
徐龍達『サハリンの空に流れる歴史と木霊』韓日問題研究所、1990
　　　　『歴史を語る時代の證言』韓日問題研究所、1997

徐龍達編『定住外国人の地方参政権』日本評論社、1992
　　　　『共生社会への地方参政権』日本評論社、1995
　　　　『韓国 朝鮮人の現状と将来』社会評論社、1987
　　　　「定住外国人の被選挙権への展望」大阪　国際韓朝鮮研究、2001
　　　　「ロシアの韓朝鮮人問題と日本」大阪　国際韓朝鮮研究、2003
　　　　「21世紀韓朝鮮人の共生ビジョン」『徐龍達先生古稀記念編集』日本評論社、2003
徐龍達先生還暦記念委員会編『アジア市民と韓国・朝鮮人』日本評論社、1993
徐龍達、遠山淳 橋内武 編著『多文化共生社会への展望』日本評論社、2000
成美子『同胞たちの風景―在日朝鮮人2世の眼』亜紀書房、1986
梁ソニア著中西恭子訳『コリアン・ヂアスポラ』明石書店、2005
梁永厚『戦後大阪の朝鮮人運動』未来社、1994
成允植『朝鮮人部落』同成社、1973
辛基秀『アリラン峠を越えて』解放出版社、1992
梁泰昊『プサン港に帰れない―国際化の中の在日朝鮮・韓国人』創生社、1984
　　　『在日韓国朝鮮人問題一問一答』解放出版社、1991
　　　『在日韓国朝鮮人読本』緑風出版、1996
呉圭祥『在日朝鮮人企業活鬚形成史』雄山閣出版、1992
呉林俊『記録なき囚人』三一書房、1969
　　　『朝鮮人としての日本人』合同出版、1970
　　　『朝鮮人のなかの日本』三省堂、1970
　　　『日本語と朝鮮人』新興書房、1971
　　　『見えない朝鮮人』合同出版、1972
　　　『朝鮮人の光と影』合同出版、1972
　　　『朝鮮人の中の天皇』邊境社、1972
　　　『日本人の朝鮮像』合同出版、1973
　　　『傳説の群像』同成社、1974
王清一『在日コリアン文化と日本の国際化』王利鎬日本文化研究所、2005
尹健次『異質との共存』岩波書店、1987
　　　『きみたちと朝鮮』岩波書店、1991
　　　『在日を生きるとは』岩波書店、1992
尹勇吉『在日に生きて、心は錦』錦繡文庫、2006
尹辰宇『悲しみは海をこえて』朝鮮青年社、1977
殷宗基『外国人登録法と在日朝鮮人の人権』朝鮮青年社、1982
　　　『在日朝鮮人の生活と人権』同成社、1986
李光奎、崔吉城『差別を生きる在日朝鮮人』第一書房、2006

李起南『在日韓国人のアイデンティティ』伊藤書店、1989
李明彦『在日1世』リトルモア、2005
李升基『ある朝鮮人科学者の手記』未来社、1972
李英和『在日韓国・朝鮮人と参政権』明石書店、1993
李元洪『赤い濁流』平和堂、1970
李瑜煥『在日韓国人60万―民団 朝鮮総連の分裂史と傾向』洋洋社、1971
　　　『日本の中の三十八度線』洋洋社、1980
李仁夏『寄留の民の叫び』新教出版社、1980
　　　『明日に生きる寄留の民』新教出版社、1987
　　　『自分を愛するように』日本キリスト教団出版局、1991
　　　『歴史の峡間を生きる』日本キリスト教団出版局、2006
李仁夏、崔書勉『共に生きる新しい世界』キリスト新聞社、1987
李進熙『日本文化と朝鮮』日本放送出版協会、1980
李青若『在日韓国人3世の胸のうち』華思社、1997
李　策『激震 朝鮮総連の内幕』小学校文庫、2003
李　策 外4人『内側からみた朝鮮総連』イースト・プレス、2006
林栄泰『強制連行：強制労働 筑豊朝鮮人坑夫の記録』徳間書店、1981
　　　『消された朝鮮人強制連行の記録』明石書店、1989
　　　『證言・樺太朝鮮人虐殺事件』風媒社、1991
　　　『朝鮮人皇軍兵士』拓植書房、1995
　　　『忘れられた朝鮮人皇軍兵士』锌書院、1995
任文桓『愛と民族―ある韓国人の提言』同成社、1975
任榮哲『在日・在米韓人および韓国人の言語生活の実態』くろしお出版、1993
林浩治『在日朝鮮人日本語文学論』新幹社、1991
張斗植『日本のなかの朝鮮人』同成社、1969
　　　『ある朝鮮人の記録』同成社、1976
　　　『ある在日朝鮮人の記録』同成社、1977
　　　『運命の人びと』同成社、1979
張錠壽『在日60年・自立と抵抗』社会評論社、1989
田　駿『朝鮮総連―その最近の活動』実業の世界者、1976
　　　『日韓のはざまに生きて』自由社、1996
鄭大均『在日強制連行の神話』文藝春秋、2004
　　　『在日の耐えられない軽さ』中央公論社、2006
鄭大聲『食文化の中の日本と朝鮮』講談社、1992
鄭煥麒『在日を生きる』育英出版社、1974

『在日彩彩』上・下巻、育英出版社、1996
　　　　　『鄭煥麒随想録』育英出版社、2000
鄭　哲『在日韓国人の民族運動』洋洋社、1945
　　　　　『民団―在日韓国人民族運動史』洋洋社、1967
　　　　　『在日韓国人の民族運動』洋洋社、1970
　　　　　『民団今昔―在日韓国人の民主化運動』啓衆新社、1982
鄭清正『怨と恨と故国と―わが子に綴る在日朝鮮人の記録』エディタスクール出版部、1984
鄭忠海『朝鮮人徴用の手記』河合出版、1990
朱　碩『被爆朝鮮人教師の戦後誌』明石書店、1990
池東旭『在日をやめなさい』サ・マサダ、1997
青丘社『共に生きる』青丘社、1994
崔　鮮『背理への反抗』新興書房、1968
崔碩義『在日の原風景』明石書店、2004
崔昌華『国籍と人権』酒井書店、1977
　　　　　『名前と人権』酒井書店、1979
　　　　　『かちとる人権とは』新幹社、1996
崔吉城『「親日」と「反日」の文化人類学』明石書店、2002
河炳旭『第四の選択・韓国系日本人』文藝社、2001
韓光熙『わが朝鮮総連の罪と罰』文藝春秋、2002
玄光洙『民族の視点―在日韓国人の生き方・考え方』同時代社、1983
玄璣澤『民族的主体性とは何か』文藝社、2001
国際在日韓国朝鮮人研究会編
　　　　　『大学の外国人教員任用と任期問題』大阪　国際韓朝研、1996
　　　　　『21世紀へのビジョン―在日韓国朝鮮人社会―』奈良・発掘する会、1997
　　　　　『朝鮮人強制連行と天理柳本飛行場』奈良発掘する会、1992
民族差別と人権問題小委員会『この差別の壁をこえて』公人社、1994
兵庫朝鮮関係研究会編
　　　　　『地下工場と朝鮮人強制連行』明石書店、1990
　　　　　『在日朝鮮人90年の軌跡―兵庫と朝鮮人』神戸学生青年センター、1993
川崎市ふれあい館『だれもが力いっぱい生きていくために』川崎ふれあい館、1993
まち居住研究会『まち居住通信』東京　まち居住研究会、1999
　　　　　『まようから大久保』東京　まち居住研究会、2000
賀橋の人編輯委員会『賀橋の人・曺基亨』新幹社、1996
李慶泰の歩み刊行委員会『分断と対立を越えて』海風社、1999
日本の学校に在籍する朝鮮人児童・生徒の教育を考える会

『ムクゲ 大阪の在日朝鮮人の教育10年の歩み』亜紀書房、1981
UGビジネスクラブ『在日から在地球へ』エーアノビー、2006
民族教育文化センター『ともにつながり生きる生 大阪』民族教育文化センター、1998
民族教育促進協議会『民促協10年史』民族教育促進協議会、1995
民族差別と闘う連絡協議会『在日韓国・朝鮮人の補償人権法』新幹社、1976
人権教育研究室『マイノリティの社会論』批評社、1999
日本弁護士連合会編『日本の人権II 21世紀への課題』現代人文社、1999
法務部出入国管理局『出入国管理―21世紀の円滑な国際交流のために』法務部出入国管理局、1998
戦後報償問題連絡委員会編『朝鮮植民地支配と戦後賠償』岩波書店、1992
ホルモン文化編纂委員会『在日朝鮮人民族教育の行方』新幹社、1995
未来編纂部『在外朝鮮民族を考える』東方出版、1994
京都韓国学園『2000：学年度 教育計画』京都韓国学園、1999
京都韓国学園開校50周年記念事業実行委員会『長く遠い道』京都韓国中高等学校、1997
京都大学教育学部比較教育学研究室『在日韓国朝鮮人の民族教育意識』明石書店、1991
早稲田大学우리同窓会編『韓国留学生運動史』早稲田大学우리同窓会、1976
共同通信社編輯局『日本コリア新時代』明石書店、2003
統一日報 編輯部『民団総連の和解のウラで何が起っていたのか』洋泉社、2006
朝鮮人強制連行真相調査団『朝鮮人強制連行・強制労働の記録：北海道 千島 樺太篇』現代史出版会、1976
在日本朝鮮人びと権協会『在日コレアン暮らしの法律Q&A』在日加除出版、2004
在日本大韓民国居留民団『民団30年史』東京民団 30年史編纂委員会、1977
在日本大韓民国居留民団中央本部編 1977『なにが問題なのか』（差別白書 第1集）東京民団本部『権益運動のすすめ』（差別白書 第2集）東京 民団本部、1978
　　　　『生活権をかちとろう』（差別白書 第3集）東京 民団本部、1979
　　　　『永住権を確立しよう』（差別白書 第4集）東京 民団本部、1980
　　　　『信頼される存在に』（差別白書 第5集）民団本部、1981
　　　　『教育白書 民族教育』民団本部、1990
　　　　『北韓・総連』五月書房、1996
　　　　『円表で見る韓国民団50年の歩み』五月書房、1998
在日本大韓民国民団
　　『日本に住んでいる永住外国人に地方参政権を』在日本大韓民国民団、1997
在日本大韓民国青年会中央本部『在日韓国人の居住権』在日韓青年会、1989
在日本韓国青年同盟中央本部編『在日韓国人の基本的人権』韓青出版社、1969
　　　　　　　　　『在日韓国人の歴史と現実』洋洋社、1970

在日本朝鮮人総連合会『参政権問題を考える』朝鮮新報社、1996
在日本朝鮮人教育会編『在日本朝鮮人の民族教育の権利』在日本朝鮮人教育会、1996
在日朝鮮人社会教育研究所『帰化』晩聲社、1989
在日朝鮮人の人権を守る会
  『在日朝鮮人の在留権─強制送還といかに闘うか』在日朝鮮人の人権を守る会、1978
  『国際人権規約と在日朝鮮人の基本的人権』在日朝鮮人の人権を守る会、1979
  『在日朝鮮人の基本的人権』二月社、1979
在日朝鮮人びと権セミナ『在日朝鮮人と日本社会』明石書店、1999
在日韓国民主人権協議会
  『家族・僑胞の会の13年をふりかえって』大阪在日韓国民主人権協議会、1990
在日韓国青年商工人連合会
  『在日韓国人の社会成層と社会意識全国調査報告書』在日韓国青年商工人連合会、1997
在日韓国・朝鮮人大学教員懇談会編『定住外国人と国公立大学』僑文社、1977
在日コリアン歴史作成委員会編『在日コリアンの歴史』明石書店、2006
韓日弁護士協議会『在日韓国人のための法律相談』同協議会、1984

(日本人)
石井愼二『日本が多民族国家になる日』JICC出版局、1990
青地晨・和田春樹『日韓連帯の思想と行動』現代評論社、1977
淺川晃廣『在日外国人と帰化制度』新幹社、2003
    『在日論の嘘』PHP研究所、2006
飯沼二郎『見えない人びと在日朝鮮人』日本基督教団出版局、1982
    『架橋─私にとっての朝鮮』麦秋社、1984
    『足もとの国際化』海風社、1993
飯沼二郎編『在日韓国・朝鮮人』海風社、1991
飯沼二郎編著『在日の文化と思想』春秋社、1984
      『在日朝鮮人を語る』麦秋社、1984
      『七十万人の軌跡』春秋社、1984
      『非国民のすすめ』春秋社、1985
飯沼二郎・藤林晢一郎『障害と民族のはざまで─在日朝鮮韓国人聴覚障害者のあゆみ』解放出版社、1994
飯田剛史『在日コリアンの宗教と祭り』世界思想社、2002
井上裕務『朝鮮総連の研究』宝島社、1995
今野敏彦『偏見の文化、その虚像と実像』新泉社、1974
川瀬俊治『奈良・在日朝鮮人史：1910-1945』奈良 在日朝鮮教育を考える会、1985

上田正昭『帰化人』中公新書、1971
上田正昭　姜尚中・杉原達・朴一『歴史のなかの在日』藤原書店、2005
内藤正中『日本海地域の在日朝鮮人』多賀出版、1989
内山一雄『在日朝鮮人と教育』三一書房、1982
内海愛子・村井吉敬『赤道下の朝鮮人反乱』勁草書房、1980
植田剛彦『在日韓国人の底力』日新報道、1995
岡本雅亨『日本の民族差別』明石書店、2005
岡倉吉志郎・長谷川正安『民族の基本的権利』法律文化社、1973
岡村昭彦『弱虫・泣き虫　甘ったれ』三省堂、1968
大沼保昭『単一民族社会の神話を超えて―在日韓国・朝鮮人と出入国管理体制』東信堂、1986
大沼保昭・徐龍達編『在日韓国・朝鮮人と人権』有斐閣、1986
　　　　　　　　　『在日韓国・朝鮮人と人権　新版』有斐閣、2005
大場一雄『在日韓国人実業家と日本財界トップに聞く』フリーライフ社、1989
奥野論充『マルハンはなぜトップ企業になったか』ビジネス社、2006
大江健三郎・金達壽・中薗英助『日本の中の朝鮮』太平選書、1966
金澤嘉市『ある小学校長の回想』岩波書店、1963
金原左門『日本のなかの韓国・朝鮮人、中国人―神奈川県内在外国人実態調査』明石書店、1986
金井靖雄『在日朝鮮人コリアン2世、3世の現在』麦秋社、1997
藤崎康夫『棄民―日朝のゆがめられた歴史のなかで』サイマル出版会、1972
技川物語『東京のコリアン・タウン』樹花会、1995
共同通信社『日本コリア新時代』明石書店、2003
新見隆・小川雅由・佐藤信行『指紋制度を問う』神戸学生青年センター、1987
来栖良夫『朝鮮人学校―異国の中の民族教育』太平洋出版社、1968
野間宏・安岡章太郎『差別その根源を問う』毎日新聞社、1992
野村進『コリアン世界の旅』講談社、1996
小池喜子『鎮塚：自由民権と因人労働の記録』現代史出版会、1981
小林未夫『在日朝鮮人労働者と水平運動』京都部落問題研究所出版部、1974
　　　　『在日コリアン・パワー』双葉社、1988
小澤有作『在日朝鮮人教育歴史論』亜紀書房、1973
小熊英二『単一民族神話の起源』新曜社、1999
駒井洋『外国人定住問題資料集成』明石書店、1995
　　　『新来定住外国人がわかる事典』明石書店、1997
駒井洋編『定住化する外国人』明石書店、1995

佐藤勝巳編『在日朝鮮人の諸問題』同成社、1972
　　　　　『在日朝鮮人・その差別と処遇の実態』同成社、1977
　　　　　『在日韓国・朝鮮人に問う』亜紀書房、1991
佐藤文明『在日外国人読本：ボーダーレス社会の基礎知識』録風出版、1993
　　　　『戸籍がつくる差別』現代書館、1995
佐藤明・山田照美『在日朝鮮人：歴史と現況』明石書店、1986
斉藤弘子『韓国系日本人』彩流社、1994
斉藤弘子・根本厚美『国際結婚100家族』明石書店、1998
庄谷怜子・中山徹『高齢在日朝鮮人』お茶の水書房、1997
坂中英徳『在日韓国・朝鮮人政策論の展開』日本加除出版、1999
芝竹夫『歴史を刻む在日コリアンたち』向陽舎、2001
神奈川県自治総合研究センター『神奈川の韓国・朝鮮人』公人社、1984
鈴木二郎『在日朝鮮人・現代の差別と偏見』新泉社、1969
鈴木裕子『朝鮮人従軍慰安婦』岩波書店、1991
　　　　『従軍慰安婦・内戦結婚』未来社、1992
杉原達『越境する民』新幹社、1998
新田文輝『国際結婚と子どもたち』明石書店、1972
梶村秀樹『解放後の在日朝鮮人運動』神戸学生青年センター、1980
　　　　『在日朝鮮人論』明石書店、1993
　　　　『解放後の在日朝鮮人運動』神戸学生青年センター、2001
脇本壽『朝鮮人強制連行とわたし』神戸学生青年センター、1995
沼尾実『多文化共生をめざす地域づくり』明石書店、1997
空野佳弘・高贊侑編『在日朝鮮人の生活と人権』明石書店、1995
田中由布子『ある在日朝鮮人1世との対話』明石書店、2003
田中宏『日本のなかのアジア』大和書房、1980
　　　『在日外国人・法の壁、心の溝』岩波新書、1995
　　　『在日外国人 新版』岩波新書、1996
　　　『Q&A 外国人の地方参政権』五月書房、1996
田内基『母よ、そして我が子らへ』大阪 こころの家族、1993
田嶋淳子『世界都市・東京のアジア系移住者』学文社、1998
田畑茂二郎『21世紀・日本の人権』明石書店、1996
田淵五十生『在日韓国朝鮮人理解の教育』明石書店、1991
竹田青嗣『在日という根拠』同文社、1983
竹中労編著『在韓被爆者』日新報道、1970
手塚和彰他3人『外国人労働者の就労実態』明石書店、1992

辻本久夫他 8 人『在日韓国・朝鮮人白書』明石書店、1994
高崎宗司『反日感情：韓国・朝鮮人と日本人』講談社、1993
富村順一『韓国の被爆者』JCA 出版、1980
広井茂　『いま在日朝鮮人の人権は』日本評論社、1990
仲尾宏『Q&A 在日韓国朝鮮人問題の基礎知識』明石書店、2003
中井英助『在日朝鮮人 財界』財界展望新社、1970
中川信夫『日本軍国主義と朝鮮』田畑書店、1973
　　　　『日韓問題の歴史と構造』未来社、1975
　　　　『朝鮮問題への基本的視覚』田畑書店、1976
中山秀雄『「在日朝鮮人教育関係資料集」明石書店、1995
中薗英助『在日朝鮮人』財界展望新社、1967
仲原良二『在日朝鮮人の就職差別と国籍条項』明石書店、1993
河田宏『内なる祖国へある朝鮮人学徒兵の死』原書房、2005
西岡力『コリア・タブーを解く』亜紀書房、1997
旗田巍『日本人の朝鮮観』勁草書房、1974
原尻英樹『在日朝鮮人の生活世界』弘文堂、1988
　　　　『日本定住コリアンの日常と生活』明石書店、1997
　　　　『在日としてのコリアン』講談社、1998
日高博『ビビムパ家族』海拓社、2000
日高六郎・徐龍達編『大学の国際化と外国人教員』第 3 文明社、1980
平岡敬『偏見と差別―ヒロシマそして被爆朝鮮人』未来社、1972
坪江汕二『在日本朝鮮人の概況』巖南堂書店、1965
坪井豊吉『在日人の動き』自由生活社、1975
　　　　『戦前・戦後在日韓人の動き』自由生活社、1985
平岡敬『偏見と差別・ヒロシマそして被爆朝鮮人』未来社、1972
星野修美『自治体の変革と在日コリアン』明石書店、2005
福岡安則『ほんとうの私を求めて』新幹社、1991
　　　　『在日韓国・朝鮮人』中央公論社、1993
　　　　『在日朝鮮人―若い世代のアイデンティティ』中公新書、1996
福岡安則・辻山ゆき子『同化と異化のはざまで』新幹社、1991
福岡安則・金明秀『在日韓国人青年の生活と意識』現代人文社、1998
福地幸造・西田秀秋編『在日朝鮮青年の証言』三省堂、1970
深川宗俊『鎮魂の海峡』現代史出版社、1974
　　　　『海に消えた被爆朝鮮人徴用工』明石書店、1992
本田靖春『私のなかの朝鮮人』文藝春秋、1974

前川恵司『韓国朝鮮人―在日を生きる』創樹社、1981
松田和彦『戦前期の在日朝鮮人と参政権』明石書店、1995
間宮茂輔『民族としての在日朝鮮人』汐文社、1967
間部洋一『日本経済をゆさぶる在日韓商パワー』徳間書店、1988
眞田信治・生越直樹・任榮哲『在日コリアンの言語相』和泉選書、2005
宮田浩人編『64万人―在日朝鮮人』すずさわ書店、1977
宮田節子・金英達・梁泰昊『創氏改名』明石書店、
宮塚利雄、『日本焼肉物語』旭屋出版、1999
三田英彬『棄てられた四万三千人』三一書房、1981
挑山学院大学人権委員会『定住外国人の人権』挑山学院大学、1981
　　　　　　　　　　『定住外国人の人権 改訂版』挑山学院大学、1983
森田芳夫『数字が語る在日韓国・朝鮮人の歴史』明石書店、1996
山本將文『サハリンの韓国・朝鮮人』東方出版、1990
山本冬彦・吉岡増雄『在日朝鮮人外国人と国籍法入門』社会評論社、1987
山村政明遺稿集『いのち燃えつきるとも』大和書房、1972
山本リエ『金嬉老・オモニ―そして今』創樹社、1982
山下誠也、キムソンヒヨ、日隈光男『在日コリアンのアイデンティティと日本社会』明石書店、2001
山田照美、朴鐘鳴『在日朝鮮人・歴史と現況』明石書店、1991
吉翊・片山通夫『サハリン物語』リトル・ガリヴァー社、2000
吉岡増雄『在日朝鮮人の社会保障』社会評論社、1978
　　　　『在日朝鮮人と住民権運動』社会評論社、1881
吉岡増雄編『在日朝鮮人の生活と人権』社会評論社、1980
　　　　　『在日外国人と日本社会』社会評論社、1984
吉留路樹『日本人と朝鮮人』エール出版社、1972
　　　　『大村朝鮮人収容所』二月社、1977
吉田清治『私の戦後犯罪―朝鮮人強制連行』三一書房、1983
来栖良夫『朝鮮人学校―異国の中の民族教育』太平出版社、1968
良知会 編『100人の在日コリアン』三五館、1997
若槻泰雄『韓国・朝鮮と日本人』原書房、1989
我妻洋『偏見の構造』日本放送出版協会、1967
和気清一編『しあわせはいつ』信和社、1969
亀島山地下工場を語りつぐ会『水島のなりたちと亀島山地下工場』、2010

(英語)

De Vos George
1981: Japanese Invisival Race, Berkeley, University of California Press. Gohl, Gerhard
1976: Die Koreanische Minderheit in Japan als Fall einer politischethnischen Minderheitengruppe, Wiesbaden, Otto Harrassowitz.

Lee Chang Soo
1976: Ethnic Discrimination and Conflict : the Case of the Korean Minority in Japan, in Willen A. Veenhoven ed. Case Studies on Human Rights and Fundamental Freedoms.

Lee Chang Soo and George De Vos
1981: Koreans in Japan: Ethnic Conflict and Acommodation. Berkeley. University of California Press.

Lee KwangKyu
1982: The Korean Minority in Japan, in D. Wu ed. Ethnicity and Interpersonal Interaction. 165-180.
1990: Impact of the Korean War and the Problem of the Korean Minority in Japan The Occupation of Japan. The Impact of the Korean War. 155-166, The General Douglas MacArthur Foundation Norfolk, Virginia.

Mitchell Richard H.
1967: The Korean Minority in Japan, Berkeley, University of California Press.

Ryang Sonia
1997: North Koreans in Japan Boulder, Westview Press.

Wagner Edward
1951: The Korean Minority in Japan. N. Y. Institute of Pacific Relations

Weiner Michael
1989; The Origins of the Korean Community in Japan 1910-1923. Atlantic Highlands, Humanities Press Internatinal.
1994; Race and Migration in Imperial Japan. London. Routledge.

■著者紹介

李　　光奎　（Lee KwangKyu）

　　ソウル大学校名誉教授
　　UCLA 客員教授
　　広島大学客員教授
　　前在外同胞財団理事長
　　オーストリア　ウィン大学　大学院博士課程修了（同大学院哲学博士）
　　韓国を代表する文化人類学者で、論文・著書多数あり

賈　　鍾壽　（Ka JongSoo）

　　就実大学　総合歴史学科教授
　　前岡山県人権教育推進委員
　　同志社大学　大学院　文化史学科　博士課程修了
　　単著：『バリ島 Island of God』（大学教育出版、2009）
　　共著：『韓国伝統文化論』（大育教育出版、2008 ）
　　　　　『今も生きている支石墓社会スンバ島』（Book Korea, 2009）

共生社会を目指して
―在日韓人社会と日本―

2010 年 4 月 30 日　初版第 1 刷発行
2017 年 4 月 30 日　初版第 2 刷発行

■著　者 ──── 李　光奎・賈　鍾壽
■発 行 者 ──── 佐藤　守
■発 行 所 ──── 株式会社 大学教育出版
　　　　　　　　〒700-0953　岡山市南区西市 855-4
　　　　　　　　電話 (086) 244-1268　FAX (086) 246-0294
■印刷製本 ──── モリモト印刷 ㈱

© Lee KwangKyu, Ka JongSoo 2010, Printed in Japan
検印省略　　落丁・乱丁本はお取り替えいたします。
無断で本書の一部または全部を複写・複製することは禁じられています。
ISBN978-4-88730-980-7

好評発売中

韓国伝統文化論
賈 鍾壽 編訳
ISBN978-4-88730-847-3
定価 2,940円(税込)
多岐にわたる視点から韓国人が自らの伝統文化を体系的に紹介。

韓国社会教育の起源と展開
―大韓帝国末期から植民地時代までを中心に―
李 正連 著
ISBN978-4-88730-779-7
定価 2,940円(税込)
社会教育概念の導入から植民地下の社会教育政策まで、教育史を多角的に検討。

韓国の教育格差と教育政策
―韓国の社会教育・生涯教育政策の歴史的展開と構造的特質―
尹 敬勲 著
ISBN978-4-88730-960-9
定価 2,940円(税込)
近年の教育政策に内在する教育格差拡大の構造的な問題を明らかにする。